변호사 김양홍의 **행복 곱하기**

▲더푸른

추천사1

참된 행복을 곱하는 사람

김양홍 장로님이 성결교단 장로가 된 데는 부인 나주옥 집사님이 천안순천향의과대학 교수로 부임하면서였습니다. 나주옥 집사님이 한국누가회(CMF)에서 저의 아들을 만나 아는 사이였는데, 부친이 천안에서 목회를 한다고 들은 기억이 나서 저를 찾아와 신앙생활을 함께 하게 된 것이 운명이 되어 영원한 성결교단 장로가 되었습니다.

사람이 세상을 살면서 추구하는 가장 큰 가치는 역시 '행복'이라고 생각합니다. 그러나 무엇이 진정한 행복인가 하는 것은 사람마다 다를 것입니다. 이번에 김양홍 장로님이 출간하신 행복한 동행 시리즈 여섯 번째 책 《행복 곱하기》에 담으려 노력한 것도 역시 참 행복을 찾는데 있는 것 같습니다.

'행복 곱하기'를 사전적으로 생각해 보았습니다. 곱하기는 사칙연산(+, -, ×, ÷) 중에서 더하기와 함께 중요한 연산법입니다. 가령 2×3=2+2+2=6이 되는데, 여기서 2는 곱해지는 수, 3은 곱하는 수, 6은 곱해지는 수와 곱하는 수의 곱(product)이라고 합니다. 그렇다면 '행복 곱하기'는 기본적이고 일반적인 행복에 어떤 가상의 행복을 곱하여 기본적이고 일반적인 행복의 가치를 극대화하는데 있다는 의미일 것입니다.

나는 여기서 이 가상의 행복을 복음(십자가)라고 규정하고 싶습니다. 왜냐하면 십자가 복음만이 영원한 참 행복이기 때문입니다. 그것은 참 자유, 참 진리, 참 사랑, 참 소망, 참 구원입니다.

그 안에는 지혜와 지식의 모든 보화가 감추어져 있느니라
(골로새서 2장 3절)

사람이 돈이나 권력이나 건강과 같은 일반적인 행복에 목표를 두고 추구하다 보면 그것마저도 얻지 못하게 되나, 작은 행복에 가상의 행복을 곱하면 그 기본적인 행복은 더욱 극대화 되고 확산되어 그 빛을 발하게 된다고 믿습니다.

김장로님은 이 가상의 행복을 누구보다 일찍 발견한 분으로 이 행복의 비밀을 널리 전하고 싶은 소망이 이 책을 쓰게 되었다고 믿습니다. 책을 접하는 독자들이 저자가 발견한 참 행복을 함께 곱하여 누리는 은혜가 있기를 기원합니다.

2022년 1월 23일

기독교대한성결교회 제64대 총회장
천안교회 원로목사 권석원

추천사2

곱하기 행복을 누리시길

구구구구 구슬프게 노래를 부르며
이곳저곳 모이를 찾는 비둘기처럼
행복 찾아 방황하는 사람들이 있었다.
그럼에도 그들은 밤새도록 소쩍소쩍 울기만 했다.
어린 시절 내 눈에 그려지는 이웃들의 모습이었다.

뚜벅뚜벅 끈질기게 험로를 걸으며
짐짝에 겨워 헐떡거리는 황소처럼
행복 찾아 땀 흘리는 이웃들이 있었다.
그럼에도 그들은 밤새도록 소쩍소쩍 울기만 했다.
젊은 시절 내 눈에 그려지는 이웃들의 모습이었다.

뒤뚱뒤뚱 괴상한 소리를 지르며
움켜 찢는 난폭한 하이에나처럼
행복을 찾아 울부짖는 무리들이 있다.
그럼에도 그들 역시 밤이 새도록 소쩍소쩍 울기만 한다.
오늘날도 내 눈에 그려지는 이웃들의 모습이다.

본문에 소개 된 '스프링벅 현상' 같은 행복이탈 모습들이다.
그러나 그렇게 살아가며 그렇게 끝날 수는 없지 않은가?
언제까지 소쩍소쩍 밤이 새도록 피만 토하겠는가?
여기 "김양홍의 곱하기 행복"이 있어 소개한다.
빼앗기는(-) 행복이 아니다.

덧붙이는(+) 행복도 아니다.
나눠받는(÷) 행복도 아니다.
영국의 수학자 '오트레드'가 십자가에서 영감을 얻은 곱하기(×) 행복이다.
십자가를 붙들고 이웃과 함께하는 '더불어 행복'이다.

지혜로운 삶으로 행복하려거든 제1편을 보시고,
성도다운 삶으로 행복하려거든 제2편을 보시고,
가족다운 삶으로 행복하려거든 제3편을 보시라.
어디 그 뿐인가.
양치기 목동들의 돌멩이 놀이에서 얻어지는 골프 행복과 우리들의 주변에서 발견할 수 있는 행복의 금맥을 찾아 이런 저런 행복을 찾으려거든 제4편을 보시라. 그리고 끝이 없는 행복의 실타래를 풀기를 원하신다면 이미 출간 된 '김양홍의 행복한 동행 시리즈'들을 찾아보시라.

'변호사 김양홍의 행복 곱하기' 초고를 받은 나 역시 '더불어 나눌 곱하기 행복'을 그려보면서 제1편부터 탐독의 마라톤에 돌입했다. 시간 가는 줄 몰랐다. 어째서이겠는가? 흐르는 시간과 나는 따로 움직이고 있었기 때문이며, 나의 몰입지경은 시간계산의 권역 밖에 있었기 때문이다.

어느 곳에서는 잔잔한 내용이었으나 큰 행복감으로 감동케 했다. 그럴 만도 하다. 승수와 피승수의 곱에 의해 결과를 산출하는 연산 그것이 바로 곱하기 행복만이 가질 수 있는 특성이기 때문이다. 어느 곳에서는 생수 같은 시원함으로 목을 축여 행복케 했다. 용솟음의 소리는 들을 수 없었으나 전율을 느끼는 행복이었다.

나는 김양홍 장로님의 책에 빠져 유영을 할 때마다 네 가지 결론을 얻는다.

첫째는 현실을 일깨우는 살아있는 예화집이고,
둘째는 날마다의 삶에서 진리를 캐내는 일기장이며,
셋째는 작은 일상에서 행복을 키우는 곱하기 행복론이고,
넷째는 동행자들의 신앙을 대언하는 간증집이라는 나름대로의 결론이며,
본서에 소개 된 어느 치킨집의 '돈쭐 사연'처럼
결국엔 이웃과 더불어 살면서 '더불어 행복을 곱하기 한다'는 결론이다.
변호사 '김양홍 장로님'을 들어 쓰시는 주님께 영광을 돌릴 뿐이다.

심령이 평안하면 행복은 그 위에서 꽃을 피우고 열매를 맺게 된다. 주님께서는 '평안을 너희에게 끼치노니 곧 나의 평안을 너희에게 주노라 내가 너희에게 주는 것은 세상이 주는 것과 같지 아니하니라 너희는 마음에 근심하지도 말고 두려워하지도 말라(요한복음 14장 27절)' 약속 하셨다.

코로나 팬데믹이 범접할 수 없는 곳은 주님의 평안이 주장하는 심령이다. 그 평안으로부터 주어진 행복을 그 무엇이 빼앗을 수 있겠는가? 주님의 평안을 넓고 높고 깊고 길게 누리면서 이 평안을 모든 이웃들과 더불어 나누려는 것이 '변호사 김양홍의 행복 곱하기'이다.

시간이 주어질 때마다 마음 비우고 이 책을 읽어 내려가다 보면 때론 잔잔하게, 때론 격렬하게 '곱하기 행복'을 누리게 될 줄 믿기에 감사하는 마음으로 '변호사 김양홍의 행복 곱하기'를 행복하게 추천합니다.

2022년 1월 13일

수리산 초막골 끝자락에서
임병우 목사

추천사3

모든 이들의 삶 가운데 주님의 행복으로 충만하기를

우리가 사는 이 세상은 사람 나름대로 행복추구권이 있다. 누구나가 자신의 행복을 추구하며 목표를 세우고 살아간다. 개인마다 행복해 지는 방법은 다양하고, 행복을 느끼는 조건도 다양하다. 자본주의 사회에서 행복은 주로 경제적인 여유와 함께 명예와 권력, 건강에서 찾으려고 한다. 그러나, 하나님의 사람들에게는 하나님이 없이는, 하나님을 떠나서는 행복이 없다. 행복할 수 없다. 그리고 하나님의 형상대로 빚어진 이웃들이 없이는, 이웃들과 동행하지 않으면 행복할 수 없다. 그래서, 저자이신 김장로님은 더불어 함께 걸어가는 것이 행복이라고 "행복한 동행" 시리즈 여섯 번째 책 《변호사 김양홍의 행복 곱하기》라는 책을 낸 것 같다.

하나님께서 흙으로 사람을 만드시고 그 코에 생기를 불어넣으시고 아담의 갈비뼈로 돕는 배필 하와를 주셨다. 그리고 사람을 짐승과 같이 네발로 땅을 바라보며 살게 하지 않으시고 위로 하늘을 바라보면서 살아가도록 해주셨다. 동양의 상형문자 한자어로 인간(人間)은, 막대기 두 개가 서로 기대고 있는 모양으로 되어 있다. 사람의 관계를 중시한다고 볼 수 있다.

성경을 보면, 한 율법사가 예수님에게 어느 계명이 가장 크냐고 질문했다. 그 때 예수님은 "하나님 사랑과 이웃사랑"이라고 대답하셨다. 기독교의 상징인 십자가도 수직과 수평의 막대기로 만들어져 있다. 김양홍 장로님은 개인적으로도 하나님을 사랑하고 이웃을 사랑하는 분으로 알고 있다. 특별히 "행복 곱하기"를 통해서, 하나님과 관계가 얼마나 친밀하고 밀접한지에 대해서 고백하며, 이웃들과 더불어 어떻게 행복하게 살았는지, 살아야 하는지 고백하고 있다. 이 글을 읽는 이들에게 많은 울림을 주리라고 믿는다. 부디 《변호사 김양홍의 행복 곱하기》를 통하여 읽는 모든 이들의 삶 가운데 주님의 행복으로 충만하기를 기대하며 추천사를 가름합니다.

2022년 1월 14일

기독교대한성결교회 제73대 총회장
삼성제일교회 담임목사 윤성원

추천사4

함께 행복한 세상을 만들어 가길

    삶에서 일어나는 소소한 일들을 행복으로 만들어 가는 마술사가 있습니다. 그 주인공은 김양홍 장로님입니다. 대부분의 사람들은 분주함으로 인해 일상에서 경험하는 일들에 별 다른 의미와 가치를 부여하지 않습니다. 기쁘고 감사한 일들이 많지만 당연하게 여깁니다. 원치 않는 일들이 발생하면 원망하고 불평합니다. 그런데 저자는 일상에서 맞닥뜨린 모든 일들에 행복을 대입시킵니다. 척박한 땅에 행복의 씨앗을 심습니다. 그래서 매 순간마다 행복이라는 열매와 꽃을 삶의 곳간에 가득히 채우고 있습니다.

    저자는 예수님을 인격적으로 만난 후 무엇을 하든 주님께 하듯 하기로 작정한 분입니다. 그리고 지금까지 그 초심을 잃지 않고 한 길 가는 순례자로 살아가고 있습니다. 저자라고 늘 행복한 일만 있었을까요? 분명히 아닐 겁니다. 독자들이 알지 못하는 아픔과 눈물이 삶에 고여 있을 겁니다. 하지만 그것이 고여서 썩지 않도록 저자는 마음과 영혼을 가꾸는 일에 집중했습니다. 그래서 주변 사람들에게 행복 바이러스를 전하는 인플루언서(Influencer)가 되셨습니다. 그리고 상처 입은 치유자가 되어 절망에 빠진 사람을 세우는 귀한 사명을 감당하고 있습니다.

    행복은 거창한 것이 아닙니다. 수많은 사람들이 그토록 갈망하는 행복을 저자는 생활 속에서 누리며 실천하고 있습니다. 저자는 「변호사 김양홍의 행복 곱하기」를 통해서 더불어 사는 세상이 만들어지길 기대하고 있습니다. 나만 행복한 것은 진짜 행복이 아닙니다. 나와 너, 우리가 함께 행복한 것이 진짜입니다.

저자의 글은 편안합니다. 통찰력을 줍니다. 그리고 나도 그렇게 살아야겠다는 도전을 줍니다. 저는 이 책을 읽는 독자들이 행복한 세상을 만드는 주인공이 되리라 확신합니다. 더불어 저자를 통해 끊임없이 들려질 행복 이야기가 기대됩니다. 행복한 마음으로 이 책을 추천합니다.

2022년 1월 25일

상도교회 담임목사 박성호

작가의 말

행복 곱하기의 기쁨

코로나19가 이 땅에서 하루빨리 사라지고, 건강과 평화가 찾아오기를 기도합니다. 저의 행복한 동행 시리즈 여섯 번째 책 《변호사 김양홍의 행복 곱하기》를 출간하게 되어 감사하고 감사합니다. 많이 부족한 사람이 쓴 글이지만, 공감해주시고, 격려해주시는 여러분 덕분에 또 책을 세상에 내놓습니다.

이 책이 나올 수 있도록 도와주신 모든 분들에게 감사의 인사를 드립니다. 항상 큰 가르침을 주시는 김홍신 선생님, 저희 가족이 천안에서 살 때 참 행복한 신앙생활을 하도록 인도해주신 권석원 천안교회 원로목사님(기독교대한성결교회 제64대 총회장), 부족한 저를 늘 응원해주시는 임병우 이수교회 원로목사님, 언제 어디서나 겸손과 리더십의 본을 보여주시는 윤성원 삼성제일교회 담임목사님(기독교대한성결교회 제73대 총회장), 섬김의 본을 보여주시고, 저를 담임하시는 교회 성도님처럼 아껴주시는 박성호 상도교회 담임목사님 그리고 사랑이 많으신 이수교회 박정수 담임목사님과 이상호 원로장로님, 곽한익 명예장로님, 김윤철 장로님, 이영훈 장로님, 다비다자매회 김혜란 목사님과 이주은 목사님에게도 깊이 고개 숙여 감사 인사를 드립니다. 특히 제가 2017년 4월 30일 이수교회 장로로 안수받을 때 권석원 원로목사님은 격려사로, 임병우 원로목사님은 축도로, 윤성원 목사님은 축사로 저를 축복해주셨습니다. 모두 감사한 마음뿐입니다.

그리고 작품 사진을 흔쾌히 사용할 수 있게 허락주신 문쾌출 전국보일러설비협회 회장님과 안근수 사진작가님, 이 책을 만드느라 수고해준 더푸른출판사 대표 김미아 동화작가님과 둘째 매제 하린 시인님 그리고 제가 사랑하고 존경하는 아내 나주옥님, 꼼꼼하게 교정을 봐준 사랑하는 딸 은혜와 아들 은철 그리고 법무법인 서호 차지은 과장님에게도 고마운 마음을 전합니다.

 저의 2022년 새해 소망도 좋은 남편, 좋은 아빠, 좋은 장로, 좋은 변호사, 좋은 이웃이 되는 것입니다. 아마 저의 남은 생애의 새해 소망도 같을 것입니다. 하루하루가 하나님이 주신 선물이고 기적이기에 세상 끝 날까지 감사하며 저의 자리를 지키면서 살아가겠습니다. 여러분 모두에게 새해에는 생각도 못한 기쁘고, 행복한 일이 많이 생기길 기원합니다. 새해 하나님의 복 많이 받으십시오. 사랑하고 축복합니다.

2022년 2월 2일

사랑하는 우리 조국 대한민국 하늘 아래에서
변호사 김양홍 올림

목차

추천사1 _ 참된 행복을 곱하는 사람 3
추천사2 _ 곱하기 행복을 누리시길 5
추천사3 _ 모든 이들의 삶 가운데 주님의 행복으로 충만하기를   8
추천사4 _ 함께 행복한 세상을 만들어 가길 10
작가의 말 _ 행복 곱하기의 기쁨 12

제1편 삶과 지혜

01 고운 인연(因緣) 23
02 인생에는 명답(名答)만 있을 뿐이다 25
03 새벽에 우는 닭처럼 말을 맞게 하자 28
04 완벽한 약국 31
05 피할 수 없으면 즐기고, 즐길 수 없으면 피하라 . . . 34
06 아는 것을 다 말하지 말라 35
07 악보에는 쉼표가 있다 36
08 하루하루 적당히 삽시다 37
09 행복은 감사의 문으로 들어온다 39
10 행복은 늘 가까이에 있다 40
11 행복한 가정을 위한 부부생활 십계명 41
12 봄 같은 사람 43
13 존경할 만한 어른의 공통점 45
14 사랑의 힘 46

15	줄 수 있는 만큼만 주는 것이 사랑이다	47
16	최고(最高)에서 최중(最中)으로	49
17	칭찬으로 사람을 단련하느니라	51
18	들러리 찬가(讚歌)	52
19	해충기념탑(Boll Weevil Monument)	54
20	聽訟之本 在於誠意(청송지본 재어성의)	56

제2편 주님과 행복한 동행

01	사랑 타령	61
02	부부 사이의 사랑과 순종은 같은 말이다	64
03	모든 일을 사랑으로	67
04	옴니버스 옴니아(Omnibus Omnia)	69
05	이제는 내 것이 아니다	71
06	호야꽃이 피었습니다	72
07	이것이 행복이라오	74
08	이제 내가 살아도	76
09	부활의 주님은	79
10	사랑이 홍수난 사람이 되자	81
11	순종이 제사보다 낫다	83
12	하나님은 우리 편이시라	85
13	살아야 할 이유	88
14	믿은 대로 될지어다	91
15	행복한 교회	94
16	작은 쉼표	96
17	날마다 받은 복을 세어 보아라	98

18	믿는 만큼 행동하게 됩니다	100
19	예수 믿는데 드는 비용	102
20	내가복음과 너가복음	105
21	그 사람을 대하는 법	108
22	하나님 저도 웃고 싶어요	109
23	사발농사(沙鉢農事)	113
24	민들레처럼	114
25	이것이 나의 삶의 행복이라오	117
26	먼저 내 눈 속에서 들보를 빼어야 한다	120
27	행복을 저축하지 말고 누려라	121
28	만일 소금이 맛을 잃으면 무엇으로 짜게 하리요	124
29	교회법은 존중되어야 한다	126
30	2021년 송년사(送年辭) 너는 복이 될지라!	128

제3편 가족과 행복한 동행

01	IN GOD WE TRUST	133
02	치료하는 광선을 비추리니	134
03	아빠가 아빠에게 하고 싶은 말	135
04	사랑한다는 것은	137
05	더 늦지마	139
06	오늘 이 순간이 너무 좋다	140
07	술 취하지 마라	141
08	아빠와 딸의 꿈 이야기	144
09	권면(勸勉)의 글	146
10	세상만사 생각한대로 된다	148

11	너의 언행이 너의 전부이다	150
12	태평양처럼 좋아요	154
13	아버지가 보고 싶고 또 보고 싶습니다	156
14	하나님과 행복한 동행	159
15	별일 없는 일상이 감사거리이다	160
16	설거지 예찬	162
17	은혜에게	163
18	손부터 잡아라	164
19	아빠가 저희 아버지여서 행복합니다	166
20	아빠는 설득이 안돼요	169
21	아빠는 유치원생 같아요	170
22	아빠는 잘 삐지는 보석 같은 사람	171
23	해피타임(Happy-time)과 작전명 망고 밀크	172
24	아들은 없다	177
25	우리 가족이 더 예쁘다	180
26	사생팬(私生fan)	183
27	아침에 아빠 혼자 먹으니까 밥맛이 너무 없더라	185
28	제2외국어를 하는 우리집 멍멍이	187
29	숟가락 인터뷰	190
30	가부장제(家父長制)에서 가모장제(家母長制)로	192
31	삶은 기다림과 함께 여행하는 것이다	193
32	가족의 의미	194
33	가족오락관(家族娛樂館)	196
34	덕분에	197
35	내 안에 똥 있다	198
36	아들과 함께 한 추석 여행	199

37	일석삼조(一石三鳥)	202
38	사랑은 누구나 요리하게 한다	205
39	헤어지자 우리, 지긋지긋하다	207
40	콩국수 찬가(讚歌)	208
41	매일 동작대교를 건너는 사람은 행복한 사람이다	210
42	모든 일에 있어서	211
43	참여하는 사람이 주인이다	213
44	함박눈 내리는 날	216
45	가족사진 1	220
46	삶은 살아내는 것	221
47	2021년 국경일(國慶日) 편지	223
48	2021년 크리스마스카드	226
49	2021년 인생감사와 가을감사	231
50	사랑합니다 고맙습니다 건강하세요 축복합니다	233

제4편 이런 저런 이야기

01	31년 동안 부부싸움 한 번 하지 않은 비결	239
02	사람이 잘 살아간다는 것은	241
03	I have a dream	243
04	겨자씨 한 알	247
05	감동찬 인생을 기대합니다	250
06	바람, 바람, 바람(Wind, Wind, Wish)	255
07	웃으십시오 행복하십시오	258
08	삶은 사람이고, 사랑이다	260
09	가버린 친구에게 바침	262

10	All for one, One for all.	264
11	모정(母情)	266
12	자라를 기다리며	268
13	훔친 까치밥	270
14	우리는 우리의 할 일을 해야 합니다	271
15	원아영 귀국 피아노 독주회	272
16	자율주행 자동차를 기다리며	274
17	첫 온라인 강의	276
18	제10기가 제10기에게	278
19	반포중학교 부자유친(父子有親) 모임	280
20	바람에 흔들리는 제비꽃	283
21	하늘이 무너져도 이 땅에는 정의를	284
22	우리 편이 승소했으면 좋겠습니다	286
23	공소취소(公訴取消)	288
24	피고인은 무죄 그리고 상고를 기각한다	290
25	소방관의 기도	293
26	사진 속의 두 남자	296
27	MBC VR 휴먼다큐 '너를 만났다 시즌2 로망스'	298
28	영화 '미쓰 와이프'	300
29	드라마 '오징어 게임'	302
30	참 좋은 여행(파인스톤CC과 에스앤CC)	305
31	하루는 하나의 일생이다(소피아그린CC)	313
32	한여름에 부는 가을바람(설악썬밸리CC)	315
33	전파만파와 Single(태릉CC와 남수원체력단련장)	318
34	Rafik(알펜시아700CC와 영랑호CC)	324
35	사람이 너무 좋네(처인체력단련장과 라싸GC)	330

36 모든 것이 좋았다(크리스탈밸리CC) 334
37 인생은 70부터(진천에머슨GC) 337
38 골프공과 대화하지 마라(우정힐스CC) 340
39 제일 좋은 골프장은 오늘 골프한 곳이다(샴발라CC) 343
40 딸은 재산, 아들은 부채(빅토리아GC) 345

  변호사 김양홍 Profile 351

제1편 삶과 지혜

01 고운 인연(因緣)

누군가와 인연을 맺는다는 건 하늘에서 좁쌀 한 개가 바람에 흩날려 떨어지다가 하필 땅에 거꾸로 박혀있던 바늘 끝에 좁쌀의 씨눈이 탁 꽂히는 것만큼이나 어렵고, 그렇기에 소중하다. 사람이 행복하고 불행한 것도, 기쁘고 슬픈 것도 어쩌다 우연히 생기는 감정이 아니라 인연으로부터 일어난다. 덕을 보려고 인연을 맺으면 언젠가는 손해를 보기 마련이다. 내 가슴을 열어 상대가 들어오고 싶게 만드는 것이 가장 근사한 인연 만들기이다.

김홍신 선생님의 《하루 사용 설명서》에 있는 '인연이란' 글입니다. 인연(因緣)이란 사람들 사이에 맺어지는 관계입니다. 좋은 인연은 그냥 주어지는 것이 아니라 내가 만듭니다. 내가 좋은 사람이어야 좋은 인연을 맺을 수 있기 때문입니다. 내가 나쁜 사람이면서 좋은 인연을 맺기 바란다면, 그것은 '놀부 심보'입니다. 물론 내가 좋은 사람이어도 나쁜 인연을 맺을 수는 있습니다. 그렇기 때문에 우리는 하나님께 만남의 축복을 간구해야 합니다. 좋은 인연을 맺게 해달라고 … 피천득의 '인연'이라는 수필에, '그리워하는데도 한 번 만나고는 못 만나게 되기도 하고, 일생을 못 잊으면서도 아니 만나고 살기도 한다.'는 참 애틋한 표현이 있습니다. 인연이 있으면 언젠가는 만나게 되어 있고, 그렇게 한 번이라도 만나는 것이 인연입니다.

그렇다면, 어떤 것이 좋은 인연일까요? 시작이 좋은 인연이 아닌 끝이 좋은 인연이 진짜 좋은 인연입니다. 뒷모습이 아름다워야 합니다. 헤어졌을 때 다시 보고 싶은 인연이 좋은 인연입니다. 덕을 보려고 하지 말고, 덕을 베풉시다. 내가 하나라도 더 줄 수 있음에 감사합시다. 우리 주변을 그리운 인연들로 가득 채웁시다. 그래서 서로가 서로에게 고운 인연이 됩시다.

02 인생에는 명답(名쏨)만 있을 뿐이다

　스프링벅(springbok)은 남아프리카에서 서식하는 작은 영양입니다. 어느 날 스프링벅 수백 마리가 집단 떼죽음을 당하는 사건이 발생했습니다. 아프리카의 초원에서 풀을 뜯어 먹으며 생활하는 스프링벅은 대형 무리를 형성하고, 시속 94km 빠른 발을 가지고 있어, 치타조차도 쉽게 잡지 못합니다. 그런 스프링벅에게 일어난 집단 떼죽음의 원인을 밝혀내기 위해 과학자들이 연구한 결과, 놀라운 사실을 발견하게 됩니다. 선천적으로 식욕이 왕성한 스프링벅은 무리를 지어서 풀을 먹곤하는데, 뒤에서 풀을 먹던 녀석은 앞에서 먹는 녀석보다 더 많은 풀을 먹기 위해 더 빨리 앞으로 달려 나갔고, 앞에 있던 녀석은 자리를 빼앗기지 않기 위해 그 보다 더 빨리 앞으로 나가게 되고, 그렇게 수백 마리가 목적을 상실한 채 사력을 다해 달리다가 강이나 절벽으로 뛰어 들어가 떼죽음을 당한 것입니다. 그렇게 스프링벅처럼 맹목적으로 이유도 모른 체 따라 하기만 급급한 모습을 보고, '스프링벅 현상'이라고 부릅니다.

　이 스프링벅 현상은 2013년 4월 28일 영국의 한 마라톤대회에서도 일어났습니다. 그 마라톤대회에 참석한 5,000명 중 선두를 달리던 1명의 선수를 제외하고 전원이 실격된 것입니다. 그 실격 사유는 바로 경로 이탈이었습니다. 선두 선수와 나머지 선수들의 격차가 상당히 벌어진 상태에서 2, 3위 선수가 정상 코스가 아닌 잘못된 코스로 들어섰는데, 그들을 뒤쫓아 오던 나머지 선수들도 의심치 않고 따라가는 바람에 전원 실격 처리되었고, 결국 유일하게 코스를 완주한 마크 후드가 우승을 한 것입니다. 그 5,000명은 스프링벅처럼 그냥 앞 사람만 따라간 것입니다. 그 사람이 가는 길이 맞는지 틀린지도 확인하지 않은 채 … 우리네 인생살이도 스프링벅과 다를 바 없는 것 같습니다. 왜 사는지, 무엇을 위해 살아가야 하는지 고민 없이 우리는 그냥 '남들'처럼 되기 위해 밤낮으로 뛰고 있습니다. 각자의 삶이 다르기에 각자가 이루는 것도 다를 수밖에 없는데, 우리는 남들과 비교하면서 조급해하고, 불안해하고, 아쉬워합니다. 잘 나가는 '남들'처럼 살지 못한 것을 후회하고 또 불행하다고 생각합니다.

겨울에 피는 동백꽃은 봄에 피는 벚꽃을 보고 부러워하지 않습니다. 사람도 호박꽃의 삶이 있을 수 있고, 들꽃의 삶이 있을 수 있는데, 우리들은 언제나 화려한 벚꽃이 되지 못함을 아쉬워합니다. 김홍신 선생님 말씀처럼, 인생에는 정답(正答)이 없고, 명답(名答)만 있을 뿐입니다. 내가 이 세상을 떠났을 때 나의 이웃들이 나를 그리워하고, 아름다운 사람으로 기억해준다면 그것만으로도 나는 인생의 명답을 받은 것입니다. 또한 인생은 속도가 아니라 '방향'입니다. 내가 어떻게 살았고, 또 어떻게 살지가 중요합니다. 조금 늦게 가면 어떤가요? 조금 덜 이루면 어떤가요? 조금 덜 가지면 어떤가요? 우리 서로 사랑하면서, 더불어 함께 가고, 더불어 함께 행복하게 살아갑시다.

※ 코람데오닷컴 2021년 1월 23일 '김양홍 변호사의 행복칼럼'에 실린 글입니다.

03 새벽에 우는 닭처럼 말을 맞게 하자

맹꽁이나 개구리는 밤낮을 가리지 않고 혀가 닳도록 울고, 파리는 밤낮을 가리지 않고 윙윙거린다. 그러나 사람들은 그 소리를 귀찮게 생각하며 귀 기울여 듣지 않는다. 그러나 새벽의 닭을 보게나. 시간 맞추어 몇 번 울면 천하 사람들이 그 소리를 듣고서 반가워하면서 잠에서 깨어나 하루의 설계를 하지 않든가. 말이 많은 것이 어찌 유익하겠는가. 말을 맞게 하는 것이 중요하지.

묵자(墨子)가 한 말입니다. 저는 직업이 변호사이기 때문에 보통 사람들 보다는 말을 많이 하는 편입니다만, 저 스스로를 평가했을 때 달변가(達辯家)도 아니요 그다지 말을 잘 하는 사람도 아닙니다. 저도 묵자처럼 말을 맞게 하려고 노력하고, 가능한 한 유머를 담아서 하려고 하지만, 뜻대로 잘 안 되는 경우가 많은 것 같습니다. 그런데, 말을 잘 하는 것도 중요하지만 더 중요한 것은 사랑의 말, 축복의 말, 격려의 말을 하는 것입니다. 더러운 말은 입 밖에도 내지 말아야 하고, 사랑의 말이 아니면 말문을 닫아야 합니다.

무릇 더러운 말은 너희 입 밖에도 내지 말고 오직 덕을 세우는 데 소용되는 대로 선한 말을 하여 듣는 자들에게 은혜를 끼치게 하라(에베소서 4장 29절)

성경은 우리에게 '선한 말을 하여 듣는 자들에게 은혜를 끼치게 하라'라고 합니다. 그리고 그 선한 말은 가정에서부터 시작되어야 합니다. 부모가 자녀에게, 자녀가 부모에게 먼저 말로 은혜를 끼쳐야 합니다. 말은 사람의 생각을 담고 있기 때문에 그 생각이 듣는 자에게 전해져서 생물처럼 자라납니다. '말이 씨가 된다'는 말이 있습니다. 이는 늘 하던 말이나, 무심코 한 말이 실제로 이루어질 수 있으니 말조심하라는 뜻입니다. 아메리카 인디언들의 속담 중에는 '당신이 생각한 말을 1만 번 이상 반복하면, 그런 사람이 된다.'라는 말이 있습니다. 또한 미국 뇌 과학자들의 연구한 결과에 의하면, 사람의 전체 뇌세포는 860억 개인데 그 중 98%가 말의 지배를 받는다고 합니다. 그래서 "감사해"라는 말을 입버릇처럼 말하는 사람에게는 감사할 일들이 자주 일어나고, "재수 없어"라고 자주 말하는 사람에게는 재수 없는 일만 자주 생기는 것입니다. 그렇게 우리는 일상생활 속에서 말의 지배를 받습니다.

침묵한 것에 대해선 한 번쯤 후회할 수 있지만,
자신이 말한 것에 대해서는 자주 후회할 것이다.

중세 시대 철학자 이븐 가비롤(Ibn Gabirol)이 한 말입니다. 참 맞는 말입니다. 이처럼 삶의 지혜는 종종 듣는 데서 비롯되고, 삶의 후회는 대개 말하는 데서 비롯됩니다. 그래서 침묵(沈默)이 금(金)일 수 있습니다. 저도 가능한 한 말을 적게 하려고 하는데, 나이가 들수록 말이 많아지고, 저도 모르게 했던 말을 또 하고 또 하는 것 같습니다. 내가 말 할 때보다 들을 때 내편이 더 많아진다는 것을 명심합시다.

말은 곧 자신의 생각입니다. 그래서 '말실수'라는 단어는 틀린 말입니다. 말은 결코 실수하지 않습니다. 말은 자신의 생각이 밖으로 나온 것에 불과하기 때문입니다. 말실수라고 하는 것들은 대부분 그 생각이 잘못된 것들이겠지요. 좋은 말을 하면 좋은 사람이 되고, 아름다운 말을 하면 아름다운 사람이 됩니다. 우리 모두 마음을 곱게 가집시다. 유행가 가사처럼 마음이 고와야 여자이고, 마음이 예뻐야 남자입니다. 저와 여러분이 '그 말 하지 말걸'이라는 후회를 덜 하도록 새벽에 우는 닭처럼 말을 맞게 합시다.

※ 코람데오닷컴 2021년 5월 18일 '김양홍 변호사의 행복칼럼'에 실린 글입니다.

04 완벽한 약국

우리 몸에는 완벽한 약국이 있다.
우리는 어떤 병도 고칠 수 있는 강력한 약을 가지고 있다.
그것은 웃음이다.

'웃음의 전도사' 또는 '웃음의 아버지'로 일컬어지는 노먼 커즌스(Norman Cousins)의 명언입니다. 그는 1964년 당시 치료 불가능한 희귀병인 강직성 척추염에 걸려 온몸에 마비가 왔으나, 고통을 잊기 위해 코미디 프로를 보는 등 고통만큼 웃다보니 병이 나았다고 합니다. 지금도 강직성 척추염을 완치시키는 약물은 아직 없으나, 약물요법을 운동요법과 함께 시행할 경우 상승효과가 있다고 알려져 있고, 꾸준한 치료를 통해 정상적인 생활을 하는 데는 문제가 없다고 합니다.

건강을 되찾은 커즌스는 자신의 병에 대해 연구하기 시작했는데, 그는 투병생활 중 부정적인 생각이나 비극적인 결론이나 폭력에 관한 영상이나 내용을 일절 보지도 듣지도 않았고, 힘겨운 상황에서도 웃을 수 있고 마음이 기뻐지는 희극이나 노래를 감상하며 즐겁게 하루하루를 보냈습니다. 그는 웃음을 통해서 엔도르핀이 나와 자신의 병이 치료됐다는 결과를 바탕으로 웃음 치료학을 체계화하여 《질병의 해부학 Anatomy of an Illness》을 비롯한 많은 저서를 남겼습니다.

그는 웃을 때는 얼굴 근육이 이완되어 뇌로 가는 혈류량이 증가되고, 엔도르핀의 분비가 증가되고, 자연 살상(Natural killer : NK)

세포가 증가된다는 등의 다양한 연구결과를 발표했고, 의학계에서도 인정을 받아 UCLA 의과대학의 수업 과목으로 채택되기도 했습니다.

　웃음으로 생기는 엔도르핀은 암세포까지 죽일 수 있다고 합니다. 우리 모두가 고통 속에서 웃음을 지켜내고, 슬픔 속에서 웃음을 되찾고, 힘든 삶 속에서 웃음을 피어낼 수 있기를 소망합니다. 이처럼 웃음은 그냥 주어지는 것이 아니라 우리의 노력이 필요합니다. 아래 글은 지인으로부터 받은 '웃음의 재해석'이라는 글입니다.

① 하하하(下下下) : 웃음은 자신을 낮추고, 남을 높이는 것입니다. 이것이 웃음의 출발입니다.
② 호호호(好好好) : 호감이야말로 가장 뛰어난 이미지 메이킹입니다. 웃음 속에 관계를 갈망하는 의지가 새겨집니다. 그래서 웃음은 만국공통여권(萬國共通旅券)입니다.
③ 희희희(喜喜喜) : 웃다 보면 좋은 일만 생깁니다. 그래서 희(喜 : 기쁠 희)에는 좋은 길(吉)이 새겨져 있습니다. 행복해서 웃는 것이 아니라, 웃어서 행복한 겁니다.
④ 허허허(虛虛虛) : 웃음은 '비움' 입니다(虛 : 빌 허). 웃는 순간 가슴에는 태평양보다 더 큰 바다가 생겨납니다. 여유로움입니다.
⑤ 해해해(解解解): 웃다보면 근심걱정이 도망갑니다.(解 : 풀 해) 웃음은 마음의 해우소(解憂所)입니다.

　그렇기 때문에 웃을 때는 "하하하"로 끝나면 안 됩니다. "하하하, 호호호, 희희희, 허허허, 해해해"로 마무리 되는 순간, 진정한 웃음이 완성 됩니다. 보약(補藥)이 따로 없습니다. "하하하" 먼저 자신을 낮추고, "호호호" 즐거운 표정으로, "희희희" 좋은 것만 생각하며, "허허허" 마음을 비워, "해해해" 감정의 찌꺼기를 내다 버리는, 그것이 진짜 웃음입니다.

'소문만복래(笑門萬福來)'라는 고사성어가 있습니다. 아무리 힘들고 어려운 일이 있더라도 웃음이 가득한 집에는 복이 저절로 굴러 들어온다는 뜻입니다. MBC 프로그램 중 '웃으면 복이 와요'라는 것이 있었습니다. 이 프로그램은 1969년 8월 첫 방송을 시작한 이후 1985년 4월까지 무려 17년 동안 계속된 장수 프로그램이었고, 코미디 프로그램의 대명사처럼 군림했습니다. 저도 어렸을 때 '웃으면 복이 와요'를 손꼽아 기다렸고, 그것을 보면서 행복한 시간을 보냈던 추억이 있습니다. 옛날처럼 TV를 보면서라도 웃읍시다. 웃음은 생각보다 힘이 셉니다. 아무리 힘들더라도 크게 웃고, 억지로라도 웃고, 일어나자마자 웃고, 마음까지 웃고, 함께 웃고, 꿈을 이루었을 때를 상상하며 웃읍시다. 웃다보면 행복은 저절로 찾아올 것입니다. 웃으면 복이 옵니다.

※ 한국성결신문 2021년 7월 10일 '김양홍 변호사의 행복칼럼'에 실린 글입니다.

05 피할 수 없으면 즐기고, 즐길 수 없으면 피하라

知之者不如好之者(지지자불여호지자),
好之者不如樂之者(호지자불여락지자).

　논어(論語) 옹야편(雍也篇)에 있는 공자(孔子)님 말씀으로, '어떤 사실을 아는 사람은 그것을 좋아하는 사람만 못하고, 좋아하는 사람은 즐기는 사람만 못하다.'는 뜻입니다. 공자님이 학문의 경지를 세 단계(知→好→樂)로 나누어 설명한 것이지만, 우리들 인생살이에도 딱 맞는 말씀입니다. 그래서 사람들이 '피할 수 없으면 즐기라'는 말을 하는 가 봅니다. 저도 가능한 한 모든 일을 감사한 마음으로 즐기면서 감당하고자 노력합니다. 이래도 하루 저래도 하루이기 때문입니다. 기왕이면 하나님이 주신 이 하루라는 선물을 즐기면서 보내야 하지 않겠습니까?
　그런데, 최근에 SNS에서 이 말을 뒤집어 놓은 '즐길 수 없으면 피하라'는 말을 봤습니다. 도저히 즐길 수 없다는 마음이 들 때는 피하는 것도 좋은 방법입니다. 내가 불편하면 자세를 고쳐 앉으면 됩니다. 이 길이든 저 길이든 한 번 가보는 겁니다. 그리고 가다가 힘들면 쉬었다 가면 되지 않겠습니까? 또한 오늘 못 가면 내일 가면 됩니다. 피할 수 없으면 즐기고, 즐길 수 없으면 피하십시오.

06 아는 것을 다 말하지 말라

가진 것을 다 보여주지 말고, 아는 것을 다 말하지 말고,
가진 것을 다 빌려 주지 말고, 듣는 말을 다 믿지 말라.

　셰익스피어의 4대 비극 중 하나인 《리어 왕(King Lear)》에 등장하는 광대의 대사 중 일부입니다. 《리어 왕》은 허울만을 믿고 경솔한 판단을 했다가 모든 것을 잃고 끔찍한 비극을 맞는 리어 왕을 통해서 진실의 가치를 조명한 작품입니다. 위 말은 광대의 대사이기는 하지만, 참 지혜로운 말입니다.
　중국 고대의 사상가인 노자(老子)도 《도덕경(道德經)》에서 '말 많음을 삼가라.'고 한 바 있습니다. 노자는 '말이 없는 편이 좋다. 말없이 성의를 보이는 것이 오히려 신뢰를 갖게 한다. 말보다 태도로서 나타내 보여야 한다.'고 했습니다. 말이 많으면 반드시 필요 없는 말이 섞여서 나올 수밖에 없고, 쓸 말이 적을 수밖에 없습니다. '한 번 말하고, 두 번 듣고, 세 번 맞장구치는 것'이 지혜로운 태도입니다. 가까운 사이일수록 더욱 더 그렇게 해야 합니다.

07 악보에는 쉼표가 있다

   악보를 보면 쉼표가 있습니다. 쉼 없이 노래를 부를 수 없기 때문입니다. 또한 숨을 쉬어야 할 부분에서 잘 쉬어야 노래가 듣기 좋습니다.
   삶도 그렇지 않은가요? 쉼 없이 달려왔다면, 오늘만이라도 한번 뒤 돌아 봅시다. 그렇게 하면 남보다 뒤쳐지는 것 같지만, 분명 그 쉼을 통해 더 많은 것을 얻을 것입니다. 그리고 좀 뒤쳐지면 어떤가요? 나의 이웃이 나 보다 앞서는 것인데 …

08 하루하루 적당히 삽시다

어제로부터 배우고
오늘을 위해 살며
내일을 기대하고
일단 오늘 오후는 쉬자

　만화 '스누피(Snoopy)'의 이야기입니다. 삶의 지혜가 담긴 글입니다. 스누피의 명대사 중에 이런 것도 있습니다.

I don't have time to worry about who doesn't like me.
I'm too busy loving the people who love me.
날 싫어하는 사람들을 걱정할 시간이 없어.
난 나를 사랑하는 사람들을 사랑하기에도 너무 바쁜걸.

In the book of life, the answers are not in the book.
인생이라는 책에는 결코 정답이 나와 있지 않아.

　그렇습니다. 인생에는 정답이 없습니다. 우리는 각자에게 주어진 길을 '감사'라는 지팡이를 짚고 걸어가면 됩니다. 그 여행길에 사랑하는 사람이 있다면 외롭지 않고, 더 행복할 것입니다. 그렇게 어제로부터 배우고, 하나님이 주신 선물인 오늘 하루를 사랑으로 가득 채우고, 내일을 기대하면서 살아가면 됩니다.
　그렇지만 오늘 하루 너무 열심히는 살지 맙시다. 우리 인생길이라는 것이 오늘 하루에 모두 끝나는 것이 아니잖아요. 내일 쓸 에너지도 남겨둬야 합니다. 그래서 하루하루 적당(適當)히 사는 것도 삶을 지혜롭게 사는 방법입니다. 저도 오늘 오후는 쉬고 싶지만, 중요한 재판이 있습니다. 적당히 오후에 쉬는 날을 기대하면서, 오늘 나머지 시간 열심히 살아가겠습니다.

09 행복은 감사의 문으로 들어온다

행복은 감사의 문으로 들어오고 불평의 문으로 나간다.
행복을 원하거든 감사할 줄 아는 마음을 기르고 배워야 한다.

 지금은 고인이 되신 안병욱 교수님의 명언입니다. 예수님은 우리에게 감사하는 자가 되라(골로새서 3장 15절)고 하셨고, 감사의 말을 하라(에베소서 5장 4절)고 하셨고, 감사함으로 받으라(디모데전서 4장 4절)고 하셨고, 감사함으로 하나님께 아뢰라(빌립보서 4장 6절)고 하셨습니다. 예수님은 왜 모든 것을 감사의 마음으로 채우라고 하셨을까요? 그것이 하나님의 뜻이기 때문입니다.
 불행한 사람도 감사하면 행복한 사람이 됩니다. 감사는 모든 사람을 행복으로 인도하는 요술 방망이입니다. 감사할 수 없을 때 하는 감사가 진짜 감사입니다.
 행복한 사람은 지금 있는 것을 사랑하고, 불행한 사람은 지금 없는 것을 사랑합니다. 행복은 당신 곁에 있습니다. 지금 당장 그 행복을 찾으십시오! 일단 지금 감사합시다! 나머지는 하나님이 채워 주실 것입니다.

10 행복은 늘 가까이에 있다

벗들이나 사랑하는 사람들과 함께 있는 것은
행복을 얻는 방법 중에서 으뜸가는 것에 속한다.
아무 말도 하지 않고, 아무 행위도 하지 않고
그저 함께 앉아 있는 것으로 충분하다.
서로 바라보아도 되고, 바라보지 않아도 된다.
같이 있으면 기분 좋은 사람들에게
둘러싸여 있다는 것 자체가 더할 나위 없는 기쁨이다.
- 베르나르 베르베르(Bernard Werber) -

    저는 변호사라는 직업의 특성상 말을 많이 하고 삽니다. 저는 어느 자리에 가더라도 주도적으로 이야기를 끌고 가는 편입니다. 물론 2016년 여름경부터 술병을 잡고 따라주는 권한 즉, 병권(瓶權)을 잃은 후에는 이야기 주도권을 양보하면서 살고 있습니다. 그래서 더 편해졌습니다. 그런데, 저는 정말 좋아하고 사랑하는 사람 앞에서는 오히려 말 수가 현저히 줄어듭니다. 아무 말을 하지 않아도 되고, 아무 행동을 하지 않아도 전혀 어색하지 않기 때문입니다. 그냥 곁에 있는 것만으로도 편하고 행복합니다.
    행복을 얻는 최고의 방법은 나를 행복하게 해주는 사람 곁으로 가는 것입니다. 그래서 아무리 바쁘더라도 가족과 벗, 사랑하는 사람들과 함께 하도록 해야 합니다. 그들은 나의 행복의 원천(泉)입니다. 행복은 늘 가까이에 있습니다. 우리 인간이 불행한 것은 자기가 행복하다는 것을 모르기 때문입니다. 이유는 단지 그것뿐입니다.

11 행복한 가정을 위한 부부생활 십계명

2021년 5월 21일, 오늘은 '부부의 날'입니다. '가정의 달 5월 둘(2)이 하나(1) 되자'는 의미로 5월 21일을 부부의 날로 지정된 것입니다. 부부의 날에는 남편은 아내에게 빨간 장미꽃을, 아내는 남편에게 핑크 장미꽃을 선물한다고 합니다. 각종 기념일 등에 관한 규정(대통령령 제31264호) 제2조 제1항 관련 [별표 1] 각종 기념일에 주관 부처 여성가족부, 행사 내용 '건전한 가족문화의 정착과 가족 해체 예방을 위한 행사를 한다.'라고 명시되어 있습니다.

부부의 날은 경남 창원에서 권재도 목사 부부에 의해 1995년 5월 21일 처음 시작되었고, 이후 기독교를 중심으로 부부의 날 제정 운동이 전개되다가 민간단체인 '부부의 날 위원회'가 제출한 '부부의 날 국가기념일 제정을 위한 청원'이 국회 본회의에서 결의되면서, 2007년부터 법정기념일로 제정되었다고 합니다.

다음은 행복한 가정을 위한 부부 십계명입니다.

1. 두 사람이 동시에 화내지 마세요.
2. 집에 불이 났을 때 이외에는 고함을 지르지 마세요.
3. 눈이 있어도 흠을 보지 말며 입이 있어도 실수를 말하지 마세요.
4. 아내나 남편을 다른 사람과 비교하지 마세요.
5. 아픈 곳을 긁지 마세요.
6. 분을 품고 침상에 들지 마세요.
7. 처음 사랑을 잊지 마세요.

8. 결코 단념하지 마세요.
9. 숨기지 마세요.
10. 서로의 잘못을 감싸주고 부족함을 사랑으로 채워주도록 노력하세요.

성경에 '분을 내어도 죄를 짓지 말며 해가 지도록 분을 품지 말고 마귀에게 틈을 주지 말라(에베소서 4장 26~27절)'는 말씀이 있고, 찬송가 348장 '마귀들과 싸울지라' 2절에 '고함치는 무리들은 흉한 마귀 아닌가'라는 가사가 있습니다. 부부생활 십계명 중 제1계명에 있는 것처럼 두 사람이 동시에 화내는 일은 없어야 할 것입니다. 화내고 고함칠 때는 분명 마귀가 역사하는 때임을 명심(銘心)하고, 마귀에게 틈을 주지 않도록 늘 주의해야 합니다.

부부생활 십계명대로만 살면 하나님께서 축복하여 주실 것으로 믿습니다. 오늘 부부의 날을 맞이하여 남편과 아내가 서로의 소중함을 깨닫는 계기가 되었으면 합니다. 부부가 바로 서야 가정이 살고, 가정이 바로 서야 나라가 삽니다.

12 봄 같은 사람

피어나는 꽃처럼
언제나 웃게 하는 사람

돋아나는 새싹처럼
한껏 기대를 주는 사람

커져가는 나무처럼
보기만 해도 뿌듯한 사람

흐르는 계곡물처럼
기쁨을 주는 사람

운치 있는 봄나물처럼
상큼한 맛을 나게 하는 사람

대지를 일렁이는 아지랑이처럼
신명을 부르는 사람

농부의 바쁜 일손처럼
일거리가 있는 넉넉한 사람

아 따스하고 포근히

힘을 주는 봄 같은 사람

그 사람 당신입니다
봄의 온도는 피부가
가장 기뻐하는 온도입니다

이처럼 우리도
모든 사람에게 닮은 온도가 되시길

　어느 날 아침 아는 장로님으로부터 받은 참 아름다운 시입니다. 인터넷을 검색해보니 이 시의 지은이가 누구인지 검색이 되지 않습니다. 시를 읽는 것만으로도 저의 마음에는 이미 봄이 온 것 같습니다. 엊그저께는 봄비가, 3.1절인 그저께는 비와 진눈깨비(강원도에는 폭설)가 내렸고, 어제는 조금 쌀쌀했지만 햇살이 참 따스했습니다. 곧 봄이 올 것 같습니다. 겨울은 봄을 이길 수 없듯이 코로나19도 하나님의 형상을 닮은 우리를 결코 이길 수 없을 것입니다. 우리나라도 2021년 2월 26일부터 아스트라제네카 백신을 시작으로 화이자 백신 등 코로나19 백신 접종을 시작했습니다. 이제 마스크 벗을 날도 얼마 남지 않았습니다. 내년에는 꽃눈이 내리는 봄날 함께 어깨동무하며 살아갈 수 있을 것입니다.
　우리 모두 피어나는 꽃처럼 언제나 웃게 하는 사람이 되고, 돋아나는 새싹처럼 한껏 기대를 주는 봄 같은 사람이 되도록 마음을 다하고 뜻을 다합시다. 우리 그렇게 서로가 서로에게 봄 같은 사람이 되어 줍시다. 그것이 참 사랑이고, 그것이 참말로 멋진 인생입니다.

13 존경할 만한 어른의 공통점

만화가 야마다 레이지(山田 玲司)는 십 년간 일본 사회 유명인 200명을 인터뷰하면서 존경할 만한 어른의 공통점을 찾았습니다.

첫째, 불평하지 않는다.
둘째, 잘난 척하지 않는다.
셋째, 늘 좋은 기분을 유지한다.

성경에도 이와 비슷한 내용이 있습니다.

항상 기뻐하라 쉬지 말고 기도하라 범사에 감사하라 이것이 그리스도 예수 안에서 너희를 향하신 하나님의 뜻이니라(데살로니가전서 5장 16~18절)

불평하지 않는다는 말은 범사에 감사한다는 말이고, 잘난 척하지 않는다는 말은 겸손하기에 하나님께 기도한다는 말과 비슷하고, 늘 좋은 기분을 유지한다는 말은 항상 기뻐하라는 말을 실천하는 삶 아닐까요? 이 땅의 어른들 모두가 존경할 만한 어른이 되기를 소망합니다. 우리 모두 나잇값 하면서 삽시다.

14 사랑의 힘

누군가에게 깊이 사랑받고 있으면 힘이 생기고,
누군가를 깊이 사랑하고 있으면 용기가 생긴다.

중국의 사상가 노자(老子)의 명언입니다. 사랑은 이 세상을 살아가게 하는 연료(燃料)입니다. 사랑의 가장 큰 특징은 서로 나눌 수 있다는 점입니다. 사랑은 주고받는 것이 진짜 사랑입니다.
　성경은 '오직 사랑으로 서로 종노릇하라'(갈라디아서 5장 13절)고 합니다. 서로가 자발적으로 종노릇하는 것이 사랑입니다. 종노릇의 핵심은 내가 원하는 것을 주는 것이 아니라 상대방이 원하는 것을 주는 것입니다. 오늘 하루도 서로 사랑하며 삽시다!!

15 줄 수 있는 만큼만 주는 것이 사랑이다

줄 수 있는 만큼만 주는 것이 사랑입니다.
줄 수 있는 것보다 더 많이 주게 되면 희생이 되고
희생은 바램을 만듭니다.
바램이 지속되면 서운함을 만들고
서운함이 지속되면 관계가 편안하게 지속되기 어렵습니다.
지금 누군가에게 서운하고 무언가를 바라고 있다면
내가 줄 수 있는 것보다
훨씬 더 많이 주고 있다는 증거입니다.
내가 그렇게 많이 주는 건 불안하기 때문입니다
관계가 깨질까 봐. 떠날까 봐.
그러나 기억하세요.
줄 수 있는 만큼만 줘도 남게 될 관계는 남게 되고,
많은 것을 줘도 떠날 관계는 떠나게 됩니다.

　오늘 아침 SNS에서 만난 글입니다. '글배우'의 글로 추정되는데, 글을 옮긴이가 글의 출처를 정확히 밝히지 않아 지은이가 누군지 모릅니다. 위 글은 우리가 이 세상을 살아갈 때 어떻게 살아가야 하는지를 잘 설명하고 있습니다.
　인생을 살아가면서 사람을 만나고 헤어지는 것에 대해 너무 서운해 하거나 집착할 필요가 없습니다. 하나님은 나에게 합당한 사람은 가까이 하게 하시고, 그렇지 않은 사람은 멀리 하게 하시는 것이기 때문입니다.

또한 나 스스로 좋은 사람은 가까이 하고, 나쁜 사람은 멀리 하면 됩니다. 인생 너무 복잡하게 살지 마십시오. 또한 일방적으로 주는 것은 희생이지 사랑이 아닙니다. 사랑은 주고받는 것입니다. 예수님도 제자들에게 '서로 사랑하라(요한복음 13장 34절)'고 하셨습니다. 줄 수 있는 만큼만 주고, 더 주고 싶은 것은 하나님께 더 채워주시라고 기도합시다. 하나님께서 하나님의 때에, 하나님의 방법으로 더 채워주실 것입니다.

16 최고(最高)에서 최중(最中)으로

지난 2021년 4월 25일(현지시간) 제93회 아카데미상(같은 말 Oscar상) 시상식에서 영화 <미나리>로 여우 조연상을 수상한 윤여정 선생님은 시상식 이후 기자회견에서 "한순간에 이뤄진 게 아니다. 나는 경력을 쌓기 위해 한 걸음 한 걸음 노력했다. 세상에 펑(BANG)하고 일어나는 일은 없다."고 말했습니다. 윤선생님은 향후 계획에 대해 "오스카 탔다고 김여정 되는 것 아냐, 살던 대로 살겠다. 민폐가 되지 않을 때까지 이 일을 하다 죽으면 좋을 것 같다."고 밝히면서, "최고(最高)가 되려고 그러지 맙시다. 우리, 그냥 최중(最中)만 되면서 살면 되잖아."라고 했습니다.

'대충대충'이라는 단어는 국어사전에 '일이나 행동을 적당히 하는 모양'이라고 설명되어 있습니다. 또한 '적당히'라는 단어도 '정도에 알맞게'라는 뜻입니다. 그렇다면 '대충산다'는 말도 '정도에 알맞게 사는 것'을 의미합니다. 그런데, 우리는 대충 사는 것을 죄악시 하고, 최고로 살 것을 강요하는 사회에 살고 있습니다. 윤선생님 말씀대로, 우리는 각자 자신에게 주어진 역할을 충실히 하고, 최고가 아닌 최중의 삶을 사는 것이 지혜로운 삶입니다. 우리는 함께 가야 합니다. 행복한 동행이 참 행복의 길임을 명심합시다!!

17 칭찬으로 사람을 단련하느니라

한 아이는 말을 더듬었다. 그래서 그 아이는 자신감이 많이 떨어져 있었다. 그의 어머니는 아이에게 말했다. "그건 네 머리가 정말 좋기 때문이다. 네 혀가 너의 똑똑한 머리를 쫓아갈 수 없어서 말을 더듬는 거란다."라고 일러주며 용기를 북돋아 주었다. 그 아이는 바로 GE를 세계적인 기업으로 성장시킨 CEO 잭 웰치(Jack Welch)이다. 어머니의 칭찬이 없었다면 세계적인 인물이 되지는 못했을 것이다. 칭찬은 한 사람을 바꿀 수 있는 큰 힘을 가진 가장 작은 단위다.

'세기의 경영인'으로 불리는 잭 웰치의 이야기입니다. 그는 철도기관사의 아들로 태어나 1960년 GE에 엔지니어로 입사하여 46세 나이인 1981년부터 20년간 CEO로 지내면서 GE의 연간 매출은 250억 달러에서 1,300억 달러로 5배 이상 증가했고, 시가총액은 40배 이상 늘었습니다. 세계에서 가장 존경받는 경영인 중 한 사람으로 불리는 그를 거목으로 키운 출발점은 엄마의 칭찬이었습니다.

성경에서도 "칭찬으로 사람을 단련하느니라(잠언 27장 21절)"라는 말씀이 있습니다. 그런데, 자녀를 훈계하는 것 보다 칭찬하는 것이 더 어렵습니다. 어른들 세계에서도 마찬가지입니다. 누군가로부터 인정받는다는 것보다 더 힘을 주는 것이 있을까요? 서로가 서로를 칭찬하고, 격려하고, 기도해주는 우리가 되었으면 합니다.

18 들러리 찬가(讚歌)

　서양식 결혼식에서 신랑이나 신부를 식장으로 인도하고 거들어 주는 사람을 '들러리'라고 합니다. 신랑에게는 남자가(a best man), 신부에게는 여자가(a maid of honor or a bridesmaid) 섭니다. 우리나라와 달리 중국에서도 신랑신부의 들러리가 있는데, 신부의 들러리를 伴娘(bànniáng)이라고 하고, 신랑의 들러리를 伴郎(bànláng)이라고 합니다. 중국에서는 신랑신부의 들러리 숫자를 서로 맞추지만, 신부의 들러리 1명만 서는 경우도 있다고 합니다. 특이하게도 한족(漢族)은 신부 들러리를 미혼(未婚) 여성을 세우는데, 조선족(朝鮮族)은 기혼(旣婚) 여성을 세운다고 합니다. 결혼식의 들러리는 빛나는 신랑신부를 만들어 내는 아름다운 조연(助演)입니다.

　또한 들러리는 주된 인물의 주변에서 그를 돕는 사람을 얕잡아 이르는 말로 통용되기도 합니다. 대부분의 사람들은 자신이 주연이 되기를 원하지 조연이 되기를 원하지는 않습니다. 그런데 이 세상을 살기 좋은 세상으로 만드는 사람들은 대부분 주연들이 아니라 조연들입니다. 농부와 어부, 군인과 경찰, 소방관, 선생님, 환경미화원, 의사선생님 등등 묵묵히 자신의 자리를 지키면서 나라와 이웃을 위해 헌신하는 사람들 대부분이 조연들입니다. 그리고 우리의 부모님도 아낌없이 주는 조연입니다. 저는 모임에서 조별 대항전을 할 때마다 '꼴등(the last)'을 지향합니다. 우리 조가 꼴등을 해야 다른 조들이 1등을 하고 2등을 할 것 아닙니까? 아래 글은 김진호의 '가족사진'이라는 노래가사입니다. 저도 이 노래가사처럼, 저희 아이들을 위해 기꺼이 거름이 되어 줄 것입니다. 그리고 저의 이웃들의 행복을 위해 기꺼이 들러리가 될 것입니다.

김진호 - 가족사진

바쁘게 살아온 당신의 젊음에
의미를 더해줄 아이가 생기고
그날에 찍었던 가족사진 속에
설레는 웃음은 빛바래 가지만

어른이 되어서 현실에 던져진 나는
철이 없는 아들이 되어서
이곳저곳에서 깨지고 또 일어서다
외로운 어느 날 꺼내본 사진 속 아빠를 닮았네

내 젊음 어느새 기울어 갈때쯤
그제야 보이는 당신의 날들이
가족사진 속에 미소 띈 아가씨에
꽃피던 시절은 나에게 다시 돌아와서

나를 꽃피우기 위해 거름이 되어버렸던
그을린 그 시간들을 내가 깨끗이 모아서
당신의 웃음 꽃 피우길 피우길 피우길

19 해충기념탑(Boll Weevil Monument)

　미국 앨라배마(Alabama) 주 엔터프라이즈(Enterprise)라는 작은 마을은 오래전부터 목화를 재배하며 살아갔습니다. 그러는 중 그 지역에 목화꽃이 피어나는 것을 방해하는 'Boll Weevil(목화 바구미)'이라는 불리는 벌레들이 기승을 부리더니 목화 수확량이 1/3로 줄었습니다. 목화를 재배하여 살아가던 마을 사람들은 순식간에 빈곤해지고 실직자가 줄을 이었습니다. 이를 견디다 못한 마을 사람들은 눈물을 머금고 목화밭을 갈아엎고 땅콩을 심기 시작했습니다. 그리고 시간이 지나 화학제품의 옷감이 대량 생산되면서 목화 산업이 사양산업(斜陽産業)이 되었습니다. 그렇지만 목화 벌레 때문에 작물을 바꾸고 끊임없이 노력한 엔터프라이즈 마을 사람들은 그 곳을 세계적으로 유명한 땅콩 생산지로 만들어 놨습니다. 엔터프라이즈 마을에는 해충인 목화 벌레를 기리는 기념탑(Boll Weevil Monument)이 세워져 있는데, 그 탑에는 다음과 같은 글귀가 적혀 있습니다. 고난은 변형된 축복입니다.

벌레가 준 고난이 번영을 가져왔음을 감사하며 탑을 세운다.
(원문 : In profound appreciation of the Boll Weevil and what it has done as the herald of prosperity this monument was erected by the citizens of Enterprise, Coffee County, Alabama.)

20 聽訟之本 在於誠意(청송지본 재어성의)

聽訟之本 在於誠意
재판의 근본은 성의를 다해 듣는 것이다

 때늦은 한파(寒波)가 몰려온 오늘 창원지방법원 재판 다녀오는 길인데, 위 글은 창원지방법원 법정으로 가는 길목에 걸린 현수막에 있는 글입니다.

聽訟之本 在於誠意(청송지본 재어성의)
誠意之本 在於愼獨(성의지본 재어신독)
송사를 처리하는 근본은 성의에 달려있고,
성의의 근본은 신독에 있다.

 창원지방법원 현수막에 걸린 글은 다산 정약용의 목민심서(牧民心書)에 있는 위 글을 인용한 것으로 보입니다. 신독(愼獨)은 '혼자 있을 때 삼가는 것'을 의미합니다. '聽訟之本 在於誠意'는 꼭 재판에만 국한되는 말이 아닙니다. 가정생활에서도, 직장생활이나 사회생활에서도, 신앙생활에서도 꼭 필요한 태도입니다.
 열왕기상 제3장에는 솔로몬이 하나님께 지혜를 구하는 장면이 나옵니다. 즉, 하나님께서 지혜의 왕 솔로몬의 꿈에 나타나셔서 그에게 "무엇을 줄꼬?"라고 하시자, 솔로몬이 "누가 주의 이 많은 백성을 재판할 수 있사오리이까 듣는 마음을 종에게 주사 주의 백성을 재판하여 선악을 분별하게 하옵소서"라고 대답합니다. 이에 하나님께서 솔로몬의 대답을 마음에 들어 하시면서 "자기를 위하여 장수하기를 구하지 아니하며 부도 구하지 아니하며 자기 원수의 생명을 멸하기도 구하지 아니하고 오직 송사를 듣고 분별하는 지혜를 구하였으니 내가 네 말대로 하여 네게 지혜롭고 총명한 마음을 주노니 네 앞에도 너와 같은 자가 없었거니와 네 뒤에도 너와 같은 자가 일어남이 없으리라 내가 또 네가 구하지 아니한 부귀와 영광도 네게 주노니 네 평생에 왕들 중에 너와 같은 자가 없을 것이라(열왕기상 제3장 제9~13절)"고 하면서 말씀하신대로 큰 복을 주십니다.

  솔로몬이 하나님께 구한 것은 장수(長壽)와 부(富)가 아닌 '듣는 마음'이었고, 하나님은 그 듣는 마음을 '지혜'라고 표현하셨습니다. 오늘 제가 변호한 젊은 형제에게도 위 솔로몬 이야기를 해주고, 교회에 가면 하나님께서 반갑게 맞아주실 것이라고 안내했습니다. 우리 젊은 형제가 이 고난의 때에 예수님을 구주로 영접하고, 이 땅에서 하나님의 사람으로서 빛과 소금 역할을 하면서 가족과 이웃을 섬기는 삶을 살아가기를 간절히 기도합니다. 모든 것이 합력(合力)하여 선(善)을 이루실 것으로 믿습니다.

제2편 주님과 행복한 동행

01 사랑 타령

'사랑'이란 무엇일까요? 네이버 국어사전에는 사랑을 다음과 같이 정의하고 있습니다. '1. 어떤 사람이나 존재를 몹시 아끼고 귀중히 여기는 마음. 또는 그런 일, 2. 어떤 사물이나 대상을 아끼고 소중히 여기거나 즐기는 마음. 또는 그런 일, 3. 남을 이해하고 돕는 마음 또는 그런 일.' 그런데, 국어사전에서 말하는 사랑의 정의만으로는 뭔가가 조금 부족한 느낌입니다. 카피라이터 정철의 《사람사전》에서는 사랑을 이렇게 정의하고 있습니다.

같이 있어주는 것, 같이 걸어주는 것, 같이 비를 맞아주는 것, 같이 울어주는 것, 같이 웃어주는 것, 이 모든 문장에서 '주다'는 개념을 빼면 사랑. 사랑은 같이 있는 것, 같이 걷는 것, 같이 비를 맞는 것, 같이 우는 것, 같이 웃는 것.

이처럼 사랑은 모든 일에 있어 '같이 하는 것'입니다. 상대방이 너무나 소중하기 때문입니다. 한편 고린도전서 13장 4~7절에서는 사랑을 이렇게 정의하고 있습니다.

사랑은 오래 참고 사랑은 온유하며 시기하지 아니하며 사랑은 자랑하지 아니하며 교만하지 아니하며 무례히 행하지 아니하며 자기의 유익을 구하지 아니하며 성내지 아니하며 악한 것을 생각하지 아니하며 불의를 기뻐하지 아니하며 진리와 함께 기뻐하고 모든 것을 참으며 모든 것을 믿으며 모든 것을 바라며 모든 것을 견디느니라 저는 위 성경 말씀 중에서 가장 중요한 문장은 '무례히 행하지 아니하며'라고 생각합니다. 그리고 사랑을 한 문장으로 개념을 정의한다면, '상대방을 소중하게 여기는 마음' 아닐까요? 사랑하는 사람에게는 내 감정대로 함부로 말을 해서는 안 됩니다. 제가 엊그제 사랑하는 딸과 언쟁(言爭)하면서 화를 낸 것을 회개합니다. 사랑은 내가 당신을 소중하게 여긴다는 것을 말과 행동으로 표현하는 것입니다. 그래서 사랑의 말이 아니면 말문을 닫아야 합니다. 또한 사랑은 내일 하는 것이 아니라 지금 해야 합니다. 박노해 시인은 《걷는 독서》에서 사랑을 다음과 같이 표현하고 있습니다.

사랑은, 나의 시간을 내어주는 것이다,
사랑은 대가도 없고 보상도 없는 것, 사랑은 사랑 그 자체로 충분한 것.

공감하고 공감합니다. 서로가 서로를 위와 같이 사랑한다면 이 세상은 얼마나 행복한 세상이 될까요? 성경은 '내가 천사의 말을 할지라도 사랑이 없으면 울리는 꽹과리가 되고, 내가 산을 옮길 만한 모든 믿음이 있을지라도 사랑이 없으면 내가 아무 것도 아니요, 내 몸을 불사르게 내줄지라도 사랑이 없으면 내게 아무 유익이 없다(고린도전서 13장 1~3절)'고 하고 있습니다. 그러므로 우리는 누구를 만나든 사랑으로 만나야 하고, 무슨 일을 하든 사랑으로 해야 합니다. 하나님은 우리에게 "네 이웃을 네 자신 같이 사랑하라(마태복음 19장 19절)"고 하셨습니다. 기왕 사는 인생 우리 죽도록 사랑하다 천국 갑시다. 인생 최고의 행복은 하나님으로부터 사랑받고 있다는 확신 아닐까요?

사랑은 여기 있으니 우리가 하나님을 사랑한 것이 아니요 하나님이 우리를 사랑하사 우리 죄를 속하기 위하여 화목 제물로 그 아들을 보내셨음이라(요한일서 4장 10절)

※ 한국성결신문 2021년 8월 25일 '김양홍 변호사의 행복칼럼'에 실린 글입니다.

02 부부 사이의 사랑과 순종은 같은 말이다

미국 네브래스카 대학교의 닉 스티넷(Nick Stinnett)과 존 디프레인(John Defrain) 박사는 20년 동안 국가, 문화, 인종, 종교를 초월해서 27개국 18,000여 가정을 대상으로 연구하여, '건강한 가정의 6가지 특징'이라는 논문을 발표했습니다. 그 특징은 다음과 같습니다.

① 건강한 가정은 부부와 자녀들 사이에 견고한 결속이 있었고, 서로에 대해서 헌신하고 있다.
② 건강한 가정은 가족들이 함께 하는 시간이 많다.
③ 건강한 가정에서는 긍정적인 의사소통이 있다. 서로의 말을 잘 들어주고, 자신의 생각이나 감정을 자연스럽게 표현하고 있다.
④ 건강한 가정에서는 가족원들이 서로에게 감사와 애정을 많이 표현하는 것으로 나타났다.
⑤ 건강한 가정은 일반 가정에 비해 신앙심이 좋았고, 영적으로 결속되어 있다.
⑥ 건강한 가정은 위기 극복 능력이 뛰어나다. 어려운 문제가 발생했을 때 평상시보다 가족들이 더욱 강하게 결속하여 문제에 적극적으로 대처하는 능력이 있다.

위 건강한 가정의 6가지 특징을 보면, 건강한 부부가 건강한 가정을 이룬다는 것을 알 수 있습니다. 위 연구의 대상인 18,000여 가정이 하나님을 믿는 가정만을 대상으로 한 것이 아니었음에도 꼭 믿음의 가정만을 대상으로 한 것 같습니다. 가까운 혈연관계에 있는 사람들의 생활 공동체인 가정(家庭)의 주된 구성원은 부부와 자녀, 부모입니다. 그 중에서 중심이 되는 것은 무엇일까요?

하나님께서 인간을 창조하셨을 때 부모나 어린 자녀를 창조한 것이 아니라 부부인 아담과 하와를 창조하셨습니다. 또한 하나님은 '남자가 부모를 떠나 그의 아내와 합하여 둘이 한 몸을 이루라(창세기 2장 24절)'고 하셨습니다. 이처럼 하나님은 건강한 가정을 이루기 위해서는 자녀나 부모가 아닌 부부가 중심이 되어야 함을 가르쳐 주고 있습니다. 그렇다면 건강하고 아름다운 가정을 이루기 위한 남편과 아내의 역할은 무엇일까요?

남편들아 아내 사랑하기를 그리스도께서 교회를 사랑하시고 그 교회를 위하여 자신을 주심 같이 하라(에베소서 5장 25절)

남편이 아내에게 해야 할 역할은 '사랑'입니다. 그런데 그 사랑은 조건부 사랑인 에로스(eros) 사랑이 아니라 무조건적 사랑인 자기희생적 사랑(agape)입니다. 우리를 위해 자신을 십자가에 못 박아 우리를 구원하신 '예수님처럼 사랑하라'는 것입니다. 저희 부부도 결혼 초기에 아내가 자꾸 "나 사랑해?"라고 물을 때마다 저는 쓸데없는 질문을 한다고 핀잔을 주었는데, 그것은 부부생활에서 가장 중요한 질문이었습니다. 다행히 지금은 그 질문이 사라졌습니다.

아내들아 이와 같이 자기 남편에게 순종하라 이는 혹 말씀을 순종하지 않는 자라도 말로 말미암지 않고 그 아내의 행실로 말미암아 구원을 받게 하려 함이니(베드로전서 3장 1절)

아내가 남편에게 해야 할 역할은 '순종'입니다. 베드로전서 3장 1절에서 말하는 '이와 같이'는 베드로전서 2장 후반부에서 언급하고 있는 예수님의 고난과 순종을 뜻합니다.

조금 나아가사 얼굴을 땅에 대시고 엎드려 기도하여 이르시되 내 아버지여 만일 할 만 하시거든 이 잔을 내게서 지나가게 하옵소서 그러나 나의 원대로 마시옵고 아버지의 원대로 하옵소서 하시고(마태복음 26장 39절)

예수님은 위와 같이 십자가에 못 박혀 죽는 것을 피하고 싶으셨지만, 우리 인류를 구원하시기 위해 성부 하나님의 뜻에 끝까지 순종하셨던 '예수님처럼' 아내들은 남편에게 순종하라는 것입니다.

하나님은 남편도 아내도 예수님이 자신의 목숨을 주심과 같이 사랑하고 순종하라고 하셨습니다. 그래서 '예수님'입니다. 결국 부부 사이의 사랑과 순종은 같은 말입니다.

※ 한국성결신문 2021년 5월 19일 '김양홍 변호사의 행복칼럼'에 실린 글입니다.

03 모든 일을 사랑으로

오늘 지난 4월 9일 명동대성당에서 제4대 군종교구장으로 취임하신 서상범 티토 주교님을 뵙고 왔습니다. 저는 1993년 군법무관 임용을 위한 군사훈련을 받을 때 제3사관학교성당에서 영세(세례명 마태오)를 받았지만, 저의 아내를 만난 이후 교회에서 신앙생활을 하고 있습니다.

주교님은 제가 1997~1998년 백골부대 법무참모로 근무할 때 군종참모로 1년 동안 함께 근무하였던 인연이 있고, 이후 제가 1999년 광주 서현교회에서 혼인예식을 드리기 직전에 주교님 주례로 쌍용성당(제2군단)에서 관면혼인(寬免婚姻)를 했었습니다.

주교님은 병(兵)으로 군복무를 마치시고, 다시 군종장교로 임용되어 국방부 군종실장 등으로 28년간 근무하신 후 군종교구 총대리 신부님으로 5년간 근무하시다가 2018년부터 대치동 본당 주임신부님으로 사역하신 후 이번에 네 번째로 군에 오셔서 군종교구장이 되셨습니다. 군종교구(軍宗教區)는 군인 신자에 대한 사목을 담당하는 특수한 교회 관할 구역으로, 군종교구장은 육해공군 군종사목을 총괄하는 분입니다.

주교님 안내로 국군중앙성당을 둘러보는데, 성당 입구에 '모든 일을 사랑으로'라는 푯말이 있었습니다. 사랑이 많으신 우리 주교님이 모든 일을 사랑으로 처리하실 것으로 믿습니다. 주교님의 문장(紋章) 안에 있는 성경 말씀은 '주님은 나의 힘, 나의 방패'입니다. 시편 28편 7절의 말씀입니다.

여호와는 나의 힘과 나의 방패이시니 내 마음이 그를 의지하여 도움을 얻었도다 그러므로 내 마음이 크게 기뻐하며 내 노래로 그를 찬송하리로다(시편 28편 7절)

주교님은 주교 서품 및 군종교구장 착좌식에서 "이제 인간적으로 할 수 있는 것은 제 자신에게 있어서 많지 않다고 여겨집니다. 주님께 내여 맡기며 그분의 지혜와 능력에 힘입어 주교 직분을 수행하도록 하겠습니다."라는 인사말을 하셨는데, 주교님께서 그 인사말대로 주교 직분을 잘 수행하실 것으로 믿습니다. 프란치스코 교황님이 군종교구장 임명장에 깨알처럼 작은 글씨로 서명을 하신 것을 봤습니다. 서명 하나에도 교황님 스스로를 낮추는 모습이 참 인상적이었습니다. 저도 "주님, 사랑" 이 두 단어만 기억하면서 살아가고 싶습니다. 서상범 주교님의 앞길에 우리 주님이 늘 동행하여 주시기를 간절히 기도합니다.

04 옴니버스 옴니아(Omnibus Omnia)

 천주교 서울대교구장을 지낸 정진석 추기경님이 어제(2021년 4월 27일) 향년 90세로 선종(善終)하셨습니다. '옴니버스 옴니아(Omnibus Omnia)'는 '모든 이에게 모든 것'이라는 뜻인데, 이는 정진석 추기경님이 39세로 최연소 주교가 되셨을 때의 사목(司牧) 표어라고 합니다. 주교로서 '모든 사람을 똑같이 대하며, 자신의 모든 것을 내놓겠다.'는 의지로 해석됩니다.
 정진석 추기경님은 노환에 따른 대동맥 출혈로 수술을 소견을 받았으나, 주변에 걱정을 끼치고 싶지 않다면서 수술과 연명치료를 받지 않았다고 하고, 사후 각막기증도 실천하셨습니다. 정진석 추기경님은 병실을 찾은 염수정 추기경 등에게 "코로나19로 고통 받는 이들이 많은데, 빨리 그 고통에서 벗어나도록 기도하자. 하느님에 대한 믿음을 굳건히 해야 한다. 힘들고 어려울 때 더욱 더 하느님께 다가가야 한다. 모든 이가 행복하길 바란다."고 당부하셨답니다.

"모든 분들에게 감사드립니다.
항상 행복하세요.
행복이 하나님의 뜻입니다."

　모든 것을 주고 떠나신 정진석 추기경님이 마지막으로 남기신 말씀입니다. 힘들수록 하나님께 더 다가가고, 모든 분들에게 감사하고, 항상 행복한 마음을 갖고 살아갑시다. 정진석 추기경님, 천국에서 영원한 평안을 누리소서.

05 이제는 내 것이 아니다

　탁영철 목사님이 오늘 아침 facebook에 소개한 어느 60대 권사님의 이야기입니다. 그 권사님은 친구들의 권유로 장기기증 서약을 했습니다. 그런데 자녀들이 어머니의 생활모습이 완전히 달라진 것을 보고 놀랍니다. 좋은 것만 먹고, 규칙적으로 운동을 합니다. 심지어 전혀 보지 않던 책도 읽고, 말도 단아하며 우아하게 합니다. 몸을 항상 정결하게 하고 단아하게 살아갑니다. 그리고 늘 주위 사람에게 사랑을 베풀며 따뜻한 모습을 보여줍니다. 자녀들이 너무도 궁금해서 왜 갑자기 삶이 바뀌었냐고 물었습니다.

　"다른 이에게 주기로 약속했기 때문에 이제는 내 것이 아니다. 깨끗하게 잘 사용하다가 건네줘야 하지 않겠니? 단순히 장기만을 주는 게 아니라 내 마음과 생각 그리고 삶의 모습도 주고 싶다."

　참 멋진 권사님입니다. 탁목사님 말씀처럼, 우리의 죽음은 하나님께 받은 삶이라는 선물을 다른 이들에게 선물로 주는 순간입니다. 저도 오래 전 천안성결교회에서 어느 분의 간증을 들은 후 장기기증을 서약했기 때문에 저의 자동차운전면허증에는 '장기기증'이라고 표기되어 있습니다. 저도 권사님처럼 몸과 마음을 잘 사용하다가 건네주도록 하겠습니다. 이제는 제 것이 아닙니다.

06 호야꽃이 피었습니다

 '법무법인 서호 대표변호사실'이 저의 사무실입니다. 제가 군법무관으로 10년, 법무법인 한강에서 3년 동안 소속 변호사로 있다가 2006년 5월 1일부터 서울 용산역 근처에서 법무법인 서호를 설립한 지 벌써 15년이 되었습니다. 참 시간이 빨리 가는 것 같습니다.
 저의 사무실 책상 뒤쪽에는 '호야(학명 Hoya carnosa)' 식물과 작은 선인장, 저의 의뢰인이 선물해 주신 십자가, 제4대 군종교구장 서상범 주교님이 선물해주신 묵주(黙珠), 제가 가장 보고 싶은 할머니 사진 그리고 제가 2017년 4월 30일 장로(長老)로 장립 받을 때 받은 '장로장립패'가 있습니다. 오늘 아침 우연히 호야 식물 가지에서 예쁜 꽃이 피어 있는 것을 발견했습니다. 호야꽃이 지난 주말 사이에 피었는지는 모르겠으나, 장로장립패 뒤에 숨어서 활짝 피어 있었습니다. 이 호야꽃이 숨어 있었던 장로장립패에 쓰여진 글을 다시 읽어봤습니다.

> **장로장립패**
>
> 귀하는 주님의 몸 된 교회의 충성스런 일꾼으로 믿음과 성품과 봉사사역에 본이 되어 담임목사를 도와 교회 부흥과 발전에 헌신함으로 교단헌법 절차에 따라 이수교회 장로로 장립 받음을 진심으로 축하드리오며 이를 기념하여 이 패를 드립니다.
>
> 네가 죽도록 충성하라 내가 생명의 면류관을 네게 주리라(계2:10)
>
> 주후 2017년 4월 30일
> 기독교대한성결교회 이수교회 담임목사 박정수

　제가 2017년 1월 14일 장로 후보자로서 교육받을 때 안충순 장로님이 내주신 숙제가 "훗날 소천했을 때 섬기는 교회 성도님들이 써주셨으면 하는 추도사를 써 오라"는 것이었습니다. 그 때 제가 써 본 추도사입니다.

이름도 없이, 빛도 없이 예수님처럼 우리들을 섬겨주셔서 감사합니다. 많이 보고 싶을 거예요. 안녕히 가십시오. 사랑합니다. 이수성결교회 성도 일동

　저의 장로장립패에서 쓰여진 글귀대로 제가 '충성스러운 일꾼, 믿음과 성품과 봉사사역에 본'이 되도록 마음을 다하고 뜻을 다하겠습니다. 제가 미리 써본 추도사대로 우리 성도님들이 저를 기억할 수 있도록 노력하고 노력하겠습니다. 그리고 무엇보다도 저의 아내, 딸과 아들로부터 사랑과 존경을 받는 남편과 아버지로 살다가 하늘 나라 가고 싶습니다.

07 이것이 행복이라오

그런즉 믿음, 소망, 사랑, 이 세 가지는 항상 있을 것인데 그 중의 제일은 사랑이라(고린도전서 13장 13절)

위 고린도전서 13장 13절은 2021년 7월 마지막 주일 이수교회 박정수 담임목사님의 설교(주제 : 믿음, 소망, 사랑) 본문 말씀입니다. 서울행정법원의 판결로 서울시 소재 교회는 7월 17일 주일예배부터, 20인 미만(19명)에 한해서 예배 좌석의 10% 이내에서 대면 예배를 드릴 수 있는데, 이수교회도 교역자님들, 시무장로님들, 대표기도자, 영상예배 담당자, 특송 담당자와 반주자만 교회에서 예배를 드립니다.

오늘은 특별히 군산에서 '행복한 교회'를 개척하시는 김영대 부목사님에게 이수교회 성도님들이 개척헌금으로 모아주신 헌금 중 오늘 일시금으로 14,861,000원을 전달하고, 다음 달부터 매월 1,000,000원씩 36개월 동안 후원하고, 잔여금은 마지막 달에 모두 후원하기로 하는 전달식이 있었습니다. '행복한 교회' 이름대로 우리 이웃들에게 하나님의 사랑과 행복을 전하는 교회가 될 것으로 믿습니다.

오늘 영상예배 특송은 할렐루야성가대 윤현집 지휘자님과 김유진 솔리스트 두 분이 '행복'(손경민 작곡)이라는 CCM 곡을 은혜롭게 찬양해주셨습니다. 저는 오늘 처음 듣는 찬양인데, 얼마나 은혜롭던지 눈물이 났습니다.

(1절)
화려하지 않아도 정결하게 사는 삶
가진 것이 적어도 감사하며 사는 삶
내게 주신 작은 힘 나눠주며 사는 삶
이것이 나의 삶에 행복이라오

(2절)
눈물날 일 많지만 기도할 수 있는 것
억울한 일 많으나 주를 위해 참는 것
비록 짧은 작은 삶 주 뜻대로 사는 것
이것이 나의 삶에 행복이라오

(후렴)
이것이 행복 행복이라오
세상은 알 수 없는 하나님의 선물
이것이 행복 행복이라오
하나님의 자녀로 살아가는 것
이것이 행복이라오

 저도 남은 인생 위 '행복'이라는 찬양가사처럼 살아가고 싶습니다. 저의 딸·아들에게도 하나님의 자녀로 사는 것이 참 행복임을 언행으로 보여주고 싶습니다. 저의 삶이 예배가 되고, 전도가 되는 삶을 살고 싶습니다. 비록 저에게 주어진 삶이 짧은 작은 삶일지라도 …

08 이제 내가 살아도

(1절)
이제 내가 살아도 주 위해 살고
이제 내가 죽어도 주 위해 죽네
하늘 영광 보여주며 날 오라하네
할렐루야 찬송하며 주께 갑니다

(2절)
이제 내가 떠나도 저 천국 가고
이제 내가 있어도 주 위해 있네
우리 예수 찬송하며 나는 가겠네
천군천사 나팔불며 마중나오네

(후렴)
그러므로 나는 사나 죽으나 주님의 것이요
사나 죽으나 사나 죽으나
날 위해 피 흘리신 내 주님의 것이요

 '이제 내가 살아도'라는 복음성가 가사입니다. 2021년 3월 21일 주일 1부 예배 헌신송으로 이 찬양을 부르는데, 예수님의 한없는 사랑이 느껴져서 눈물이 앞을 가려 2절부터는 찬양을 부를 수가 없었습니다.
 오늘 이수교회 박정수 담임목사님 설교말씀 주제는 '다비다야 일어나라(사도행전 9장 36~42절)'입니다. 다비다는 욥바에서 선행과 구제하는 일을 심히 많이 한 그리스도인 여제자였습니다. 그녀의 이웃들은 그녀가 병들어 죽자 시체를 씻어 다락에 누인 후 욥바에서 약 18km 떨어진 룻다에 베드로가 있음을 알고 두 사람을 보내어 지체 말고 와 달라고 요청합니다. 베드로가 와서 다비다 시체가 있는 다락방에 올라가니 모든 과부들이 베드로 곁에 서서 울며 다비다가 그들과 함께 있을 때 지은 속옷과 겉옷을 다 내보입니다.

이후 베드로는 예수님이 죽은 야이로의 딸을 살리신 것과 유사한 방법으로(마가복음 5장 38~41절) 사람을 다 내보내고 무릎을 꿇고 기도합니다. 베드로는 기도하면서 하나님의 뜻을 여쭤보았을 것이고, 다비다를 통해 하나님께서 영광받으실 것을 확신한 베드로는 시체를 향하여 "다비다야 일어나라"고 외치니 그녀가 살아납니다. 이를 지켜본 욥바의 많은 사람들이 주님을 믿게 된 것입니다. 다비다는 사나 죽으나 하나님께 영광 드리는 제자가 되었던 것입니다. 이것은 사도가 행한 최초의 부활입니다.

하나님이 베드로를 통해 죽은 다비다를 살리신 이유는 무엇일까요? 다비다처럼 살기를 바라셨기 때문입니다. 우리 곁에도 홀로된 여성들이 그리스도의 사랑 안에서 치유와 회복을 경험하고 동일한 형편의 다른 여성들을 섬기며 사랑과 선행을 격려하는 모임인 사단법인 다비다자매회(회장 김혜란 목사님) 회원들이 다비다처럼 살아가고 있습니다.

박정수 담임목사님께서 '죽음을 준비하는 세 가지 측면'을 말씀하셨습니다. 나의 관점에서 '당하는 죽음과 맞이하는 죽음', 이웃의 관점에서 '관심 없는 죽음과 아쉬운 죽음', 하나님의 관점에서 '하나님과 단절된 죽음과 하나님께 영광 돌리는 죽음'이 그것입니다.

다비다는 살아생전 선행과 구제를 많이 하여 그리스도의 여제자라는 말을 들을 정도로 이웃들에게 유익되는 삶을 살았고, 그녀가 죽자 그녀의 사랑을 받은 과부들이 사도 베드로를 불러 그녀를 살리고자 했고, 그들의 바람대로 하나님의 전능하신 손길이 베드로를 통해 선포되어 다비다가 살아나는 기적이 일어났습니다. 그리스도인은 먼저 하나님의 사랑을 받아야 하고, 받은 그 하나님의 사랑을 반사하는 거울이 되고, 축복의 통로가 되어야 합니다. 그리스도인은 다비다처럼 당하는 죽음이 아닌 '맞이하는 죽음'을 가져야 하고, 이웃에게는 아쉬운 죽음이요, 하나님께는 영광 돌리는 죽음을 준비해야 합니다. 사도 바울의 고백이 저와 여러분의 고백이 되기를 기도합니다. 죽음을 맞이하는 마음으로 오늘을 살아갑시다.

우리가 살아도 주를 위하여 살고 죽어도 주를 위하여 죽나니 그러므로 사나 죽으나 우리가 주의 것이로다(로마서 14장 8절)

09 부활의 주님은

2021년 4월 4일 부활주일 이수교회 1부 예배 김영대 부목사님의 설교 주제가 '부활의 주님'인데, 그 설교 말씀으로 은혜 받은 것을 대해 나누고자 합니다. 부활의 주님은 어떤 분일까요?

먼저 부활의 주님은 '하나님의 아들로 선포되신 분'입니다. 예수님 당시에 유대인들은 예수님을 하나님의 아들이라는 것을 받아들이지 않고 신성모독죄(神聖冒瀆罪)로 십자가에 못 박아 죽였습니다. 그런데, 하나님이 사흘 만에 다시 살리셨습니다. 하나님께서 예수님은 하나님의 아들이란 것을 증명하신 것입니다.

부활의 주님은 '제자들에게 관심을 기울이시는 분'입니다. 예수님은 예수님에게 십자가형을 선고한 총독 빌라도나 예수님을 십자가에 못 박는데 앞장 선 대제사장 가야바에게 나타나지 않으시고, 예수님이 십자가를 지실 때 혹시나 자신도 해를 받을까 예수님을 부인한 게바(베드로)와 뿔뿔이 흩어진 열두 제자, 오백여 형제와 야고보 그리고 사도 바울에게 나타나셨습니다(고린도전서 15장 5~8절). 또한 부활의 주님은 예수님을 죽인 유대인들을 두려워하고 있던 예수님의 제자들과 예수님의 부활을 믿지 못한 도마에게 나타나셨습니다(요한복음 20장 19절).

그리고 부활의 주님은 '낯선 모습으로 찾아오시는 분'입니다. 예수님은 예수님의 무덤에서 예수님의 시신이 없어진 것을 보고 울고 있던 막달라 마리아에게 나타나셨는데, 그녀는 예수님이신 줄 알지 못할 정도로 낯선 모습으로 오셨습니다(요한복음 20장 14절). 부활의 주님이 엠마오로 내려가던 제자들에게 나타나셨는데, 그들도 예수님을 알아보지 못합니다(누가복음 24장 16절).
　우리 곁에 있는 낯선 분 어느 분이 예수님일 수 있습니다. 내 주위에 있는 모든 분을 다시 오신 예수님으로 알고 섬길 수 있는 우리가 되길 소망합니다. 그렇게 서로가 서로를 예수님으로 알고 섬기면서 서로에게 예수님의 사랑을 전하는 사랑 전도사가 됩시다. 부활의 능력으로 더 힘 있게 살아갑시다!!

10 사랑이 홍수난 사람이 되자

우리 주 예수 그리스도의 은혜를 너희가 알거니와 부요하신 이로서 너희를 위하여 가난하게 되심은 그의 가난함으로 말미암아 너희를 부요하게 하려 하심이라(고린도후서 8장 9절)

2021년 4월 셋째 주일 이수교회 박정수 담임목사님의 설교 말씀(주제 : 은혜로 사는 사람, 성경 : 고린도후서 8장 9절) 중 은혜 받은 것을 나누고자 합니다. 기독교에서 말하는 은혜는 값없이 주시는 하나님의 선물을 뜻합니다. 은혜로 사는 사람의 특징은 무엇일까요?

첫째로 은혜로 사는 사람은 '감사의 눈'을 갖고 삽니다. 그의 눈은 감사의 눈이기에 하루하루가 감사하고, 살아있다는 것이 감사하고, 천국 갈 것을 믿기에 죽음을 맞이하는 것조차 감사합니다. 제가 기도할 때마다 빠뜨리지 않고 하는 것이 감사의 마음을 달라는 것입니다. 감사의 마음, 감사의 눈만 있으면 행복하게 살 수 있습니다.

둘째로 은혜로 사는 사람은 '영적 부자'로 삽니다. 하나님이신 예수님이 육신을 입고 이 땅에 오셔서 십자가 고난 받으심은 우리를 영적으로 구원하사 하나님의 자녀로 살게 하기 위함입니다. 은혜로 사는 사람은 죄 사함을 받았고(에베소서 1장 7절), 영생을 얻었고(요한복음 5장 24절), 하나님의 자녀가 되는 권세를 받았고(요한복음 1장 12절), 보혜사 성령님께서 영원토록 함께 하시기에(요한복음 14장 16절) 영적 부자로 사는 것입니다. 하나님의 자녀가 되는 우리는 아버지 하나님이 갖고 계시는 것을 누리면 됩니다.

셋째로 은혜로 사는 사람은 '사랑으로 녹이는 사람'입니다. 사랑이 홍수난 사람이 진정한 그리스도인입니다. 그는 작은 것 하나까지도 감사하고, 만나는 사람들을 다 주님이 보내주신 사랑의 대상으로 여깁니다.

우리는 우리의 눈을 하나님께 두고 기도해야지 문제에 두고 기도해서는 안됩니다. 환경을 바라보지 말고 하나님을 바라봅시다. 노력이 은혜를 앞서갈 수 없습니다. 고민할 시간에 기도합시다. 우리에게 필요한 것은 위대한 믿음이 아니라 위대한 하나님을 믿는 것입니다!! 사랑이 홍수난 사람으로 삽시다!!

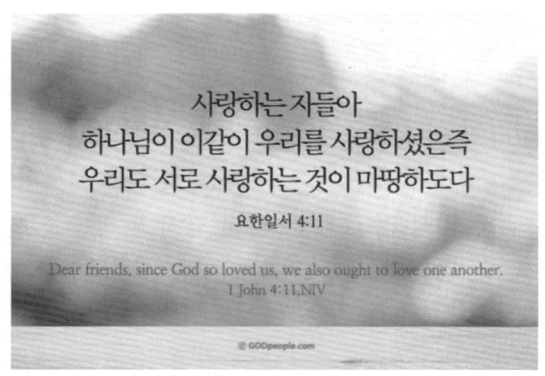

11 순종이 제사보다 낫다

　2021년 4월 25일 이수교회 주일예배 박정수 담임목사님의 설교 말씀(주제 : 순종과 의심, 본문 : 사무엘상 15장 22~24절)으로 은혜 받은 것을 나누고자 합니다.
　우리는 하나님의 말씀에 순종하는 것과 자신의 욕심 사이에서 갈등하는 경우가 많습니다. 오늘 본문 말씀은, 이스라엘 왕 사울이 하나님의 말씀에 순종하지 않자, 선지자 사무엘이 그에게 "순종이 제사 보다 낫다"는 말을 하는 장면이 나옵니다.
　아말렉은 이스라엘 백성들이 광야 길을 갈 때 피곤에 지쳐 뒤쳐져 있는 약한 자들을 무차별 공격했습니다. 그래서 하나님께서는 "아말렉을 없이하여 천하에서 기억도 못하게 하겠다"고 하셨고(창세기 17장 14절), 사울에게 "아말렉을 쳐서 그들의 모든 소유를 남기지 말고 진멸하되 남녀와 소아와 젖 먹는 아이와 우양과 낙타와 나귀를 죽이라"(사무엘상 15장 3절)고 명합니다.
　그런데 사울은 아멜렉 왕 아각을 사로잡고 그의 모든 백성을 진멸하였으나, 물질에 대한 욕심과 하나님 말씀 보다는 백성을 두려워하고, 자신을 내세우기 위해 양과 소의 가장 좋은 것과 모든 좋은 것을 남기고 하찮은 것만 진멸하였습니다. 또한 사울은 자신이 그렇게 한 것은 하나님께 제사를 드리기 위해서였다고 핑계를 댑니다. 그러나 사무엘 선지자는 이에 대하여 "순종이 제사보다 낫고 듣는 것이 숫양의 기름보다 낫다"고 합니다. 결국 하나님께서는 사울을 버리셨습니다.

네 보물이 있는 그 곳에는 네 마음도 있느니라(마태복음 6장 21절)

맞습니다. 내 마음이 '육신의 정욕과 안목의 정욕과 이생의 자랑'에 있으면 하나님의 말씀에 순종하기 어려울 것입니다. 내가 가장 소중히 여기는 보물이 자식이거나 돈이나 명예이면, 하나님의 말씀은 우선순위에서 밀릴 수밖에 없습니다. "구원은 믿음으로 받고, 축복은 순종으로 받는다."는 말이 있습니다. 하나님을 사랑하는 만큼 순종할 수 있습니다. 내 뜻대로가 아닌 주님의 뜻대로 살아가는, 저와 여러분이 되길 소망합니다. 이 세상도, 그 정욕도 지나가되 오직 하나님의 뜻을 행하는 자는 영원히 거한다(요한일서 2장 17절)는 말씀을 믿습니다. 순종이 제사 보다 낫습니다!!

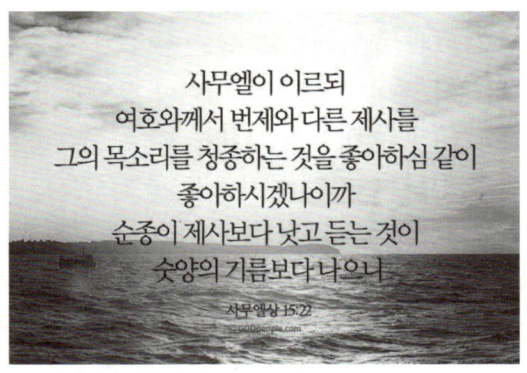

12 하나님은 우리 편이시라

따스한 햇살이 좋은 2021년 6월 13일 주일 이수교회 박정수 담임 목사님의 설교 말씀(주제 : 사랑으로 다시 살리라, 성경 : 로마서 8장 31~39절)으로 은혜 받은 것을 나누고자 합니다.

1. 하나님은 우리 편이시라

다윗이 블레셋 사람에게 이르되 너는 칼과 창과 단창으로 내게 나아오거니와 나는 만군의 여호와의 이름 곧 네가 모욕하는 이스라엘 군대의 하나님의 이름으로 네게 나아가노라(사무엘상 17장 45절)

양치기 소년에 불과한 다윗이 블레셋 장수 골리앗에게 한 말입니다. 결국 다윗은 물맷돌로 거인 골리앗을 죽입니다. 다윗처럼 전능하신 하나님이 내 편이라는 확신이 들면 그때부터는 환경이나 사람을 두려워하지 않게 됩니다. 그리고 응답하시는 하나님께 기도하게 됩니다. 사도 바울은 로마서 8장에서 '아무도 끊을 수 없는 하나님의 사랑'을 언급하면서, 하나님이 우리 편임을 강조하고 있습니다.

그런즉 이 일에 대하여 우리가 무슨 말 하리요 만일 하나님이 우리를 위하시면 누가 우리를 대적하리요(로마서 8장 31절)

인생살이도 마찬가지입니다. 어느 순간 내 편이 아무도 없고, 나 혼자라는 생각이 들면 우울함이 밀려옵니다. 그 때 기억하십시오.

하나님은 '평생 내 편, 영원한 나의 변호인'이심을! 우리 편인 하나님으로 말미암아 그냥 이기는 것이 아니라 넉넉히 이길 것입니다(로마서 8장 37절).

2. 하나님은 사랑이시라

사랑하지 아니하는 자는 하나님을 알지 못하나니 이는 하나님은 사랑이심이라(요한일서 4장 8절)

우리가 그리스도인이 된 이유는 아들을 화목제물로 보내주신 하나님의 사랑 덕분입니다. 인생을 살면서 가장 큰 은혜와 축복은 무엇일까요? 돈이나 명예, 자식들이 잘되는 것이나 평안함일까요? 아닙니다. 그것은 바로 하나님의 사랑을 깨닫는 것입니다. 그리고 사랑하며 살기로 결심하는 것입니다. 사랑은 허다한 죄를 덮으며, 모든 상처와 아픔을 치유합니다.

3. 사랑이 강물처럼 흐르게 하자

개그맨 뽀찍이 이용식씨가 자신의 묘비명(墓碑銘)에 '앗, 더 웃길 수 있었는데'라고 적고 싶다고 했습니다. 진짜 개그맨다운 멋진 생각입니다. 그는 '누군가에게 웃음을 준다는 것은 기쁨이고 보람'이라고 합니다. 그렇다면 하나님의 사랑을 받은 우리 그리스도인들은 어떻게 살아야 할까요? 누군가에게 사랑을 주는 것이 기쁨이고 보람인 것이 진짜 그리스도인의 삶 아닐까요?

개그맨 이홍렬씨는 1925년 노벨문학상을 수상한 영국의 극작가 조지 버나드 쇼(George Bernard Shaw)의 묘비에는 '우물쭈물 하다가 내 이럴 줄 알았다(I KNEW IF STAYED AROUND LONG ENOUGH, SOMETHING LIKE THIS WOULD HAPPEN.)'는 글귀가 쓰여 있는데, 그리스도인들은 언젠가 하나님 앞에 갈 날이 있다는 것을 알기에 하나님이 부르시면 묘비명에 '내 그럴 줄 알고 하나님과 친해졌다'는 묘비명을 남기고 싶다고 했습니다.

여러분의 묘비명에는 어떤 내용이 적히길 바라는가요? '聖徒 홍길동' 또는 '앗, 더 사랑할 수 있었는데'라는 묘비명도 좋지만, '하나님의 사람, 사랑하다 잠들다'라는 묘비명이 더 좋지 않을까요?

지금도 사랑하며 살기에 늦지 않았습니다. 우리 함께 남은 인생 사랑하며 살기로 결심하십시다. 나를 행복하게 하고, 세상을 변화시키는 힘은 사랑입니다. 이기적인 사랑 말고, 상대방의 필요를 채워주는 사랑을 하십시다. 사랑을 고이게 하지 말고, 강물처럼 흐르게 합시다. 사랑해서 손해보는 일은 없습니다.

개그맨이 늘 '어떻게 웃길까'를 생각하듯이 우리 그리스도인은 늘 '어떻게 사랑할까'를 생각하며 살아갑시다. 하나님의 사랑을 충만히 받고, 그 사랑을 강물처럼 흘러 보낼 수 있는 사람이 진짜 하나님을 닮은 사람입니다. 하나님은 우리 편이고, 내 편입니다.

13 살아야 할 이유

2021년 6월 마지막 주일(2021. 6. 27.) 이수교회 1부 예배 때 김영대 부목사님께서 예화로 든 피에르 신부님의 이야기를 소개하고자 합니다. 프랑스인들이 가장 사랑하는 사람은 집 없는 이들의 아버지라고 불리는 프랑스 레지스탕스 출신의 '아베 피에르(Abbe Pierre) 신부'라고 합니다. 피에르 신부님이 엠마우스(Emmaus) 운동(집 없는 사람들과 소외자들을 돕기 위한 빈민구호 공동체)을 시작하게 된 것은 자살을 기도했던 한 40대 살인범으로 실의에 빠진 '조르주'라는 남자와의 만남 때문입니다.

그는 인생의 막장에 몰려 죽음만을 생각하고 있던 때인 1949년 피에르 신부님을 만났습니다. 그는 자기가 살아 온 이야기를 신부님에게 다 털어놓았습니다. 피에르 신부님은 그의 이야기를 다 듣고 난 후에, 그의 절망에 깊이 공감을 했습니다. 그러면서도 신부님이 해줄 수 있는 것은 아무 것도 없었습니다. 신부님도 자신이 수도사가 되려고 유산을 포기한 이야기, 비참한 상황 속에 있는 사람들을 위해 집을 짓느라고 모든 것을 투입한 이야기를 들려준 후에, 엉뚱하게도 그에게 이렇게 말했다고 합니다.

"당신을 위해 내가 해줄 수 있는 게 없군요. 그런데 당신은 죽기를 원하니 거치적거릴 게 아무 것도 없지 않습니까? 집이 다 지어지기만을 기다리는 사람들을 생각해서라도 이 집짓기가 빨리 끝날 수 있도록 죽기 전에 나를 좀 도와주지 않겠소?"

조르주는 그러겠다고 대답하고는 신부님을 도와서 집짓기 현장에서 일을 시작한 것입니다. 그러면서 엠마우스 운동이 시작되었다는 것입니다. 나중에 조르주가 피에르 신부님에게 이렇게 말했답니다.

"신부님께서 제게 돈이든 집이든 일이든 그저 베푸셨더라면 아마도 저는 다시 자살을 시도했을 겁니다. 제게 필요한 것은 살아갈 방편이 아니라 살아야 할 이유였기 때문입니다."

그렇습니다. 우리에게도 살아갈 방편 보다는 살아갈 이유가 필요합니다. 나의 처지가 비록 기막힐지라도 남을 섬기는 마음을 갖고 살면 주님을 뵐 수 있습니다. 조르주는 그 후에도 가난한 사람들과 절망한 사람들을 도우며 살았다고 합니다. 절망자가 구원자가 되는, 이것이 주님이 말씀하신 참 된 쉼이 아닐까요?

수고하고 무거운 짐 진 자들아 다 내게로 오라 내가 너희를 쉬게 하리라 나는 마음이 온유하고 겸손하니 나의 멍에를 메고 내게 배우라 그리하면 너희 마음이 쉼을 얻으리니 이는 내 멍에는 쉽고 내 짐은 가벼움이라 하시니라(마태복음 11장 28~30절)

이후 피에르 신부님은 엠마우스 운동의 세 원칙을 '일한다, 나눈다, 베푼다'로 확정하였습니다. 나누고 베풀기 위해 일하는 자, 즉 섬기기 위해 일하는 자가 주님을 바로 알고, 바로 만나고, 바로 쫓는, 바른 그리스도인이 됨을 확신하는 까닭입니다.

14 믿은 대로 될지어다

    2021년 맥추감사주일(2021. 7. 4.) 이수교회 박정수 담임목사님의 설교 말씀(주제 : 오직 믿음으로 구하라, 성경 : 야고보서 1장 5~8절)으로 은혜 받은 것을 나누고자 합니다.
    그리스도인은 하나님의 은혜로 살아가는 사람들입니다. 하나님의 은혜를 충만히 누리기 위해서는 믿음으로 기도해야 합니다. 누군가를 믿는다는 것은 그에게 마음의 문을 연다는 것입니다. 예수님은 우리가 문을 열면 들어오셔서 우리와 교제하신다고 하셨습니다(요한계시록 3장 20절).
    우리는, 하나님은 반드시 계시다는 것과 하나님은 하나님을 찾는 자들에게 상 주시는 분임을 믿어야 합니다(히브리서 11장 6절). 하나님은 내가 기도할 때 반드시 좋은 것으로 응답하심을 믿어야 하고, 때로 내 뜻과 하나님의 뜻이 어긋날 때 하나님의 뜻을 이루신 후 깨닫게 하신다는 것을 믿어야 합니다.
    노아도, 요셉도, 모세도, 바울도 모두 순종하기 힘든 상황에서 믿음으로 반응하여 응답을 누렸습니다. 하나님은 하나님께 구하면 주신다고 하셨습니다(야고보서 1장 5절). 하나님을 믿는 믿음만큼 기도하게 되어 있습니다. 그렇기 때문에 우리는 큰 믿음을 가져야 합니다. 기도해서 망하는 법은 없습니다. 기도해야지 생각만 하지 말고 기도합시다. 믿은 대로 될 것입니다.

1. 네 믿은 대로 될지어다

예수님이 가버나움에 들어가실 때 한 백부장이 나아와 예수님께 자신의 하인이 중풍병으로 집에 누워 몹시 괴로워한다고 아뢰자 예수님이 가서 고쳐주시겠다고 합니다. 그러자 백부장은 본인 집에 예수님이 들어오심을 감당하지 못하겠으니 말씀으로만 가라 하면 가고, 오라 하면 오고, 하라 하면 하겠다고 합니다. 백부장은 예수님이 전능하신 하나님의 아들임을 믿었기에 예수님은 말씀만으로도 중풍병을 고쳐주실 것으로 믿었던 것입니다. 그러자 예수님이 이스라엘 중 이만한 믿음을 보지 못했다고 하시면서 "가라 네 믿은 대로 될지어다" 하시니 그 즉시 하인이 나았습니다(마태복음 8장 5~13절). 백부장의 믿음대로 된 것입니다.

2. 네 믿음이 너를 구원하였다

한 관리가 예수님께 와서 자신의 딸이 죽었다고 살려달라고 하자 예수님께서 일어나 그 딸을 살리려 가시는 길에 12년 동안이나 혈루증으로 앓는 여인이 예수님의 뒤로 와서 예수님의 겉옷 가를 만집니다. 그 여인은 예수님의 겉옷만 만져도 구원을 받겠다고 믿었기 때문입니다. 예수님은 그 여인에게 "네 믿음이 너를 구원하였다" 하시니 그 여인은 그 즉시 구원을 받습니다(마태복음 9장 20~22절). 혈루증을 앓은 여인의 믿음대로 된 것입니다.

3. 내가 능히 이 일 할 줄을 믿느냐

예수님이 12년 동안 혈루증을 앓고 있던 여인을 구원하고, 한 관리의 죽은 딸을 살리고 거기서 떠나가실새 두 맹인이 따라오며 소리 질러 "다윗의 자손이여 우리를 불쌍히 여기소서"라고 합니다. 그러자 예수님이 그들에게 "내가 능히 이 일 할 줄을 믿느냐"라고 묻자, 그들이 "주여 그러하오이다"라고 합니다. 이에 예수님께서 그들의 눈을 만지시면서 "너희 믿음대로 되라" 하시니 그 눈들이 밝아집니다(마태복음 9장 28~30절). 두 맹인의 믿음대로 된 것입니다.

우리 이수교회 성도들 모두가 헌신의 시간에 오른 손을 들고 오늘 설교 말씀에 꼭 맞는 '세상 흔들리고'라는 찬양을 부르면서 많은 은혜를 받았을 것으로 믿습니다. 그 가사대로, 세상 흔들리고 사람들은 변하여도 오직 주님을 섬기고 신뢰하고, 오직 믿음으로 살고 믿음으로 말미암아 삽시다.

15 행복한 교회

이수교회에서 5년 6개월간 사역하신 김영대 목사님이 올해 8월부터 군산시에서 '행복한 교회'를 개척하게 되어, 오늘(2021. 7. 11.) 개척파송예배를 드렸습니다. 김목사님께서 1부 예배 때 '나를 꽃피우기 위해'라는 주제(성경 : 고린도전서 4장 14~15절)로 설교를 하셨는데, 설교 중에 김진호의 '가족사진'이라는 노래 영상을 보여주셨습니다. 눈물이 앞을 가렸습니다.

예수님은 우리를 위해 십자가 위에서 거름이 되어 주셨고, 부모님은 나를 꽃피우기 위해 거름이 되어 주셨습니다. 김목사님이 비록 지금은 사모님, 어린 딸과 아들 4명으로 '행복한 교회'를 개척하시지만, 우리 예수님처럼 예수님을 모르는 영혼들을 위해 기꺼이 거름이

되어 주실 것입니다. 하나님께서 김목사님 가족과 함께 해주실 것이기에 힘들어도 행복한 교회를 이루실 것이고, 고통스러워도 더 행복한 교회를 이루실 것으로 믿습니다. 김목사님은 설교 중에도, 찬양 중에도, 성도님들과 인사를 나누실 때도 눈물을 흘리셨습니다. 그렇지만, 우리 김목사님께서 언젠가는 모든 것이 하나님의 은혜였음을 힘 있게 간증하실 것으로 확신합니다. 김영대 목사님과 가족 모두를 사랑하고 축복합니다. 위하여 기도하겠습니다♡

16 작은 쉼표

주말인 어제는 거의 하루 종일 비가 내리더니 2021년 8월 넷째 주일인 오늘은 제12호 태풍 '오마이스' 때문인지 시원한 바람까지 불어 꼭 가을날 같습니다. 오늘 이수교회 박정수 담임목사님의 설교 말씀(성경 : 창세기 2장 7절, 주제 : 흙에서 온 사람) 중 은혜 받은 것을 나누고자 합니다.

여호와 하나님이 땅의 흙으로 사람을 지으시고 생기를 그 코에 불어넣으시니 사람이 생령이 되니라(창세기 2장 7절)

하나님이 우리를 흙으로 지으셨고, 우리와 동행하시며 예배를 받으시고, 때가 되면 하나님께서 우리의 영혼을 취하실 것입니다. 성경은 '너는 흙이니 흙으로 돌아갈 것이니라(창세기 3장 19절)'라고 합니다. 하나님이 '땅의 흙으로(the dust of the ground)' 만든 사람에게 생기를 공급하자 사람이 '생령(生靈, a living soul)'이 되었습니다. 하나님은 하나님의 형상과 모양대로 인간을 창조하셨고(창세기 1장 26절), 인간에게는 일반 동물에게도 준 생명 외에 그 코에 생기를 불어넣는 사랑이 담긴 친밀한 행동을 보여주셨습니다.

이 백성은 내가 나를 위하여 지었나니 나를 찬송하게 하려 함이니라(이사야 43장 21절)

하나님은 우리 인간과 교제하시길 원하시고, 인간이 행복하게 사는 모습을 통해 기쁨을 누리시고, 찬양받기 위하여 인간을 지으셨습니다. 그러므로 우리는 호흡을 불어넣어 주신 하나님께 감사해야 합니다. 우리는 먼저 하나님의 생기를 받고, 호흡이 있는 한 하나님께 감사하며 찬양하고, 매일 하나님께 이렇게 고백하십시다.

우리 모두가 '작은 쉼표'가 되어, 참 쉼이시고 참 빛이신 예수님을 어둠 속에 살아가는 사람들에게 비추는 '거울의 삶'을 살아가길 소망합니다. "범사에 감사하라(데살로니가전서 5장 18절)"는 해도 되고 안 해도 되는 것이 아니라 하나님의 명령입니다.

수고하고 무거운 짐 진 자들아 다 내게로 오라 내가 너희를 쉬게 하리라(마태복음 11장 28절)

17 날마다 받은 복을 세어 보아라

 2021년 8월 마지막 주일 이수교회 박정수 담임목사님의 설교 말씀(성경 : 창세기 2장 15~17절, 주제 : 에덴동산의 금지명령) 중 받은 은혜를 나누고자 합니다. 창세기에 나오는 에덴 동산에는 소중한 세 가지 즉, 하나님과 인간(아담과 하와), 하나님과의 친밀한 교제(예배)가 있었고, 세 종류의 나무, 즉 각종 나무(any tree in the garden), 생명나무(the tree of life)와 선악을 알게 하는 나무(the tree of the knowledge of good and evil)가 있었습니다. 하나님은 그 사람을 이끌어 에덴동산에 두어 그것을 경작하며 지키게 하시고, 그 사람에게 명하여 동산 각종 나무의 열매는 임의로 먹으라고 하셨으나, 선악을 알게 하는 열매는 먹지 말고, 그것을 먹는 날에는 반드시 죽으리라 하셨습니다.
 이처럼 에덴동산에는 선악과(善惡果) 외 각종 나무의 열매가 있었고, 하나님은 그 각종 나무의 열매를 자유롭게 먹으라(free to eat)고 하셨습니다. 그 각종 나무의 열매에는 공기와 물, 햇볕 외 가족, 친구, 건강, 일터, 인생, 물질, 교회와 목회자, 국가 등이 있을 것입니다. 하나님이 주신 각종 나무의 열매를 세는 데만 집중해도 다른 어떤 것도 계산할 시간이 없을 것입니다.
 그런데 하와는 '그것을 먹는 날에는 눈이 밝아져 하나님과 같이 되어(you will be like God) 선악을 알게 되리라'는 뱀의 유혹에 넘어가 선악과를 먹게 됩니다. 하나님은 '왜 에덴동산에 선악을 알게 하는 나무를 만드셔서 인간을 궁지에 몰아넣으셨을까'라고 생각할 수 있습니다. 그러나 그 생각은 자신이 선악과를 따먹은 불순종의 책임을 하나님께 돌리려는 교만한 마음에서 나오는 생각입니다. 지금 나는 수많은 각종 열매를 먹을 수 있음에 감사하지 않고, 선악과를 먹지 말라는 하나님의 1가지 금지명령에 불평하고 불순종하고 있지 않은가요? 그 1가지 금지명령은 곧 인간과 지구와 우주를 지으신 창조주가 하나님이라는 것을 인정하는 것입니다. 하나님의 주권을 인정하지 않은 삶은 에덴동산에서 쫓겨난 아담과 하와와 같습니다.

에덴동산은 어디에 있을까요? 에덴동산은 중동 지역이나 지중해 어느 곳에 있는 것이 아니라 우리의 가정과 일터, 교회가 곧 에덴동산입니다. 받지 못한 것에 대해 불평불만만 가질 것이 아니라 오늘 성도들과 함께 읽은 교독문 83번 말씀대로, 주 안에서 항상 기뻐하고, 아무 것도 염려하지 말고 감사함으로 하나님께 아뢰는(빌립보서 4장 4~6절) 저와 여러분이 되길 소망합니다. '받은 복을 세어 보아라 주의 크신 복을 네가 알리라'라는 찬송가(429장) 가사 대로 날마다 하나님으로부터 받은 복을 세면서 살아갑시다!!

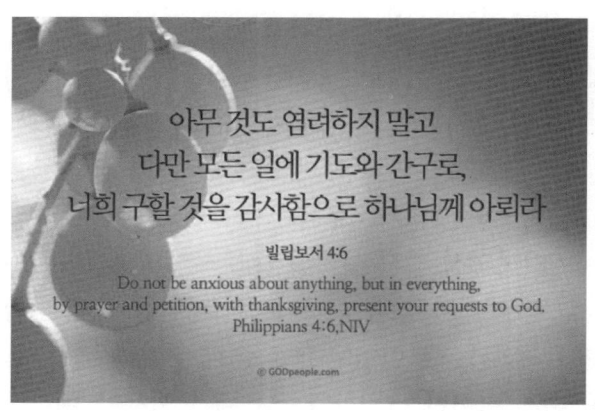

18 믿는 만큼 행동하게 됩니다

    2021. 11. 6. 이수교회 주일 예배 박정수 담임목사님의 설교 말씀(주제 : 인생의 우선순위, 창세기 22장 9~14절)으로 은혜 받은 것을 나누고자 합니다.

    하나님은 아브라함에게 생산력이 끊어진 100세에 주신 "독자 이삭을 데리고 모리아 땅으로 가서 하나님이 일러 준 한 산 거기서 번제(燔祭)로 드리라(창세기 22장 2절)"고 하십니다. 그것은 도무지 상상할 수 없고, 도저히 감당할 수 없는 명령입니다. 아브라함은 100세에 얻은 아들이 얼마나 예쁘고 소중했을까요? 아브라함에게는 이삭이 행복이었고, 기쁨 그 자체였을 것입니다. 그런데, 아브라함은 하나님의 명령을 따르기 위해 주저함이 없이 아침에 일찍이 일어나 나귀에 안장을 지우고 두 종과 이삭을 데리고 번제에 쓸 나무를 쪼개어 가지고 떠나 하나님이 자기에게 일러 주신 곳으로 갑니다.

    번제는 제물을 불에 태워 그 향기로 하나님을 기쁘시게 해드리는 제사이기에 아들을 죽여서 불에 태워야 했습니다. 하나님이 아브라함에게 일러 주신 곳에 이르자 아브라함은 그 곳에 제단을 쌓고 나무를 벌여 놓고 이삭을 결박하여 제단 나무 위에 놓고 손을 내밀어 칼을 잡고 그 아들을 잡으려 합니다. 아브라함은 하나님이 능히 이삭을 죽은 자 가운데서 다시 살리실 줄을 믿었던 것입니다(히브리서 11장 19절). 그러자 하나님께서 하나님의 사자를 보내 다급하게 아브라함을 부르시면서 "그 아이에게 손을 대지 말라 네가 네 아들 네 독자까지도 내게 아끼지 아니하였으니 내가 이제야 네가 하나님을 경외하는 줄을 아노라"라고 하십니다. 이후 아브라함이 눈을 들어 살펴보니 한 숫양이 뿔이 수풀에 걸려 있어 그 숫양을 가져다가 아들 대신하여 번제로 드립니다.

　아브라함이 처음부터 그렇게 믿음의 조상이 된 것은 아니었습니다. 하나님은 분명 아브라함에게 "내가 너로 큰 민족을 이루고 네게 복을 주어 네 이름을 창대하게 하리니 너는 복이 될지라(창세기 12장 2절)"고 하셨고, "네 몸에서 날 자가 네 상속자가 될 것이니라(창세기 15장 4절)"고 약속했음에도 불구하고 아브라함이 85세가 되어도 아들이 없자 그의 아내 사라의 여종 하갈을 통해 그의 나이 86세 때 이스마엘을 낳습니다. 그런데 하나님은 약속하신대로 아브라함이 100세 때, 그의 아내 사라가 나이가 많아 늙었고 여성의 생리가 끊어졌을 때인 90세 때 이삭을 낳습니다. 그 때부터 아브라함은 전지전능(全知全能)하신 하나님의 능력을 철저히 믿었을 것입니다.

　예수님은 우리에게 "네 마음을 다하고 목숨을 다하고 뜻을 다하여 주 너의 하나님을 사랑하라(마태복음 22장 37절)"고 하셨고, "너희는 먼저 그의 나라와 그의 의를 구하라 그리하면 이 모든 것을 너희에게 더하시리라(마태복음 6장 33절)"고 하셨습니다. 성경에서 말하는 삶의 우선순위는 하나님을 사랑하는 것과 하나님 나라 확장을 위해 사는 것입니다. 우리에게 믿는 구석은 돈이나 자식이 아니라 하나님이어야 합니다.

　믿음은 행동을 가져옵니다. 믿는 만큼 행동하게 됩니다. 하나님을 삶의 최우선의 자리에 모시고 사는 우리가 되었으면 합니다. '원하고 바라고 기도합니다' 찬양 가사처럼, 하나님의 꿈이 나의 비전이 되고, 예수님의 성품이 나의 인격이 되고, 성령님의 능력이 나의 능력이 되길 원하고 바라고 기도합니다.

19 예수 믿는데 드는 비용

2021년 이수교회 추수감사주일(2021. 11. 21.) 예배 때 박정수 담임목사님 설교 말씀(주제 : 감사로 예배하라, 성경 : 시편 50편 14~15절) 중 받은 은혜를 나누고자 합니다. 박정수 담임목사님이 설교 중 소개한 이중표 목사님이 들었다고 한 예화(例話)를 소개합니다.

어떤 목사님이 농촌교회에서 목회할 때의 일화입니다. 어느 주일 믿지 않던 한 집사님의 남편이 나와서 인사를 나누고는 목사님께 물었습니다. "목사님, 예수 믿는데 비용이 얼마나 듭니까?" 친척들이 교회에 나가면 비용이 많이 드니까 천주교를 다니라고 했다는 것입니다. 목사님이 "얼마나 비용이 들면 믿으시렵니까?" 하니까, "담뱃값 정도면 괜찮겠습니다." "왜 담뱃값 정도를 생각했습니까?" "예수 믿으면 담배를 끊을 테니까 그 돈을 바치면 되는 것 아닙니까?" "잘 생각하셨습니다. 그 정도면 충분합니다." "그래요. 생각보다 비용이 별로 안 드네요." 그 분이 교회를 나온 지 얼마 되지 않아 헌금이 조금 더 올랐습니다. 이유를 물으니 예수 믿고 술을 끊어서 올랐다는 것입니다. 그런데, 그 분이 빠지지 않고 교회 출석을 잘 하는데 3년이 되도록 세례를 안 받는 것입니다. 세례 받으라고 권면하면 "아직 때가 안 되었다. 더 있다가 받겠다"고 거절하는 거예요. 실상인즉 세례 받으면 십일조 바쳐야 한다는 말을 듣고 안 받는다는 것입니다. 그러다가 3년 되던 해 심방 때에 다시 질문을 합니다. "목사님, 십일조를 바치려면 수확의 십일조입니까? 비용을 다 제하고 십일조입니까?" "비용을 제하고 바쳐도 되고 수확의 십일조를 바쳐도 되는데 믿음대로 하면 됩니다." 했더니 "비용을 다 제하고 나면 얼마 안 되는데" 그러더니 쌀 두 가마니를 바쳤습니다. 그리고 그 해 세례를 받고 결국 집사가 되었습니다. 그 분이 집사가 된 다음해에 놀라운 일이 벌어졌는데 그 해 추수감사주일에 쌀 20가마니를 바쳤습니다. 그래서 "아니 무슨 비용이 갑자기 10배나 올랐습니까?"하고 물었더니, "자식도 공부 잘 시키려면 유학비용이 많이 들고 옷도 좋은 옷을 사 입으려면 비용을 많이 드는데, 제가 하나님의 은혜로 천국 가게 되었는데 이 정도 감사도 부족하지요! 성령님께서 저에게 감동을 주셨습니다." 그래서 목사님이 큰 감동을 받고 아낌없이 축복을 했고 그 집사님은 영육 간에 큰 복을 받았다고 합니다.

예수 믿는데 드는 비용은 무료입니다. 헌금(獻金)은 하나님의 은혜에 대한 감사와 사랑이 넘쳐 자발적으로 하나님이 하시는 일에 동참하는 기쁨의 표시이기에 비용이 아닙니다.

감사로 하나님께 제사를 드리며 지존하신 이에게 네 서원을 갚으며 환난 날에 나를 부르라 내가 너를 건지리니 네가 나를 영화롭게 하리로다(시편 50편 14~15절)

왜 감사로 하나님께 제사(예배)를 드리라고 했을까요? 감사는 하나님의 존재를 인정하는 신앙고백이기 때문입니다. 감사는 하나님의 은혜와 사랑에 대한 최소한의 보답이기 때문입니다. 감사는 장래에도 하나님의 보호와 인도가 있을 것을 믿는 믿음의 고백이기 때문입니다.

감사할 때 하나님은 기뻐하십니다.
감사할 때 예배의 문이 열립니다.

감사할 때 치유가 일어납니다.
감사할 때 더 많은 감사거리들이 찾아옵니다.
감사할 때 삶의 의욕이 생깁니다.
감사할 때 타인을 용서할 힘이 생깁니다.
감사할 때 소망이 생기고 행복이 찾아옵니다.

"환난 날에 나를 부르라 내가 너를 건지리니"라고 약속하셨습니다. 더 나아가 "네가 나를 영화롭게 하리로다"라고 하셨습니다. 고난은 내가 붙잡았던 세상의 끈을 내려놓고 창조주 하나님을 굳게 의지하게 합니다. 감사는 하나님이 우리에게 주신 축복이요 세상을 이기게 하는 능력의 무기입니다.

오늘 추수감사주일 1부 예배 때는 저와 윤철수 집사님이, 2부 예배 때는 유숙자 집사님, 진수정 집사님, 성소영 집사님 그리고 이주은 목사님의 인생감사와 가을감사 간증도 감동 그 자체였습니다. 감사거리는 주어지기도 하지만 찾는 것이 진짜 감사입니다. 우리 모두가 감사함으로 인생의 참 행복을 찾으시길 기도합니다.

20 내가복음과 너가복음

어젯밤(2021. 11. 26.) 이수교회 밤기도회 아동부 오민권 전도사님의 은혜로운 설교 말씀을 나누고자 합니다(매주 금요일은 전도사님들이 말씀을 전합니다). 여러분은 '내가복음'이라는 말을 들어보셨나요? 많은 사람들은 사복음서(四福音書)인 '마태복음, 마가복음, 누가복음, 요한복음' 외에 자신만의 복음서를 따로 기록하곤 한다고 합니다. 그 복음서의 이름은 바로 '내가복음'입니다. '내가복음'은 하나님의 말씀이 삶의 표준이 되는 것이 아니라, 내가 곧 성경이요, 내가 곧 복음이 되는 것입니다. 위와 같이 '내가복음'이 성경보다 내 생각과 내 고집이 기준이 되어 살아가는 사람이라면, '너가복음'은 오히려 상대방이 하나님의 말씀대로 향기 나는 삶을 살아서 불신자들이 그를 볼 때 기쁜 소식, 곧 복음(福音)으로 느껴진다는 좋은 측면에서의 단어라고 생각합니다.

크리스천은 스스로 기준을 제시하고 그것에 따라 사는 것이 아니라, 하나님의 말씀에 입각하여 살아야가는 사람입니다. 그렇게 살기 위해서는 하나님의 말씀을 힘써 알아야 합니다. 하나님의 말씀을 알지 못하면, 바로 '내가복음'에 의존할 수밖에 없기 때문입니다.

제가 대표기도 할 때마다 빠뜨리지 않는 몇 가지가 있습니다. 그것은 "하나님 아버지, 사랑합니다. 감사합니다."와 "항상 감사하는 마음 주시옵소서." 그리고 "우리들의 삶이 예배가 되고 전도가 되게 하옵소서."입니다. 하나님을 사랑하고, 항상 감사하는 마음으로 살아가고, '내가복음'의 삶이 아닌 상대방으로부터 '너가복음'이라는 말을 들어야 진짜 크리스천 아닐까요?

복 있는 사람은 악인들의 꾀를 따르지 아니하며 죄인들의 길에 서지 아니하며 오만한 자들의 자리에 앉지 아니하고 오직 여호와의 율법을 즐거워하여 그의 율법을 주야로 묵상하는도다 (시편 1편 1~2절)

박정수 담임목사님이 오늘 아침 교역자들 제자훈련을 인도하실 때 나눈 《예수님의 사람》 제1권 27쪽에 나오는 예화를 보내주셨는데, '너가복음'을 잘 보여주는 이야기여서 소개합니다.

판사이신 한 장로님의 간증입니다. 이 분은 어릴 적에 소아마비를 앓아 다리에 장애가 있었습니다. 그 분의 말씀입니다. "저는 예수님을 늦게 믿었습니다. 대학 3학년 때 예수님을 믿게 되었는데, 그 이유는 대학에 들어가기 전까지 예수 믿는 사람을 한 사람도 보지 못했기 때문입니다." 대한민국에서 아무리 예수 믿는 사람이 적은 동네에서 살았다고 해도 어찌 단 한사람도 만나지 못했을까요? 장로님의 표현이 좀 과장된 듯 해보입니다. 그런데 장로님의 간증을 계속 들어 보면 우리를 부끄럽게 하는 영적 교훈이 들어 있습니다. 장로님은 대학에 입학한 후 만난 기숙사 룸메이트가 항상 얼굴에 기쁨이 있고, 모든 일에 감사하고, 항상 다른 이들을 배려하는 것을 보았다고 합니다. 어느 날 그 친구에게 물었답니다. "도대체 너는 어떻게 항상 즐거워하고 언제나 다른 사람들에게 친절할 수 있니?" 그 친구가 대답했습니다. "응, 예수님을 믿고서 그렇게 바뀌었어. 너도 예수님 믿어 봐." 장로님은 그날 예수 믿는 사람을 처음 보았다고 했습니다. 그 후 그는 친구와 함께 기독교 신앙에 관한 깊은 대화를 나눴지만 선뜻 예수님을 주님으로 모실 수가 없었답니다. 자기를 평생 장애인으로 살게 하신 하나님이 어떻게 사랑의 하나님일 수 있는가에 대한 마음 때문이었습니다. 그러나 그 친구와 교제하면서 조금씩 하나님에 대해 알게 되었습니다. 마침내 대학 3학년 때 자신의 죄를 회개하고 예수님을 주님으로 영접하게 되었다는 것입니다.

'내가복음'과 '너가복음'의 차이는 결국 하나님의 말씀대로 사느냐 못사느냐의 순종의 차이라고 생각합니다. 바리새인처럼 외식(外飾)하는 신앙인이 되면 '내가복음'의 인생이 되고, 사도 바울처럼 자신의 이력(spec)을 배설물처럼 여기고 사나 죽으나 주님을 위해 살아간다(로마서 14장 8절)면 남들이 그를 '너가복음'으로 인정해줄 것입니다.

크리스천이 크리스천다워지려면 가장 먼저 할 일은 바로 '내가복음'을 버리고, 하나님의 말씀을 취하는 것입니다. 하나님을 믿는 사람들은 하나님께서 인간을 창조하신 그 목적과 의도에 맞추어서 사는 것이 바른 삶입니다. 그러므로 크리스천은 '인생사용 설명서'인 성경 말씀대로 살아가야 합니다. '내가복음' 대신 멋진 '너가복음'의 삶을 사는 저와 여러분이 되길 소망합니다.

21 그 사람을 대하는 법

그 사람 있을 때 존중하고,
그 사람 없을 때 칭찬하고,
그 사람 곤란할 때 도와주고,
그 사람 은혜는 잊지 말고,
그 사람 베푼 것은 생각 말고,
그 사람 서운한 것은 잊어라.

    오늘 지인으로부터 받은 카톡 글입니다. 위 여섯 가지 문장을 한 문장으로 바꾸면 '서로 사랑하라'입니다. 그 사람이 가족이나 가까운 사람일수록 더 존중해야 합니다. 그 사람이 없을 때는 사랑의 말이라도 비난해서는 안 됩니다. 그 사람이 곤란할 때는 마음을 다해 힘껏 도와야 합니다. 그 사람의 은혜는 마음의 돌 판에 새겨야 합니다. 그 사람에게 베푼 것은 흰 눈처럼 깨끗이 잊어야 합니다. 그 사람에게 서운한 것도 까만 밤처럼 잊어야 합니다. 그 사람이 나를 어떻게 대하든 나는 그 사람을 사랑으로 대해야 합니다.
    죽기까지 우리를 사랑하신 예수님은 우리에게 이웃을 '자기 자신같이 사랑하라(마태복음 22장 39절)'고 하셨습니다. 서로 사랑하는 것은 해도 되고 안 해도 되는 것이 아니라 우리 모두가 마땅히 해야 할 책무(責務)입니다.

새 계명을 너희에게 주노니 서로 사랑하라 내가 너희를 사랑한 것 같이 너희도 서로 사랑하라(요한복음 13장 34절)

22 하나님 저도 웃고 싶어요

결실의 계절 10월 사단법인 다비다자매회 정기모임에 다녀왔습니다. 이수교회 박정수 담임목사님은 다비다자매회 이사장으로, 저는 이사로 섬기고 있는데, 오늘 다비다자매회 회장 김혜란 목사님의 후임으로 추천받은 이주은 목사님과 상견례 하는 시간을 가졌습니다. 다비다자매회는 매월 4번째 토요일 오후 2시 이수교회에서 정기모임을 갖고 있습니다. 오늘은 이수교회 윤현집 지휘자와 김유진 솔리스트가 찬양 인도와 특송(반주 윤예나 자매)을 해주셨는데, '은혜'라는 찬양에 많은 은혜를 받았습니다.

(1절)
내가 누려왔던 모든 것들이
내가 지나왔던 모든 시간이
내가 걸어왔던 모든 순간이
당연한 것 아니라 은혜였소
아침 해가 뜨고 저녁의 노을
봄의 꽃향기와 가을의 열매
변하는 계절의 모든 순간이
당연한 것 아니라 은혜였소

(2절)
내가 이 땅에 태어나 사는 것
어린 아이 시절과 지금까지

숨을 쉬며 살며 꿈을 꾸는 삶
당연한 것 아니라 은혜였소
내가 하나님의 자녀로 살며
오늘 찬양하고 예배하는 삶
복음을 전할 수 있는 축복이
당연한 것 아니라 은혜였소

(후렴)
모든 것이 은혜 은혜 은혜
한없는 은혜
내 삶에 당연한 건 하나도 없었던 것을
모든 것이 은혜 은혜였소

　맞습니다. 모든 것이 은혜였고, 모든 것이 은혜입니다. 오늘 박정수 목사님이 '하나님 저도 웃고 싶어요(창세기 21장 1~7절 말씀)'라는 제목으로 은혜로운 설교를 해주셨습니다. 하나님은 분명 아브라함에게 "내가 너로 큰 민족을 이루게 하겠다"고 하셨고(창세기 12장 1~2절), "네 아내 사라가 네게 아들을 낳으리라(창세기 15장 4절, 창세기 17장 19절)"라고 하셨습니다. 하나님은 그렇게 세 번이나 약속하셨지만, 아브라함과 그 아내 사라는 하나님의 때를 기다리지 못하고, 아브라함을 사라의 여종 하갈에게 들어가게 하여 하갈을 통해 이스마엘을 낳게 됩니다. 그 때 아브라함은 86세, 사라는 76세였습니다.
　그런데, 아브라함이 100세 때에 이르러 마른 막대기와도 같이 전혀 생산 능력이 없었던 90세의 사라의 몸에서 이삭이 태어납니다.

그러자 사라가 "하나님이 나를 웃게 하시니 듣는 자가 다 나와 함께 웃으리로다"라는 말을 합니다. 사라의 웃음은 약속하신 말씀을 이루신 하나님께 대한 감사와 찬양의 웃음이요, 아기 엄마가 된 환희와 기쁨의 웃음이었습니다.

  박정수 목사님은 설교 중 당신의 어머님이 힘들게 살아오신 이야기, 2005년 7년간의 농촌목회를 마치고 서울로 임지를 옮겨 부목사 사역을 시작하면서 한 3가지 기도제목(① 예배당이 이미 잘 건축된 교회와 ② 설교, 양육, 전도훈련을 마음껏 활용할 수 있는 교회에 ③ 담임목사 지원서 내지 않고 담임목사님이나 장로님들 소개로 갈 수 있게 하소서)이 8년 만에 그대로 응답받은 내용을 간증하신 후 2013년 4월 7일 이수교회 담임목사로 부임하던 날 어머님이 "이제 내가 혼자 있어도 웃을 것 같다."라는 말씀을 하셨답니다. 얼마나 기쁘셨으면 그런 말씀을 하셨을까요?

  우리 다비다자매회 회원들 모두가 하나님의 은혜로 인하여 웃고, 성령 받고 하나님과 동행하는 것으로 인하여 웃고, 천국에 대한 소

망으로 인하여 웃고, 기도응답의 열매로 인하여 사라처럼 웃고, 박정수 목사님의 어머님처럼 혼자 있어도 웃을 수 있기를 간절히 기도합니다.

  대학교 1학년인 저의 아들이 올해부터 이수교회 유치부 교사로 섬기고 있는데, 내일 유치부와 아동부 연합예배 준비를 위해 교회에 온 아들을 만났습니다. 제가 아들과 함께 귀가하면서 오늘 박정수 목사님 설교말씀과 다비다자매회에 대해 이야기해줬습니다. 제가 은퇴하고 아들에게 물려주고 싶은 직책이 2가지 있는데, 그것은 이수교회 장로직과 다비다자매회 이사직입니다. 하나님의 은혜로 저의 아들이 대를 이어 우리 이수교회와 다비다자매회를 마음을 다해 섬겨줄 것으로 믿습니다.

23 사발농사(沙鉢農事)

오늘 기독교대한성결교회 서울남지방회 회장 목사님 일행(세 분의 목사님과 두 분의 장로님)이 저희 법무법인 서호를 방문하셨습니다. 서로 약 2시간 정도 소송이 제기된 사건에 대해서 대화를 나눈 후 제가 근처 식당에서 소찬(素饌)을 대접해드렸더니, 동행하신 목사님께서 "사발농사 잘 짓고 간다."는 표현을 하셨습니다. 저는 '사발농사'라는 단어를 처음으로 들었는데, 참 멋진 표현입니다. 네이버 국어사전을 찾아보니, 사발농사(沙鉢農事)란 '사발(사기로 만든 국그릇이나 밥그릇)로 짓는 농사' 즉, 사발을 들고 다니면서 밥을 빌어먹는 것을 비유하는 말이라고 합니다. 제가 오늘 아침식사를 할 때 저의 아이들에게 "교회에서 장로가 하는 일은 밥 사는 것과 차 대접하는 것이다."라고 했는데, 다행히 제가 오늘 그 말을 준행(遵行)하게 되어 감사했습니다.

저는 교회를 섬기는 분과 성도님에게만 밥을 사는 것이 아니라 저를 찾는 모든 분에게도 밥을 잘 삽니다. 언제든 저를 찾아주십시오. 언제 어디에서나 기쁘고 감사한 마음으로 식사와 차를 대접해 드리겠습니다. 그것은 제가 여러분들에게 마땅히 해야 할 일입니다.

24 민들레처럼

오늘(2021. 6. 27.) 기독교대한성결교회 서울강남지방회 교회 부흥확장위원회에서 주관하는 강단 초청예배가 오후 1시30분 광주시 오포읍에 있는 문형교회(담임목사 임은묵)에서 있었습니다.

서울강남지방회 회장을 역임하신 김종진 주소망교회 담임목사님께서 '재림을 기다리는 신앙'이라는 주제(누가복음 21장 29~36절)로 은혜로운 설교를 해주셨고, 제가 대표기도를, 강남교회 김영희 권사님이 성경 봉독을 해주셨습니다.

문형교회 주보에 정연복 시인의 '민들레의 노래'라는 시가 실려 있었는데, 그 시를 보는 순간 마음이 울컥했습니다. 시에 등장하는 민들레의 모습이 제가 앞으로 살아가야 할 모습으로 생각되었기 때문입니다.

민들레의 노래

나는 앉은뱅이 꽃이라서
참 좋다.

따뜻한 흙의 품
가까이 살고 있으니.

바람 불어도
별로 흔들리지 않고

몸이 꺾어질 위험은
더더욱 없다.

내 삶의 자리가
낮으니까

높푸른 하늘 아래
늘 맘 편히 살아간다.

민들레는 앉은뱅이 꽃이지만,
그 어떤 꽃보다 생명력이 강한 꽃입니다.
민들레는 못 걷는 꽃이지만,
민들레꽃은 홀씨가 되어
멀리 날아가 자리 잡은 곳에서
자신만의 꽃을 피웁니다.

민들레는 자신의 환경을 탓하지 않습니다.
그곳이 어디든 자신이 있는 자리에서
끝내 꽃을 피웁니다.
심지어 아스팔트 틈 사이에서도 꽃을 피웁니다.
민들레는 높은 자리 보다는
낮은 자리를 찾아갑니다.

민들레는 그냥 꽃이 아니라
우리들에게 자신처럼 살라고 가르쳐주는
우리들의 스승꽃입니다.

저도 민들레처럼 낮은 자리에서
저만의 꽃을 피우면서
우리 주님의 재림을 기다리겠습니다.

  오늘 강단 초청예배를 위해 코로나 때문에 중단했던 오후 예배를 성심껏 준비해주신 문형교회 임은묵 담임목사님과 성도님들, 김종진 목사님이 담임하시는 주소망교회 성도님들, 김영희 권사님이 섬기시는 강남교회 성도님들 그리고 제가 섬기는 이수교회 성도님들 모두에게 하나님의 은혜가 차고 넘치기를 간절히 기도합니다. 하나님은 사랑입니다!!

25 이것이 나의 삶의 행복이라오

화려하지 않아도 정결하게 사는 삶
가진 것이 적어도 감사하며 사는 삶
내게 주신 작은 힘 나눠주며 사는 삶
이것이 나의 삶의 행복이라오

눈물 날 일 많지만 기도할 수 있는 것
억울한 일 많으나 주를 위해 참는 것
비록 짧은 작은 삶 주 뜻대로 사는 것
이것이 나의 삶의 행복이라오

이것이 행복 행복이라오
세상은 알 수 없는 하나님 선물
이것이 행복 행복이라오
하나님의 자녀로 살아가는 것
이것이 행복이라오

손경민 작사·작곡의 '행복'이라는 복음성가입니다. 찬양 사역자 하니의 제2집에 수록된 곡입니다. 이 노래를 듣는 것만으로도 저절로 행복해지는 것 같습니다. 이 노래가사대로 사는 것이 참 행복 아닐까요? 저도 매 순간 이 노래가사대로 살고 싶습니다.

2021년 추석 연휴가 시작되는 주말 오후입니다. 오전에 아들과 함께 화분갈이하면서 국화꽃을 심었습니다. 작은 가을을 거실에 심었습니다. 날이 갈수록 거실에는 가을의 향기가 가득할 것입니다.
　아래 시는 제가 사랑하고 존경하는 강경태 원장님이 수년전 쓴 자작시라고 보내온 '한가위'라는 시입니다. 당장 시인으로 등단하셔도 될 듯 싶습니다. 매년 추석마다 반복되는 기다림이지만, 먼발치에서 마냥 그립습니다. 올해는 코로나19 때문에 누구나 힘든 시기를 보내고 있지만, 가족으로 인해 더 힘을 얻기를 소망합니다. 추석연휴기간 오가는 길 안전운전하시고, 가족과 함께 더 행복한 추석명절 보내소서. 많이 사랑하고, 겁나게 축복합니다♡

한가위

가족은
가슴 시리도록
아픈 존재입니다.

완전히 잊혀져
가버렸다가
어느새,
눈물이 되어 와 있습니다.

가족이란
추억이라는 이름으로
미소 짓게 하는 존재입니다.

거울에 비치는

잔 주름 속에는
울며, 찌푸러진 주름도 있지만,
웃음으로 파인 고랑도
자세히 보면 있답니다.

가족은 용서하고,
용서 받아야 할 존재입니다.
용서한, 꼭 그 만큼의 화평을 누리는 법칙이
가장 먼저 세워지는 곳이기 때문입니다.

한가위 명절을 찾아 떠나고,
또 다시 떠나는
아쉬움 속에서,

매 년 반복되는 기다림이지만,
먼 발치에서,
마냥 그립습니다.

26 먼저 내 눈 속에서 들보를 빼어야 한다

솜털 끝도 보는 시력이 있는 사람이 자기 눈썹은 보지 못하며 천근을 드는 사람도 제 몸은 들지 못합니다. 이는 마치 사람들이 다른 사람을 책망하는 데는 밝으면서도 자신에게는 관대하여 용서하는 잘못에는 어두운 것과 조금도 차이가 없습니다. -《진목집(眞牧集)》중에서 -

저 자신을 돌아보게 하는 글입니다. 성경에도 이와 비슷한 말씀이 있습니다.

비판을 받지 아니하려거든 비판하지 말라 너희가 비판하는 그 비판으로 너희가 비판을 받을 것이요 너희가 헤아리는 그 헤아림으로 너희가 헤아림을 받을 것이니라 어찌하여 형제의 눈 속에 있는 티는 보고 네 눈 속에 있는 들보는 깨닫지 못하느냐 보라 네 눈 속에 들보가 있는데 어찌하여 형제에게 말하기를 나로 네 눈 속에 있는 티를 빼게 하라 하겠느냐 외식하는 자여 먼저 네 눈 속에서 들보를 빼어라 그 후에야 밝히 보고 형제의 눈 속에서 티를 빼리라(마태복음 7장 1~5절)

위 말씀은 부부, 부모자식, 형제자매, 친구, 직장동료, 이웃 사이 등 모든 인간관계에서 적용되어야 할 것입니다. 지금 우리에게 필요한 것은 '사랑의 눈'이고, '사랑의 말'입니다. 먼저 내 눈 속에 있는 들보를 빼어야 합니다. 그것이 사랑의 시작입니다.

27 행복을 저축하지 말고 누려라

첫째, 행복이 찾아오면 최선을 다해 누리기.
이 행복이 언제 끝날까 미리 두려워하지 않기. 아낀다고 더 오래 누릴 수 있는 건 아니니까.

둘째, 버리는 일에 익숙해지기.
불필요한 것을 버리는 일은 소중한 것을 남기는 일과 같으니까. 물건도, 감정도, 생각도 그렇게 버리고 남기기.

셋째, 누군가 내게 시간을 할애하면 그걸 감사히 여기기.
사람이 사람에게 줄 수 있는 가장 좋은 선물은 시간이니까. 곁에 앉은 사람과 좋은 순간을 나누기.

  하람의 글입니다. 행복은 저축하는 것이 아니라 지금 당장 누려야 합니다. 오늘 행복해야 내일도 행복할 수 있습니다. 내일의 행복을 위해 오늘의 행복을 희생시키지 마십시오.
  혼자서 행복을 얻기란 무척 어렵습니다. 대부분 나 때문에 행복한 것이 아니라 당신 때문에 행복한 것입니다. 내 곁에 있는 사람을 주께 하듯 해야 하는 이유는 그것이 곧 내가 행복해지는 첩경(捷徑)이기 때문입니다. 그렇게 행복은 주고받는 것입니다.

무슨 일을 하든지 마음을 다하여 주께 하듯 하고 사람에게 하듯 하지 말라(골로새서 3장 23절)

봄비가 내리는 5월 셋째 주 토요일 오후 저희 가족이 천안에서 11년 동안 살 때 섬겼던 천안성결교회 장용훈 장로님의 아드님 결혼식에 갔다가 상경하는 길입니다. 천안성결교회 윤학희 담임목사님, 최양규 장로님, 피상학 장로님, 양정환 집사님 등 보고 싶은 분들을 만난 것만으로도 행복했습니다. 피장로님이 분위기 좋은 카페에서 커피 사주시기로 했는데, 아쉽게도 영업을 하지 않아 사진만 찍고 왔습니다.

양집사님은 제가 낚시 좋아한다고 낚시터까지 데려다 주셨고, 낚시터를 운영하는 사회 동생을 만나 콜라 한 잔 하고 왔습니다. 원래 밤낚시 하다가 낚시터 식당에서 먹는 닭도리탕과 메기매운탕, 김치찌개의 맛이 일품인데, 그 맛난 것들은 다음에 먹기로 했습니다. 이처럼 내 곁에 있는 사람들과 시간을 나누는 것이 행복 아닐까요?

천안에 내려갈 때는 비가 안 내렸는데, 상경할 때 쯤 천안도 비가 내렸고, 서울도 비가 많이 온다고 해서 카톡으로 '우산을 안 갖고 왔다'고 하니까 아들이 곧바로 우산을 갖고 마중 나온다고 해서 기분이 참 좋았습니다. 아들은 어차피 누군가 해야 한다면 본인이 해야 한다고 생각해서 그렇게 했을 것입니다. 참 고마운 마음입니다. 사회에 나가서도 언제 어디에서나 섬기는 의사선생님이 될 것으로 믿습니다. 아래 내용은 저희 가족의 카톡 대화입니다. 양복이 춥지 않게 되어 참 다행입니다. 행복은 이웃 간에도, 가족 간에도 저축하지 말고 누리십시오!!

아내[오후 4:10] 거긴 비 안 오네요. 여긴 비 많이 와요. 좋은 시간 보내고 오세요
김양홍[오후 5:20] 18:20 서울역 도착예정입니다. 우산 없는뎅~
딸[오후 5:20] ㅋㅋ
김양홍[오후 5:21] 비 맞으면 양복이 추울 것 같은뎅~
아들[오후 5:22] 제가 가겠습니다
딸[오후 5:22] 오
김양홍[오후 5:22] 오
김양홍[오후 5:23] 누군가 해야 한다면 은철이가~
딸[오후 5:23] 부자 사이가 좋네요~~♥

28 만일 소금이 맛을 잃으면 무엇으로 짜게 하리요

오늘 제가 자문변호사로 있는 기독교대한성결교회(약칭 '성결교단')를 상대로 제기된 효력정지가처분 사건에서 교단을 대리해서 변론했습니다. 제가 어제 제출한 답변서(가처분 신청서를 재판 이틀 전에 받았기 때문에 답변서를 재판 전날 제출한 것입니다)에 아래와 같이 '마태복음 5장 13절' 말씀을 인용했습니다.

교회는 바른 길을 가야 합니다. 목사도 바른 길을 가야 합니다. 장로도 바른 길을 가야 합니다. 목사와 장로 대의원들의 집합체인 지방회는 더욱 더 바른 길을 가야 합니다. 교회와 성도는 이 땅에서 소금이 되어야 합니다. 소금이 만일 그 맛을 잃으면 무엇으로 짜게 하리요 후에는 아무 쓸 데 없어 다만 밖에 버려져 사람에게 밟힐 뿐입니다(마태복음 5장 13절).

제가 군법무관으로서 10년, 변호사로서 18년 총 28년 동안 법원 제출용으로 작성한 서면 중에서 '무엇을 하든지 마음을 다하여 주께 하겠습니다'라는 문장 외 성경 말씀을 직접 인용한 것은 이번이 처음입니다. 재판에 참석해 주신 성결교단 한기채 총회장님과 함께 기념사진도 찍었습니다. 법원에서 의뢰인과 사진을 찍은 것도 처음입니다. 바른 길을 가고 있는 우리 성결교단이 꼭 승소할 수 있도록 기도해 주십시오.

29 교회법은 존중되어야 한다

제가 재직하고 있는 법인의 공식 명칭은 '공증인가 법무법인 서호 (公證認可 法務法人 西湖)'입니다. 제가 사실상 처음 신앙생활을 시작한 교회가 '서호성결교회'였기 때문에, 변호사 업무도 그리스도인답게 수행하겠다는 마음으로 법무법인을 설립했기 때문에 그 명칭을 '서호'로 정한 것입니다. 서호를 설립할 때나 지금이나 교회 이름에 누가 되지 않도록 무엇을 하든지 주께 하는 법무법인이 되도록 노력하고 있습니다.

2000~2002년경 서호교회 담임목사님은 지형은 목사님이셨는데, 오늘 지형은 목사님(현재 성락성결교회 담임목사)은 기독교대한성결교회(약칭 '성결교단') 총회장의 자격으로, 저는 성결교단 대리인의 자격으로 성결교단을 상대로 제기된 효력정지가처분 사건의 재판정

에 함께 섰습니다. 제가 이 사건 재판을 준비하면서 총회장님과 교단 임원분들께 서면의 초안과 수정안을 보내드릴 때마다 카톡 글에 군대 구호인 '필승!!'을 덧붙였습니다.

제가 작년부터 성결교단 자문변호사이고, 더군다나 저의 첫 신앙생활을 이끌어 주신 지형은 목사님이 성결교단 총회장이 되셨기에 성결교단을 상대로 제기된 소송은 제가 마땅히 수임해서 대응하는 것이 맞지만, 공개하기 어려운 사정으로 사건 수임을 여러 차례 거절하다가 이 가처분사건을 맡게 되었습니다. 그렇지만, 성결교단이 이 가처분사건에서 패소하게 될 경우 큰 수렁에 빠질 수 있기 때문에 꼭 승리하고 싶어서 '필승!!'이라고 덧붙인 것입니다.

총회장님은 생애 처음으로 법정에 오셨다고 하셨는데, "교회법이 존중되고, 성결교회가 이 사회에 선한 영향력을 끼칠 수 있도록 해달라"는 취지의 최후 발언을 참 잘 해주셨습니다. 앞으로도 우리 성결교단이 이 땅에서 소금과 빛의 역할을 충실히 해나가기를 간절히 소망합니다.

이같이 너희 빛이 사람 앞에 비치게 하여 그들로 너희 착한 행실을 보고 하늘에 계신 너희 아버지께 영광을 돌리게 하라(마태복음 5장 16절)

30 2021년 송년사(送年辭) 너는 복이 될지라!

엊그제 새해 인사를 한 것 같은데, 참으로 다사다난(多事多難)했던 2021년 신축년(辛丑年) 마지막 날입니다. 저는 오늘은 남산자락에 있는 저의 집에서 약 3.8km(도보로 약 50분) 떨어져 있는 저의 사무실까지 걸어서 출근했습니다. 영하 8도의 추운 날씨임에도 한 해를 돌아보며 이런 저런 생각도 하고, 또 아무 생각 없이 걷다 보니 어느새 사무실에 도착했습니다. 매섭게 부는 추운 바람마저도 정겹게 느껴졌습니다. 저도 나이를 먹었나 봅니다.

올해도 하나님의 은혜로 살았고, 많은 분들로부터 사랑을 참 많이 받았습니다. 뒤돌아보니 감사거리밖에 생각나지 않습니다. 저와 인연을 맺은 모든 분들에게 감사하고 감사합니다.

하늘에서 별똥별 한 개 떨어지듯
나뭇잎에 바람 한번 스치듯
빨리 왔던 시간들은 빨리도 지나가지요?

나이 들수록 시간들은 더 빨리 간다고
내게 말했던 벗이여
어서 잊을 건 잊고
용서할 건 용서하며
그리운 이들을 만나야겠어요
목숨까지 떨어지기 전 미루지 않고 사랑하는 일

그것만이 중요하다고 내게 말했던 벗이여
눈길은 고요하게
마음은 따뜻하게
아름다운 삶을
오늘이 마지막인 듯이 충실히 살다보면
첫 새벽의 기쁨이 새해에도
우리 길을 밝혀 주겠지요

중국에서 활동 중인 문일현 선배님(정법대 교수)이 보내주신 이해인 수녀님의 '송년의 시'입니다. 중국 속담에 '旧的不去, 新的不来' 즉, '옛 것이 가지 않으면, 새 것이 오지 않는다'는 말이 있답니다. 옛 것이 가기를 기다리지 말고, 내가 지금 보내야 합니다. 이해인 수녀님의 시처럼, 어서 잊을 것은 잊고, 용서할 것은 용서하고, 하루빨리 그리운 사람들을 만납시다. 우리에게 남은 시간은 그리운 사람 만나고 살아가기에도 부족합니다. 한 오백년 살 것처럼 살면 안 됩니다.

내가 너로 큰 민족을 이루고 네게 복을 주어 네 이름을 창대하게 하리니 너는 복이 될지라(창세기 12장 2절)

서울은현교회 최은성 담임목사님이 facebook에 2022년 교회 표어 "너는 복이 될지라!" 아래에 올려놓으신 성경말씀입니다. 제가 섬기는 이수교회 2022년 표어는 "하나님이 꿈꾸시는 교회"입니다.

예수께서 나아와 말씀하여 이르시되 하늘과 땅의 모든 권세를 내게 주셨으니 그러므로 너희는 가서 모든 민족을 제자로 삼아 아버지와 아들과 성령의 이름으로 세례를 베풀고 내가 너희에게 분부한 모든 것을 가르쳐 지키게 하라 볼지어다 내가 세상 끝날까지 너희와 항상 함께 있으리라 하시니라(마태복음 28장 18~20절)

축복(祝福)은 독차지하는 것이 아니라 축복의 통로가 되는 것이 진짜 축복입니다. 우리 서로가 서로에게 복이 되도록 도와주고, 섬겨줍시다. 그래서 2022년 임인년(壬寅年)에는 여러분과 제가 복이 되길 소망합니다. 새해 하나님의 복 많이 받으십시오♡

제3편 가족과 행복한 동행

01 IN GOD WE TRUST

저희 장모님이 한 달 전 쯤 대퇴부 골절상을 입으셔서 그동안 병원에서 치료받으시다가 오늘 퇴원하셨습니다. 당분간 저희 집에서 건강을 회복하시기로 하셨는데, 올해 미국 퍼듀대학교(Purdue University) 경영학과에 합격하여 내일 미국으로 유학길을 떠나는 처제의 장남 김명현 군이 외할머니에게 출국 인사하러 왔습니다. 장모님께서 김명현 군에게 100달러 지폐를 여비로 주시면서 지폐에 쓰여진 'IN GOD WE TRUST(우리는 하나님을 믿는다)'가 무슨 뜻인지를 상기시키시고, "미국에 가서도 하나님을 믿는 생활을 하라"는 당부의 말씀을 해주셨습니다.

'IN GOD WE TRUST'는 미국의 공식 표어로서 1864년 미국 동전에 처음 등장했는데, 지금은 100달러 지폐뿐만 아니라 20달러, 10달러, 2달러, 1달러 등 모든 지폐에 위 글귀가 쓰여져 있습니다. 미국이 세계 최강의 국가가 된 것도 위 글귀를 믿는 사람들이 만든 나라이기 때문 아닐까요? 우리 가족들의 기도대로 김명현 군이 어떤 상황에서도 하나님을 믿는 믿음 안에서 살아가길 바랍니다. 모든 일을 하나님께 맡기고 의지하면 하나님께서 이루실 것(시편 37편 5절)으로 믿습니다.

02 치료하는 광선을 비추리니

내 이름을 경외하는 너희에게는 공의로운 해가 떠올라서 치료하는 광선을 비추리니 너희가 나가서 외양간에서 나온 송아지 같이 뛰리라 (말라기 4장 2절)

하나님 아버지

오늘(2021. 7. 13.) 아침, 하나님의 귀한 딸 정성남 어머님이 대퇴부 골절된 부위를 수술 받습니다. 하나님께서 치료하는 광선을 비추시어 온전히 회복시켜 주옵소서. 수술하시는 의사선생님에게 능력에 능력을 더하사, 수술을 잘하게 하옵소서. 마취할 때도, 수술할 때도, 수술 후에도 통증이 없게 하시고, 뼈가 잘 붙게 하옵소서. 하나님께서 정성남 어머님을 지금까지 지켜주셨으니, 남은 생애도 지켜주시고, 강건케 하시고, 늘 동행하여 주옵소서.

은혜은철이와 함께 할머니를 위해 기도하게 해주셔서 감사합니다. 은혜은철이가 기도를 통해 하나님 아버지와 친밀하게 하시고, 기도의 능력을 체험하게 하옵소서. 은혜은철이가 하나님의 사람답게 살게 하시고, 하나님의 입이 되어 살게 하옵소서.

항상 감사하는 마음 주시옵소서.
모든 것을 감사드리며, 예수님의 이름으로 기도합니다.

03 아빠가 아빠에게 하고 싶은 말

오늘 아침도 사랑하는 나의 딸·아들과 함께 맞이하게 되어 참 행복하다. 우리 은혜은철이가 엄마아빠를 사랑해주고, 엄마아빠 말에 순종하려고 노력하고, 어려서부터 지금까지 반말하지 않고 경어체(敬語體)로 말해준 것에 대해 고맙게 생각한다. 고린도전서 13장에서는 사랑을 여러 가지로 정의(설명)하고 있는데, 그 중 가장 현실적이고 평소에 실천하기 좋은 것은 "무례히 행하지 아니하며 성내지 아니하며"라고 생각한다.

무례히 행하지 아니하며 자기의 유익을 구하지 아니하며 성내지 아니하며 악한 것을 생각하지 아니하며(고린도전서 13장 5절)

은혜은철이는 아빠가 가장 싫어하는 것이 무례히 행동하는 것이라는 점은 잘 알고 있지? 하나님께, 가족에게, 이웃에게 무례히 행하지 않는 것이 진짜 사랑이다. 주일마다 하나님께 예배드리고, 맡겨진 사역을 잘 감당하는 것은 하나님께 무례하지 않는 것이다. 가까울수록 더 예의를 지키려고 노력해야 한다. 가족이기 때문에 화를 낼 수 있는 것이 아니라 가족이기 때문에 더 화를 내지 않도록 해야 한다. 아빠도 더 노력할게.

**True love is putting someone else before yourself.
진정한 사랑이란 누군가를 너 보다 먼저 두는 거야.**

디즈니 애니메이션 영화《겨울왕국(Frozen)》의 명대사이다. 누군가를 나보다 먼저 생각하는 것이 사랑이다. 누군가를 나보다 먼저 배려하는 것이 예의

이고, 사랑이다. 우리 서로 믿음의 말을 하고, 하나님의 입이 되어 살아가자. 상처 주는 말은 하지 말고, 사랑의 말이 아니면 말문을 닫자. 너희들에게 하는 말이기도 하지만, 아빠가 아빠에게 하는 말이기도 하다. 우리 은혜은철이가 엄마아빠의 딸·아들이어서 참 행복하다. 사랑하고 축복한다♡

입과 혀를 지키는 자는 자기의 영혼을 환난에서 보전하느니라
(잠언 21장 23절)

※ 제가 2021. 12. 22. 07:14 저의 딸과 아들에게 쓴 카톡글입니다.

04 사랑한다는 것은

　금요일 저녁(2021. 3. 5.) 아들과 함께 만보를 걷기 위해 광화문을 지나 청와대 앞을 다녀왔습니다. 길을 걷다가 올해 대학생이 된 아들이 "가장 행복했던 때는 중2 일본 만화에 빠졌을 때였습니다."라고 했습니다. 당시 아들은 일본 만화를 보기 위해 일본어를 독학했을 정도로 일본 만화 마니아었습니다. 그런데, 저희 부부는 그 사실을 아들이 중학교를 졸업하고 나서야 알았습니다.　그래서 제가 "지랄 총량의 법칙(사람이 살면서 평생 해야 할 '지랄'의 총량이 정해져 있다는 말)이 맞고, 기왕 지랄(마구 법석을 떨며 분별없이 하는 행동을 속되게 이르는 말) 할 거면 어려서 하는 것이 좋은 것 같다."고 했습니다. 저희 딸·아도 그 때 그 시절 지랄할 때가 있었기에, 지금의 멋진 딸·아들이 있는 것입니다.

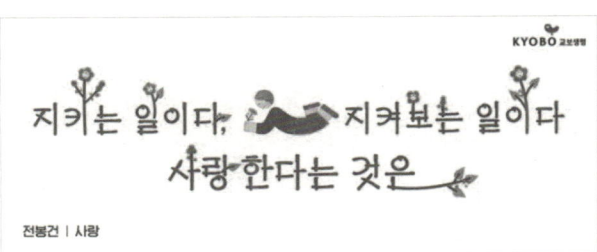

　광화문 교보생명 글판에 걸린 전봉건 시인의 '사랑'이라는 시의 일부입니다. 시인의 말대로, 사랑이란 지키는 일이고, 지켜보는 일입니다. 그런데 지키는 일보다 지켜보는 일이 더 어렵습니다. 아마 저희 부부도 아들이 중2 때 그렇게 일본 만화에 빠졌다는 것을 그 때 당시 알았다면 그렇게 하지 마라고 말렸을 것이고, 또한 아들 걱정을 많이 했을 것입니다. 저희 부부는 분명 21살 아들이 가장 행복했다고 생각한 것을 막았을 것입니다. 그냥 지켜보고 기다려주면 지금처럼 다 제자리를 찾을텐데 말입니다. 부모의 제1덕목은 지키는 것이 아니라 '지켜보는 것'입니다. 집에 들어와 아내에게 아들과 나눈 대화를 이야기 해줬더니, 대뜸 저를 지켜보겠답니다. 그 말이 무섭게 느껴지는 이유는 무엇일까요?

05 더 늙지마

　오늘 아내가 저에게 한 말입니다. 아내는 "더 늙지마~"라는 말은 여러 차례 이야기했지만, 아내의 사랑이 담긴 그 말에 "예"도 "아니오"도 답을 할 수 없었습니다. 아내의 바람대로라면 "예"라고 대답해야 하고, 저의 꿈인 할아버지가 되고 천국에 가려면 늙어야 하고, 또 늙을 수밖에 없는 것이 우리의 삶이기에 "아니오"라고 대답해야 하지만, 이러지도 저러지도 못했습니다. 그래서 그냥 저는 아내에게 "당신도 더 늙지마~"라고 했습니다. 그것이 저의 대답입니다. 비록 육체는 늙더라도 마음은 더 늙지 않았으면 좋겠습니다.

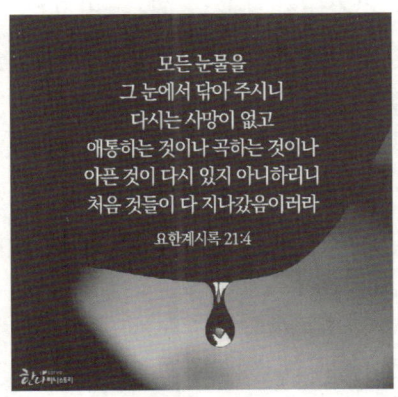

06 오늘 이 순간이 너무 좋다

2021년 셋째 주말 아내가 즉석에서 만든 마파두부로 맛있는 점심 식사를 한 후 온 가족이 함께 집안청소를 하고, 남산타워에 올랐습니다. 남산타워 올라갈 때는 비듬 같은 눈이 내렸으나, 내려올 때는 싸라기눈이 내렸고, 후암시장 가는 길목에 있는 동네 카페(이름 : 시트러스테이블)에 들어갔을 때는 함박눈이 내렸습니다. 눈이 너무나도 예쁘게 내렸습니다. 사랑하는 가족들과 함께 있어서 그렇게 예쁘게 보였을 것입니다.

이름 없는 한적한 카페에서 가족과 함께 와플과 라떼를 먹으면서 이야기 하는 것만으로도 참 행복했습니다. 후암시장에 들러 시장을 보고, 김말이튀김과 감자튀김, 돼지껍데기, 망고치즈를 사서 아내와 딸·아들은 와인 1병을 마셨고, 저는 열심히 따라줬습니다. 딸이 대화중에 "오늘 이 순간이 너무 좋다라는 생각이 들었다"는 말을 했습니다. 맞습니다. 가족들과 함께 식사할 수 있어서 너무 좋고, 함께 산을 오를 수 있어서 너무 좋고, 함께 눈 내리는 모습을 볼 수 있어 너무 좋고, 함께 이야기할 수 있어 너무 좋았습니다. 행복은 지금 이 순간 누려야 합니다. 오늘 이 순간이 너무 좋습니다.

07 술 취하지 마라

사랑하는 나의 아들 은철에게

첫째 술 취하지 마라
하나님이 직접 나서서 네가 술 못 마시게 할까봐 두렵다.
둘째 술 취하지 마라
술 때문에 너의 모든 것이 무너질까봐 두렵다.
셋째 술 취하지 마라
술 때문에 미래의 너의 아내와 사이가 멀어질까봐 두렵다.
넷째 술 취하지 마라
술 취해서 뱉은 말 그대로 하나님이 하실까봐 두렵다.
다섯째 술 취하지 마라
엄마아빠가 평생 아들 술 마시는 것을 걱정하게 될까봐 두렵다.
여섯째 술 취하지 마라
술 때문에 아빠와 아들 사이가 멀어질까봐 두렵다.
일곱째 술 취하지 마라
술은 고통과 문제의 해결수단이 아닌데, 아들이 또다시 어젯밤처럼 행동할까봐 두렵다.
여덟째 술 취하지 마라
아들의 고통을 아들이 만취되어야만 알 수 있다는 것이 두렵다.
아홉째 술 취하지 마라
술 때문에 아들의 건강을 해칠까봐 두렵다.
열번째 술 취하지 마라
술 취한 아들 걱정 때문에 아내의 건강을 해칠까봐 두렵다.

모든 것이 두렵다. 모두 아빠가 하고 싶은 말이다. 어젯밤 아들의 고통을 들으려하지 않고 화부터 내서 미안하다(자정 무렵 옆집 외국인 아저씨가 문을 열고 나와 볼 정도였습니다. 오늘밤 작은 선물을 들고 아들과 함께 가서 아들이 영어로 사과드렸습니다). 그렇지만, 다시는 어젯밤처럼 행동하지 마라. 아빠는 우리 은철이가 내 아들이어서 좋다. 사랑하고 축복한다♡

술 취하지 말라 이는 방탕한 것이니 오직 성령으로 충만함을 받으라(에베소서 5장 18절)

너희는 너희가 하나님의 성전인 것과 하나님의 성령이 너희 안에 계시는 것을 알지 못하느냐 누구든지 하나님의 성전을 더럽히면 하나님이 그 사람을 멸하시리라 하나님의 성전은 거룩하니 너희도 그러하니라(고린도전서 3장 16~17절)

위 글은 오늘 아침 아들에게 보낸 카톡입니다. 아침에 아들방에 들어갔더니 '빗소리와 함께 듣는 피아노 연주 BGM(background music 배경음악)'이 흘러 나오고 있었고, 아들 책상 위에는 성경 '요한일서'가 펼쳐져 있었습니다. 아내가 아들에게 요한일서를 읽으라고 했답니다. 제가 유도신문을 통해 아들이 고통스러워 하는 원인도 밝혀냈습니다. 아들은 그것이 전부는 아니라고 했지만 ... 연인들이 서로 사랑 고백하는 카페처럼 잔잔한 피아노 연주가 마음을 평온하게 해서 도저히 화를 낼 수 없는 분위기가 연출되었습니다. 아들에게 "나중에 부부싸움 할 때도 이런 음악 틀어놓고 싸워라"고 했습니다.

"하나님 아버지, 오늘 아침을 맞이하게 해주셔서 감사합니다. 어제 일은 모두 잊어주시고, 은철이가 다시는 술 취하지 않게 하시고, 은철이의 고통을 위로하여 주시고, 회복시켜 주옵소서. 하나님의 사람답게 살게 하옵소서. 항상 감사하는 마음 주시옵소서. 예수님의 이름으로 기도합니다."

제가 아들에게 위와 같이 기도해주고, "저녁에 요한일서 읽었는지 확인하기 위해 시험 본다"고 했습니다(아들은 요한일서를 읽었습니다). 아내는 이른 아침 출근길에 만취한 아들을 위해 황태국(아들왈 "너무 맛있어요")을 끓여놓고, 새로 냄비밥을 해놓고 갔습니다. 오늘도 딸·아들과 함께 아침식사를 하게 해주신 하나님께 감사합니다. 정말 하루하루가 하나님이 주신 기적입니다.

※ 코람데오닷컴 2021년 12월 15일 '김양홍 변호사의 행복칼럼'에 실린 글입니다.

08 아빠와 딸의 꿈 이야기

저의 꿈은 20대 후반부터 지금까지 몸도 마음도 건강한 할아버지가 되는 것입니다. 좋은 할아버지가 되어 손자들을 잘 양육하고, 가족과 이웃을 사랑하고 섬기는 삶을 살다가 3일 동안(가족들과 작별하기 위해 필요한 시간)만 아프고 천국 가는 것이 꿈입니다. 아마 앞으로도 저의 꿈은 변하지 않을 것입니다.

어제 제가 아이들 앞에서 "선교 이야기를 하지 않고 주로 골프 이야기만 해서 미안하다"고 사과했습니다. 그러자 저의 딸이 "좋은 엄마가 되는 것이 저의 꿈이에요"라고 했습니다. 그래서 저도 딸의 꿈을 지지하고 응원한다고 했습니다. 원래 딸의 꿈은 우리나라에서 가장 비싸다고 하는 '한남 더힐아파트'에서 사는 것이었습니다. 그 때 저는 그 말을 듣기만 하고, 딸의 꿈을 지지하지는 않았습니다. 언젠가는 저희 가족들만이라도 의료팀을 꾸려 의료선교 봉사를 할 날이 있을 것으로 믿습니다.

어제 2021년 마지막 주일 이수교회 박정수 담임목사님의 설교 중에 하신 말씀처럼 우리 인생이 자전거라면 그 두 바퀴는 '방향과 은혜'이어야 합니다.

"속도보다 중요한 것은 방향이고, 노력보다 중요한 것은 은혜입니다. 이 말은 노력하지 않고 게으르게 살라는 뜻이 아닙니다. 하나님의 돕는 손길을 의지하며 믿음으로 살라는 뜻입니다. 혹독한 코로나 대유행의 2년을 은혜로 살아왔다면 앞으로의 삶도 은혜가 여러분을 이끌어 갈 것입니다. 예수님이 선장되신 은혜의 배에 탑승하십시오. 예수님과 같은 방향을 바라보며 인생의 후반전을 항해하십시오. 가나 혼인잔치의 기적, 오병이어의 기적은 그곳에 예수님이 계셨기 때문입니다. 주님과 행복한 동행을 하십시오.(박정수 담임목사님의 설교 말씀)"

정말 모든 것이 하나님의 은혜입니다. 제가 저의 딸과 아들의 이름을 지었는데, 하나님의 은혜로 태어난 딸은 은혜(恩惠)로, 은혜와 지혜가 함께 있기를 바라는 마음으로 아들은 은혜 은(恩) 슬기로울 철(哲), 은철로 지었습니다. 두 아이가 제가 지은 이름대로 삶을 살아가는 것 같아 그 또한 하나님의 은혜입니다.

어제 설교시간에 보여주신 이수교회 유치부 정진섭·김주애 집사님의 장녀 정라빈 어린이가 엄마와 함께 성경구절을 외우는 영상을 보고 큰 감동을 받았습니다. 다섯 살 어린이가 장로인 저보다 더 많은 성경구절을 외웠습니다. 참 훌륭한 라빈 엄마아빠입니다. 그 감동의 여파로 "오늘부터 매주 성경구절을 아이들과 함께 외우라"는 아내의 어명(御命)을 받았습니다. 그래서 제가 어젯밤 식탁 위에 이번 주 외울 성경구절을 펼쳐놨습니다. 요한복음 3장 16절입니다.

하나님이 세상을 이처럼 사랑하사 독생자를 주셨으니 이는 그를 믿는 자마다 멸망하지 않고 영생을 얻게 하려 하심이라

09 권면(勸勉)의 글

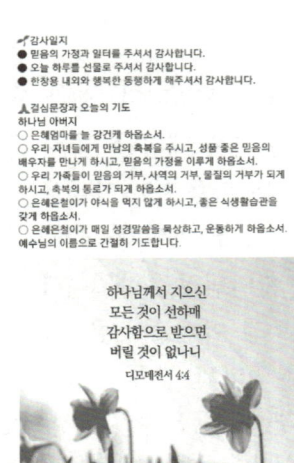

사랑하는 나의 딸 은혜와 아들 은철에게

위 감사일지, 결심문장과 오늘의 기도 내용은 가족 단톡방에서 봤지? 아빠가 '가족 성경통독방'에 올리는 아빠의 기도문이다. 감사일지와 오늘의 기도 내용은 일부 바뀌지만, 위 오늘의 기도 내용은 아빠가 빠뜨리지 않는 기도이다.

은혜가 매일 성경말씀을 묵상하고, 은혜은철이가 1주일에 한 번은 아빠와 교회 밤기도회에 참여하고, 요즘 은철이가 어떤 경우에도 매일 남산타워를 올라가는 것에 대해서는 참 고맙고, 참 대견하다. 은철이가 아빠랑 아침밥을 꼭 먹어주고, 조간 신문기사 내용 갖고 이런저런 이야기를 해주는 것에 대해서도 고맙게 생각한다. 은혜도 가능한 한 아침식사는 아빠랑 꼭 같이 하자.

은혜은철이가 아빠랑 매일 아침 함께 아침식사를 같이 할 날도 얼마 남지 않았다. 아빠의 남은 생애도 지금까지 산 날 보다는 적게 남은 것 같다. 또한 너희들이 시집·장가가면 한 달에 한 번 함께 식사하기도 힘들 것이다. 물론 은혜는 시집가서도 엄마아빠를 자주 찾아줄 것으로 믿는데, 은철이는 장가들면 지 마누라 불편하다고 설과 추석 명절에만 얼굴 보일지 모르겠다. 물론 아내를 존중하려는 은철이의 태도가 나쁘다는 것은 아니지만 …

여자는 시집간다고 하고, 남자는 장가든다고 표현하는 이유를 알고 있니? '시집간다' 는 말은 시집에 들어가서 산다는 말이고, '장가든다' 는 말은 장가(丈家) 즉, 장인장모댁에 들어가서 산다는 말이다. 요즘에는 여자도 시집을 가지 않고, 남자도 장가들지 않고, 양가와 분리 독립해서 사는 것이 일반화 되어 있지만, 서로가 서로의 배우자 집에 들어가서 산다는 마음가짐은 변하지 않았으면 좋겠다.

그리고 은혜가 야식과 음료수를 자주 먹는 것, 은철이가 매일 성경말씀을 묵상하지 않고, 술을 너무 많이 마시는 것도 언젠가는 바로 잡아질 것으로 믿는다. 아빠가 매일 기도하고 있으니까 … 좋은 습관이 좋은 행동을 만들고, 좋은 행동이 좋은 인생을 만든다. 은혜은철이와 함께 행복한 동행할 날들이 기대되고 기대된다. 사랑하고 축복한다♡

10 세상만사 생각한대로 된다

그러므로 내일 일을 위하여 염려하지 말라 내일 일은 내일이 염려할 것이요 한 날의 괴로움은 그 날로 족하니라(마태복음 6장 34절)

아빠가 살면서 힘들 때마다 큰 힘이 되어준 성경말씀이다. 오늘 우리 아들에게도 꼭 해주고 싶은 말이다.

오늘 진학사 홈페이지 점수 공개를 보니 원서접수자 60명(요새 2~3명이 준 것 같다.) 중 37등이다. 일반전형 모집인원 28명, 실제 지원자수 113명인데, 점수 공개한 60명 중 37등(서울대 의대를 1순위로 지원하고, 아들보다 점수가 좋은 13명을 제외하면 24등)이니 아들은 합격하기 어려울 것 같다고 생각할지 모르겠다. 아직까지 점수 공개하지 않은 인원이 53명이고, 그 중에 아들보다 점수 좋은 사람이 5명만 더 있으면 불합격일테니까 … 물론 불합격할 수도 있다고 본다. 그렇게 되면 아들만큼 엄마아빠도 많이 속상할 것이다. 수학 1문제만 틀렸다고 좋아했는데 … 하나님이 우리 아들에게 연세대와 서울대 의대를 제외한 모든 의대에 넉넉히 합격할 수 있는 점수를 주신 것만으로도 감사함이 넘쳐야 할텐데, 요새 우리집의 날씨는 매우 흐림이다. 흐린 정도가 아니라 곧 장맛비라도 쏟아질 것 같다.

아들도 지금 이 순간 '불합격하면 어떻게 하지 …' 라고 생각하는 것 자체가 무의미하다는 것은 잘 알고 있지? 그럼 아들은 지금 어떻게 행동해야 할까? 불안하니까 밤낮을 바꿔 계속 게임하거나 핸드폰을 보면서 초조함을 달래는 것도 하나의 방법이겠지.

아빠는 지금도 우리 아들이 불합격한다고는 전혀 생각하지 않고 있다. 왜? 아빠는 아들이 합격할 것으로 믿기 때문이다. 아빠의 그 믿음은 막연한 믿음이 아니라 '확고한 믿음' 이다. 은혜 누나 때도 그랬다. 아빠는 은혜 누나가 떨어질 것으로 전혀 생각하지 않았기 때문에 엄마와 달리 초조하지 않았다. 합격할 것을 의심 없이 믿었기에 ...

아빠가 믿는 하나님과 아들이 믿는 하나님은 같다. 아들도 성경말씀대로 살아라. 성경은 분명 "그러므로 내일 일을 위하여 염려하지 말라 내일 일은 내일이 염려할 것이요 한 날의 괴로움은 그 날로 족하니라"라고 하시잖니? 하나님의 말씀에는 '능력' 이 있다. 말씀대로 이루어지는 힘이 있기 때문이다. 그런데, 아들이 명심해야 할 것이 하나 있다. 위 마태복음 6장 34절 말씀은 33절 말씀을 이어받고 있는데, 33절 말씀은 이렇게 되어 있다.

그런즉 너희는 먼저 그의 나라와 그의 의를 구하라 그리하면 이 모든 것을 너희에게 더하시리라(마태복음 6장 33절)

성경은 분명 내일 일을 염려하지 않으려면, 먼저 하나님의 나라와 의를 구하라고 하신다. 하나님께서 수능 당일 잠을 한 숨 못 잔 아들에게 수학 1문제만 틀릴 정도로 좋은 점수를 맞게 하신 이유가 있을 것이다. 우리 아들만 잘 먹고 잘 살라고 그렇게 좋은 점수를 주시지는 않았을 것이다. 하나님께서 우리 아들을 귀하게 사용하실 것으로 믿는다. 엊그제 밤에 산책할 때 아들이 한 말처럼 "역사학계는 인재를 잃은 것이고, 의학계는 인재를 얻은 것이다." 아들은 결코 불합격한 사람처럼 행동하지 말고, 합격한 사람처럼 행동하라. 37이라는 숫자만 바라보지 말고, 하나님을 바라보자. 세상만사 생각한대로 된다!!

※ 제가 2021. 1. 20. 저의 아들에게 쓴 카톡 글입니다.

11 너의 언행이 너의 전부이다

사랑하는 아들에게

어젯밤 꿈속에서 우리 아들과 함께 대학교 면접 시험장에 들어갔는데, 아들이 면접관의 무슨 질문에 답을 했고, 아빠는 면접관인 교수님의 핸드폰번호를 받아서 아들이 합격하면 점심식사 같이 하기로 했다. '멍멍이꿈' 같지만 아빠의 마음속에도 염려하는 마음이 있는 것 같다. 그렇지만 지금 아들에게는 의대 합격은 결정되어 있고, 연세대를 가느냐 못가느냐만 남아 있기에 이런저런 염려는 배부른 걱정이라고 생각한다.

하나님께서 은철이에게 재수하는 동안 최선을 다하게 해주시고, 수능 당일 잠을 한 숨도 못 잔 상황에서도 하나님에게 간절히 의지하는 법을 알게 하심에 감사하고 감사하다. 또한 아들이 우리 집의 '페어리'로서 궂은일을 도맡아서 해주는 것과 올해부터 이수교회 유치부 교사로 섬기겠다고 한 것도 참 고맙게 생각한다.

그런데, 아빠는 어젯밤 아들의 모습을 보면서 조금 걱정이 되었다. 물론 아들이 수능 후 지금까지 한 달 보름 동안 낮과 밤을 바꾸어 게임을 하면서 탱자탱자 놀다가 모르는 사람도 아닌 엄마 친구 아들에게 과외를 하는 것이 귀찮기도 하고, 부담스럽기도 했을 것이다. 그렇지만 그것을 마지못해 하는 것은 옳지 않다. 아들은 마태복음 25장 14~30절 말씀에 있는 달란트 비유 잘 알지?

14. 또 어떤 사람이 타국에 갈 때 그 종들을 불러 자기 소유를 맡김과 같으니

15. 각각 그 재능대로 한 사람에게는 금 다섯 달란트를, 한 사람에게는 두 달란트를, 한 사람에게는 한 달란트를 주고 떠났더니

16. 다섯 달란트 받은 자는 바로 가서 그것으로 장사하여 또 다섯 달란트를 남기고

17. 두 달란트 받은 자도 그같이 하여 또 두 달란트를 남겼으되

18. 한 달란트 받은 자는 가서 땅을 파고 그 주인의 돈을 감추어 두었더니

19. 오랜 후에 그 종들의 주인이 돌아와 그들과 결산할새

20. 다섯 달란트 받았던 자는 다섯 달란트를 더 가지고 와서 이르되 주인이여 내게 다섯 달란트를 주셨는데 보소서 내가 또 다섯 달란트를 남겼나이다

21. 그 주인이 이르되 잘하였도다 착하고 충성된 종아 네가 적은 일에 충성하였으매 내가 많은 것을 네게 맡기리니 네 주인의 즐거움에 참여할지어다 하고

22. 두 달란트 받았던 자도 와서 이르되 주인이여 내게 두 달란트를 주셨는데 보소서 내가 또 두 달란트를 남겼나이다

23. 그 주인이 이르되 잘하였도다 착하고 충성된 종아 네가 적은 일에 충성하였으매 내가 많은 것을 네게 맡기리니 네 주인의 즐거움에 참여할지어다 하고

24. 한 달란트 받았던 자는 와서 이르되 주인이여 당신은 굳은 사람이라 심지 않은 데서 거두고 헤치지 않은 데서 모으는 줄을 내가 알았으므로

25. 두려워하여 나가서 당신의 달란트를 땅에 감추어 두었었나이다 보소서 당신의 것을 가지셨나이다

26. 그 주인이 대답하여 이르되 악하고 게으른 종아 나는 심지 않은 데서 거두고 헤치지 않은 데서 모으는 줄로 네가 알았느냐

27. 그러면 네가 마땅히 내 돈을 취리하는 자들에게나 맡겼다가 내가 돌아와서 내 원금과 이자를 받게 하였을 것이니라 하고

28. 그에게서 그 한 달란트를 빼앗아 열 달란트 가진 자에게 주라

29. 무릇 있는 자는 받아 풍족하게 되고 없는 자는 그 있는 것까지 빼앗기리라
30. 이 무익한 종을 바깥 어두운 데로 내쫓으라 거기서 슬피 울며 이를 갈리라 하니라

하나님은 아들에게 공부 잘 하는 달란트를 주셨다. 하나님은 주님이 주신 달란트를 땅에 감춘 종에게 "악하고 게으른 종아"라고 하셨다. 하나님이 주신 달란트를 사용하지 않고 묵히는 것은 '악한 것'이다. 하나님은 우리 아들만 혼자 잘 먹고 잘 살게 하게 위해서 달란트를 주셨다고 생각하지 않는다. 크리스찬인 우리는 축복의 통로, 은혜의 통로가 되어야 한다. 그것이 무엇이든 간에 ... 하나님께서 아들을 유치부 교사로서, 개인과외 선생님으로서 쓰시는 이유가 있을 것이다. 아들이 의대 교수가 되어서 환자를 잘 치료하는 것만이 하나님의 일이 아니다. 지금 너의 자리에서 마음을 다해 모든 이에게 주께 하듯 하는 것이 곧 하나님의 일이다.

아빠는 고시공부할 때 "공부 잘 한다는 소리는 못 들었어도 청소 잘 한다는 소리는 들었다."고 했지? 물론 아빠가 허점투성이라는 것 잘 안다. 그렇지만 아빠는 매순간 작은 일에 최선을 다하려고 노력은 하고 있다. 그리고 다음부터는 복장도 단정히 하고 가라. 너에게 과외 받는 자는 학생이고, 너는 그를 가르치는 선생이다. 선생이 츄리닝 차림으로 가르치는 것 봤니? 선생이면 선생답게 언행해라. 너의 언행이 너의 전부임을 명심해라.

어제까지 아침마다 하는 가족 통독방 기도문 중 하나는 "은철이를 연대에 합격시켜 주옵소서."였다. 오늘 아침부터는 아빠가 그 기도문을 다음과 같이 바꿨다. 아빠는 아들이 연세대 합격하는 것보다 작은 일에 최선을 다하는 것이 더 중요하다고 생각하기 때문이다.

"은철이가 작은 일에 최선을 다하게 하옵소서."

아빠는 우리 아들이 아래 성경구절을 외웠으면 한다. 이 말씀은 아들의 인생길에 등불이 되어줄 것이다.

지극히 작은 것에 충성된 자는 큰 것에도 충성되고 지극히 작은 것에 불의한 자는 큰 것에도 불의하니라(누가복음 16장 10절)

무슨 일을 하든지 마음을 다하여 주께 하듯 하고 사람에게 하듯 하지 말라(골로새서 3장 23절)

오늘 도연이랑 2박 3일 부산으로 여행 간다고 했지? 아빠가 여비 대신 잔소리만 준 것 같아 미안하다. 엊그제 아들이랑 만보 걸을 때 본 해방촌 어느 카페에 있는 글귀처럼, '여행은 눈을 뜨고 꾸는 꿈'이라는 표현이 맞는 것 같다. 행복한 추억 많이 만들고 와라. 아빠는 우리 아들이 자랑스럽다. 사랑하고 축복한다♡

※ 제가 2021. 1. 25. 저의 아들에게 쓴 카톡 글입니다.

12 태평양처럼 좋아요

 오늘 이수교회 유치부와 아동부 연합야외예배를 교회 6층 테라스에서 드렸습니다. 저는 이수교회 교육부장으로 섬기고 있기 때문에 1부와 2부 예배만 드리고, 위 연합예배에 참여했습니다. 코로나19 때문에 올해 처음으로 유치부와 아동부가 연합으로 예배를 드렸는데, 약간 쌀쌀하기는 했어도 날씨가 참 좋았습니다. 저의 아들 표현대로, '태평양처럼 좋은 날씨'였습니다.
 아들은 올해부터 유치부 교사로 섬기고 있는데, 오늘 토끼 복장을 입고 아이들과 함께 열심히 율동하는 모습이 참 대견스러웠습니다. 아들은 분명 엊그제까지 장난꾸러기 어린이였는데, 지금은 21살 대학생이 되고, 유치부 교사가 되어 아이들 속에 있는 것이 신기했습니다.
 아동부 오민권 전도사님이 물과 기름 그리고 물과 기름을 섞게 하는 세제(洗劑)를 이용한 짧은 설교 말씀을 들은 후 레크리에이션 시간에 청백팀으로 나눠 눈을 가린 남자선생님 1명이 3분 이내에 상대방을 잡는 게임을 하였습니다. 아들 팀이 선공(先攻)을 하게 되어 아들이 상대방을 잡는 남자선생님이 되었는데, 약 2분 동안 한 사람도 잡지 못하자 갑자기 돈키호테처럼 벽 쪽을 향해 돌진하여 벽에 머리를 크게 부딪히는 바람에 머리에서 피가 많이 났습니다. 아들은 피가 많이 나는 상황에서도 연신 "괜찮아요"는 말을 되풀이했고, 병원에서도 "아이들이 피난 것을 보고 놀랐을 것이라"며 걱정을 했습니다. 아들은 이미 사려 깊은 어른이 다 된 것 같습니다.
 급히 119를 불러 중앙대병원 응급실에 가서 스테이플러(stapler)

로 네 번 머리를 꿰매는 시술을 했습니다(약 4cm 裂傷). CT와 X레이도 찍었으나 머리는 이상이 없었고, 코와 이도 다치지 않아 참 다행이었습니다. 저는 '다른 사람이 아닌 은철이가 다쳐서 다행이다'라는 카톡 글을 담임목사님과 교육부 단톡방에 남겼습니다. 아들이 아니더라도 그 누구라도 그렇게 안전을 염두에 두고 않고 그 게임을 했다면 다쳤을 것이기 때문입니다. 박정수 담임목사님과 한별 사모님은 3부 예배가 끝나자마자 응급실로 오셔서 위로해주시고 격려해주셨습니다.

저와 아들은 생애 처음으로 119 구급차를 함께 탔고, 병원 응급실에서 농담을 주고받고, 담임목사님이 주신 격려금으로 중국방송이 나오는 중국요리 전문점에서 맛있는 점심식사를 하고 왔습니다. 이 또한 잊지 못할 추억으로 남을 것 같습니다. 비록 오늘 아들의 머리는 찢어졌지만 이수교회 가족들 모두가 한 마음으로 걱정해주고 기도해주신 덕분에 잘 마무리 되어 감사하고 감사합니다. 그리고 무엇보다도 아들 마음의 그릇이 점점 태평양이 되어가는 것 같아 감사합니다. 그래서 저도 태평양처럼 좋습니다. 모든 것이 하나님의 은혜입니다.

13 아버지가 보고 싶고 또 보고 싶습니다

국화를 보면 국화를 좋아하신
아버지 생각이 납니다.
백합꽃을 보면 백합꽃을 좋아하신
아버지 생각이 납니다.
사과나무를 보면 사과나무를 가꾸신
아버지 생각이 납니다.
배나무를 보면 배나무를 가꾸신
아버지 생각이 납니다.
포도나무를 보면 포도나무를 가꾸신
아버지 생각이 납니다.
복숭아나무를 보면 복숭아나무를 가꾸신
아버지 생각이 납니다.
아버지 성경책을 보면
성경을 읽으시던 아버지 생각이 납니다.
예수사랑하심을 찬송을 부르면
아버지 품에 안겨
아버지께서 처음 가르쳐주신 찬송가인지라
아버지가 더욱 그립습니다.
눈물이 날 정도로
아버지 사랑이 그리워집니다.
힘들 때 아버님 생각이 납니다.
맛있는 거 먹을 때 아버님 생각이 납니다.

2021년 어버이주일인 오늘 이수교회 박정수 담임목사님이 설교시간(주제 : 향기 나는 부모와 자녀, 본문 : 에베소서 6장 1~4절)에 소개해주신 박영규 목사님의 '아버지 생각'이라는 시입니다. 위 시가 저의 마음을 그대로 대변해준 것 같습니다. 저의 아버지도 꽃과 나무 가꾸기를 참 좋아하셨고, 저도 아버지를 닮아서 꽃과 나무를 좋아합니다. 그래서 저희 사무실에 있는 화분에 물주고, 가꾸는 것은 모두 제 몫입니다.

　어제 저의 딸과 아들이 어버이날이라고 카네이션 생화 화분과 편지 그리고 엄마아빠 골프복을 선물해주었습니다. 아래 글은 저의 딸과 아들의 짧은 편지입니다. 저희 아이들의 모습을 보면서, 저의 모습을 생각해봅니다.

To 사랑하는 엄마, 아빠

엄마, 아빠! 오늘이 어버이날이네요. 지금까지 저와 은철이 키워주셔서 감사합니다. 그 은혜 잊지 않고 살겠습니다. 항상 행복하고 건강한 하루들을 살아가시길 기도합니다. 엄마, 아빠가 제 어무니, 아부지여서 하나님께 얼마나 감사한지 모릅니다. 지금까지 제가 엄마, 아빠에게 가시돋힌 말을 많이 했지만 돌이켜 생각해보면 엄마, 아빠는 제게 해주실 수 있는 최선을 다하셨습니다. 그것을 이제야 깨달아 너무 죄송할 뿐입니다. 사랑하고 감사합니다. 우리 앞으로 더 사랑하고 아껴주면서 같이 걸어가요! I love you~ ♡
From 딸 은혜

부모님께

오늘 이렇게 어버이날을 맞이해, 엄마아빠께 감사하다는 말씀을 전하고 싶어요. 먹을 것과 잘 곳을 제공해 주셔서 감사합니다! 엄마아빠를 부모님으로 둔

저는 행운아가 분명해요. 항상 저와 누나를 사랑으로 대해주셔서 감사하고, 사랑해요♡

2021.5.8. 사랑하는 아들 은철이가

 딸은 평소처럼 엄마아빠의 사랑을 잘 표현해줘서 참 감사합니다. 아들은 본인 표현대로 '의식의 흐름대로' 쓴 것이라서 그런지 글의 깊이는 없습니다만, 본인이 엄마아빠를 만난 것을 행운이라고 생각해준 것에 대해 감사합니다. 앞으로도 아들에게는 꼭 먹을 것과 잘 곳을 제공해줘야겠습니다. 저희 아이들의 모습을 보면 저절로 돌아가신 아버지 생각이 납니다. 아버지가 보고 싶고 또 보고 싶습니다. 주님의 큰 선물이 어버이 사랑입니다.

자녀들아 주 안에서 너희 부모에게 순종하라 이것이 옳으니라 네 아버지와 어머니를 공경하라 이것은 약속이 있는 첫 계명이니 이로써 네가 잘되고 땅에서 장수하리라 또 아비들아 너희 자녀를 노엽게 하지 말고 오직 주의 교훈과 훈계로 양육하라(에베소서 6장 1~4절)

14 하나님과 행복한 동행

2021년 11월 3일 수요일 밤 저의 딸·아들과 함께 이수교회 밤기도회에서 예배드리고 왔습니다(아내는 당직근무). 교회 가는 길에 CBS 음악FM 93.9MHz <김현주의 행복한 동행>에서 흘러나오는 유행가를 들었습니다. 저와 딸은 유행가를 좋아하는데, 아들은 클래식 음악을 좋아하는 점을 들어 제가 "아들은 김씨가 아니다"라고 했더니, 아들이 대뜸 "저는 나씨에요"라고 했습니다. 오늘밤 저의 딸·아들과 함께 이수교회 박정수 담임목사님의 은혜로운 설교 말씀을 듣고, 함께 찬양하고, 함께 기도한 이수교회 밤기도회가 진짜 행복한 동행 아닐까요?

한국성결신문 제3회 작은교회 목회수기 최우수상을 받은 오솔길교회 김범기 담임목사님께서 교회에서 1년에 두 번 발행하는 《오솔길 이야기》 10호 발행 축하 글을 보내달라고 부탁하셔서 다음과 같이 손글씨로 써서 보내드렸습니다. 하나님과 동행하는 것이 행복의 시작이요 끝입니다.

15 별일 없는 일상이 감사거리이다

 2021년 1월 마지막 주 토요일 곤하게 잠든 새벽 2시경 화재가 발생했다는 화재 경보와 함께 "화재가 발생했으니 대피하라."는 안내방송이 나왔습니다. 또한 어디선가 타는 냄새가 나서 저희 가족 4명은 모두 급하게 옷을 입고 엘리베이터를 타고 아파트(37층) 밖으로 대피했습니다. 아파트에서 나와 보니 저희 집 아랫집(5층) 보일러실에서 연기가 나고 있었으나, 대피한 사람은 저희 가족밖에 없었습니다. 아파트 방재실 직원에게 전화해보고, 불을 껐다는 말을 듣고서야 집으로 돌아왔습니다.
 저는 대피할 때 책상에 펼쳐 있는 성경책을 갖고 나갈 지 말 지 순간 고민했으나 그냥 나왔고, 정신이 없다보니 핸드폰도 두고 나왔습니다. 다시 침대에 누워 잠들기 전 아내와 이야기하다보니 '별일 없는 일상'이 감사거리라는 생각이 들었습니다. 차를 타고 가다가 교통사고를 당하지 않는 것이 감사거리이고, 건강한 모습으로 가족들과 함께 집에서 식사할 수 있는 것이 감사거리입니다.
 어차피 우리는 하루하루를 살아가는 하루살이와 다를 바 없습니다. 단지 하루살이는 하루(애벌레는 2~3년 걸려 성충이 되는데, 성충의 수명은 한 시간에서 며칠 정도)밖에 살지 못할 정도로 짧은 삶을 사는 것이고, 우리는 하나님이 주신 수명까지 더 길게 사는 것일 뿐입니다. 우리 모두는 내일 일을 모르잖습니까?
 만약 우리가 '화재 대피'처럼 '인생살이 대비'를 한다면 무엇을 해야 할까요? 돈 잘 버는 법을 익히고, 인간관계를 잘 맺는 방법을 터득하고, 출세하는 길을 찾는 것도 중요하겠지만, 가장 중요한 것은 범사에 감사하는 마음을 갖는 것입니다. 예수님이 우리에게 가르쳐 주신 하나님께 드리는 주기도문도 "오늘 우리에게 일용(日用)할 양식을 주시고"입니다. 예수님은 하나님께 평생 먹고 살 것을 구하라고 하시지 않고 "날마다 사용할 양식만 구하라"고 하신 것입니다. 하나님이 우리에게 주신 기적 같은 하루하루를 감사함으로 채우다 보면 그것들이 쌓여서 감사의 인생이 될 것입니다. 그렇게 인생은 흘러가는 것이 아니라 쌓이는 것입니다.

아침에 일어나보니 눈앞에 보이는 남산이 안 보일 정도로 폭설이 내리고 있습니다. 실제 아파트에 불이 나서 오갈 데도 없었으면 어떻게 되었을까요? 이렇게 추운 날 일하러 나가시는 분들 그리고 자기 몸 둘 곳조차 없는 노숙인분들도 무탈하게 오늘 하루를 보내기를 기도합니다. 별일 없는 일상이 최고의 감사거리임을 깨닫게 해주신 하나님께 감사합니다. 오늘 하루도 여러분 모두 평안하고, 강건하고, 행복하소서.

16 설거지 예찬

저희 장모님이 광복 76주년 주일 아침식사 후 저의 아들이 설거지 하는 모습을 보시고, "은철이는 취미가 설거지 같다"고 하셨습니다. 저희 집은 특별한 일이 없는 한 설거지는 아들 몫입니다. 물론 딸이 아들에게 가위바위보 하자고 해서 본인이 지게 되면 딸이 하기도 합니다. 이런저런 모습으로 딸과 아들이 서로서로 아껴주는 모습을 보는 것만으로도 행복합니다. 음식물 쓰레기와 재활용 쓰레기 버리기, 주말에 하는 청소(화장실은 저의 몫)도 아들 몫입니다. 아들을 종[저희 집에서는 종이나 노예라는 단어 대신 'fairy(요정)'라고 호칭합니다]으로 키워놓으니까 모든 것이 편하고 좋습니다. 아이에게 좋은 것만 주는 부모는 불행히도 나쁜 부모입니다. 저희 딸·아들이 언제 어디서나 예수님처럼 이웃을 섬기는 삶을 살아가길 소망합니다. 그래서 설거지는 기쁨이고 행복입니다.

무릇 자기를 높이는 자는 낮아지고 자기를 낮추는 자는 높아지리라(누가복음 14장 11절)

17 은혜에게

은혜에게

은혜의 스물 세 번 째 생일을 미리 축하하고 축하한다.
은혜가 아빠의 딸이어서 너무 좋다.
은혜는 하나님이 엄마아빠에게 주신 귀한 선물임을 믿는다.
은혜의 앞날에 하나님의 축복이 가득할 것을 믿는다.
은혜가 아빠와 함께 밤기도회 가는 것을 즐거워 해줘서 고맙다.
은혜가 아픈 할머니를 잘 섬겨줘서 고맙다.
은혜가 은철이를 잘 챙겨줘서 고맙다.
은혜가 엄마아빠를 많이 사랑해줘서 고맙다.
은혜가 무슨 일을 하든 최선을 다하려고 하는 모습이 고맙다.
은혜가 늘 정의로운 사람이 되려고 하는 것에 대해 고맙다.
은혜가 늘 하나님과 가까이 하려고 하는 마음이 고맙다.
은혜가 엄마아빠의 말을 경청해줘서 고맙다.
은혜가 앞으로도 엄마아빠를 사랑해줄 것에 대해 미리 고맙다.
은혜가 성품 좋은 믿음의 배우자를 만나기를 기도한다.
은혜가 행복한 믿음의 가정을 이루기를 기도한다.
은혜가 믿음의 치과의사로서 늘 섬기는 삶을 살아가길 기도한다.
은혜가 이 땅에서 소금과 빛으로 살아가기를 기도한다.

은혜가 태어난 만 22년이 되는 2021년 11월 2일 전날 저녁
은혜를 사랑하는 아빠가

18 손부터 잡아라

사랑하는 아들

스물한 번째 생일을 축하한다. 아들은 생일날 엄마아빠누나와 함께 보내지 않고 친구하고 보내기 위해 대전을 내려갔기에 그냥 올해는 생일 축하 편지를 안 쓰려고 했는데, 아빠가 앞으로 아들에게 생일 축하편지 쓸 횟수도 50회도 채 안 남은 것 같아 밤 9시가 되었지만, 이렇게 편지를 쓴다. 할아버지가 살아생전에 "생일날은 일하지 말고 쉬어야 한다."고 하셨는데, 아빠는 아들 생일날 아침 설거지, 음식물쓰레기 버리기와 재활용 분리수거를 시켜서 미안하다. 그래도 아들이 군소리 안 하고 아빠 말 들어줘서 고맙다. 그렇게 끝까지 할 일을 해야 한다.

지난해 아들이 재수 할 때는 참 막막했는데, 아들이 어엿한 의대생이 되어 대학생활을 하는 모습을 보니 대견스럽고, 고맙다. '남수단의 슈바이처'로 불린 이태석 신부님이 48세에 대장암으로 소천하신 지 10년 뒤 어린 제자들 57명이 의사가 되었는데, 그들은 한결같이 "먹고 살기 위해 의사가 된 것이 아니라 신부님 때문에 의사가 되었고, 신부님처럼 살기 위해 의사가 되었다."고 한다. 그들은 병원에서 진료할 때 먼저 "어디가 아프세요?"라고 묻는 것이 아니라 환자 손부터 잡고 이야기를 나눈 후 진료를 한다고 한다. 이태석 신부님처럼 ...

아빠는 우리 은철이가 이태석 신부님처럼 신부의 길을 가는 것까지는 원치 않지만, 너의 이웃들이 "은철이처럼 살고 싶다"는 말을 들을 수 있는 삶을 살아가기를 기도한다. 아빠는 우리 은철이가 집에서 '종'으로서 훈련받은 대로 밖에서도 늘 섬기는 삶을 살아갈 것으로 믿는다. 아빠도 그렇게 살도록 노력할게.

너의 친구들이 생일 축하 케이크를 2개(연세우유 1박스도) 보낸다고 해서 엄마아빠는 케이크를 안 샀다. 너 대신 잘 먹을께. 내년 아들 생일에는 엄마아빠 누나랑 함께 보냈으면 좋겠다. 그리고 어디를 가면 잘 도착했다는 문자는 하도록 해라. 술도 너무 많이 마시지 말고 … 생일 축하 편지가 아니라 잔소리로 시작해서 잔소리로 끝낸 것 같다. 이런 저런 말 안 해도 우리 아들은 잘 할텐데 … 아들이 아빠 되었을 때 그 잔소리를 줄이도록 해라.
다시금 생일 축하하고, 축하한다. 아빠 마음 알지? 사랑하고 축복한다♡

2021년 3월 26일 밤9시56분
아들을 겁나게 사랑하는 아빠가

19 아빠가 저희 아버지여서 행복합니다

  사랑하는 저의 아버지가 소천하셨을 때 저희 4형제가 아버지를 모신 관에 마지막 하고 싶은 말을 글로 썼는데, 첫 문장이 모두 '사랑해요'였습니다. 저의 남동생은 '아버지가 저희 아버지여서 참 행복했습니다.'라고 썼습니다. 저도 아버지처럼 저의 딸·아들로부터 같은 말을 듣고 천국 가고 싶다는 글을 지난 2019년 8월 12일 썼었습니다. 또한 최근에도 2021. 4. 20. 용산구 환경미화원 선생님들을 대상으로 한 '행복한 동행' 강의 끝부분에서 '무엇이 성공인가'라는 주제로 이야기할 때 저의 딸·아들로부터 "아빠가 저희 아버지여서 행복했습니다"는 말을 듣고 싶다는 바램을 이야기했었습니다.

  오늘은 저의 쉰 네 번째 생일(음력)입니다. 저의 아내와 딸, 아들이 생일축하 손편지를 써줬는데, 저의 마음을 어떻게 알았는지 꼭 제가 듣고 싶은 말을 편지에 담았습니다. 참 감사하고 행복합니다. 또한 딸과 아들이 '아버지 생신 축하드려요♡'라는 글을 새긴 만년필과 감색 넥타이 선물을 줬습니다. 특히 딸은 자신이 동생 보다 아르바이트를 많이 해서 돈을 더 번다면서 동생에게는 비용을 약 20%만 부담하게 했답니다. 마음이 참 이쁘죠?

1. 아내의 편지 내용

사랑하는 남편에게
여보 당신의 54번째 생일을 진심으로 축하합니다. 항상 당신을 보면 행복하고 기분이 좋습니다(가끔 월말 빼고ㅠㅠ) 당신이 저의 신랑이어서 너무 감사합니다. 당신을 만나게 해주신 하나님께 감사드립니다. 항상 건강하고 행복하고 평안하길 기도합니다. 여보 존경하고 사랑해요.

2021. 4. 29.
당신 아내가

2. 딸의 편지 내용

To 사랑하는 아부지
아빠! 생신 축하드립니다. 항상 건강하고 행복한 하루 ♡ 보내세요. 아부지가 제 아빠여서 얼마나 감사한지 모릅니다. 가끔씩 짜증낼 때도 있지만 그때마다 받아주셔서 정말 감사하고 또 죄송해요. 아빠랑 함께 하는 시간이 너무 즐겁고 행복합니다. 고등학교, 재수, 삼수 시절 아부지께서 제게 보여주신 사랑과 배려, 잊지 않고 살겠습니다. 존경합니다.

2021. 4. 28.
딸 은혜 올림

3. 아들의 편지 내용

사랑하는 아버지께
아빠 생신 축하드려요! 항상 건강하시고 언제나 기쁨이 넘치는 삶을 사시길 기도할께요. 아빠가 제 아버지여서 저는 언제나 행복하답니다♡ 아빠의 헌신에는 항상 감사하고 있어요. 작년에 재수학원 다닐 때 아침마다 태워다 주신 것, 아침 먹고 똥 싸러 가면 설거지 다 해 놓으시는 것, 이 모든 행동들에서 아빠의 사랑을 느낄 수 있었어요. 앞으로는 제가 아빠한테 더 큰 사랑을 드릴께요. 다시 한 번 생신 축하드리고, 하나님의 축복이 항상 아빠와 함께 하길!

2021년 4월 28일
아들 김은철 올림

　위 편지 내용으로 봐서는, 제가 하나님의 은혜로 2021년 생일까지는 잘 살아온 것 같습니다. 2022년 생일에도 아내, 딸, 아들로부터 올해와 똑같은 편지를 받고 싶습니다. 그렇게 한 해 한 해 아내, 딸, 아들로부터 사랑받고 존경받고 싶습니다. 그러다보면 저의 꿈인 몸도 마음도 건강한 할아버지가 되어 있을 것입니다.

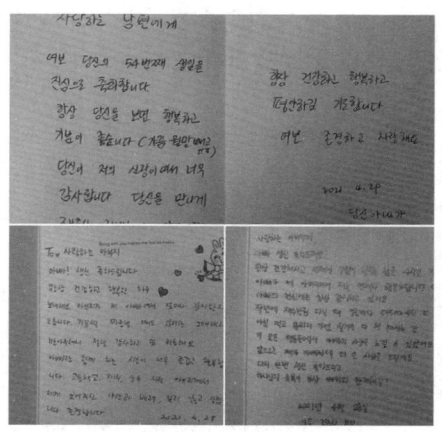

20 아빠는 설득이 안돼요

2021년 4월 마지막 날 이수교회 밤기도회에는 온 가족이 함께 참여했습니다. 밤기도회를 마치고 귀가할 때 딸이 "초밥이 먹고 싶다"고 해서, 제가 아들에게 혼자 서울역 롯데마트에 가서 초밥을 사 오라고 하자, 아들이 주저함 없이 그렇게 하겠다고 했습니다. 그러자 아내가 "은철이는 엄마 말에는 주저함이 있는데, 아빠 말은 참 잘 듣는 것 같다"라고 했고, 저도 덩달아 "나는 아빠 말 잘 들었다라는 말에 세뇌되어 그런 것이다"라고 맞장구를 쳤습니다. 그러자 아들이 대뜸 "아빠는 설득이 안 되잖아요"라고 해서 크게 웃었습니다.

저는 그동안 아들이 아빠 말에 순종해서 말을 잘 듣는 것으로 알고 있었는데, 아들은 아빠가 설득이 안 되기 때문에 저의 말을 그대로 따랐던 것입니다. 제가 웃을 일은 아닌 것 같습니다. 제가 아들에게 얼마나 꽉 막힌 사람이었으면 … 이렇든 저렇든 누나를 위해 밤늦은 시간에 혼자 초밥 대신 회를 사온 아들에게 고마움을 표합니다. 은혜와 은철이가 앞으로도 다윗과 요나단처럼 서로 우애 있고, 서로 도와주면서 살아가기를 기도합니다.

21 아빠는 유치원생 같아요

"아빠는 유치원생 같아요."라는 말은 오늘 아침 밥상에서 저의 아들이 저에게 한 말입니다. 제가 자꾸 아들에게 떼쓰고, 제 고집대로 하는 것이 못마땅했나 봅니다. 물론 아들은 곧바로 자신의 표현이 지나쳤다고 사과했으나, 제가 아무리 그래도 아빠에게 할 말은 아니라고 나무랐습니다. 저는 아내와 있을 때도 서로 "우리가 너무 유치하게 노는 것 같다."라는 말을 자주 하곤 합니다.

저는 가족과 있을 때는 장로처럼, 변호사처럼 행동할 이유는 없다고 생각하고 유치(幼稚)하게 행동하는 경우가 많습니다. 물론 오늘 아들로부터 유치원생 같다는 말을 들었을 때는 망치로 머리를 얻어맞은 느낌이었으나, 앞으로도 아들의 아빠로서 아들에게 떼를 쓰면서 괴롭힐까 합니다. 유치원생답게 계속 복수를 해야지요!!

22 아빠는 잘 삐지는 보석 같은 사람

오늘 저녁 밥상머리에서 이런저런 대화를 하다가 제가 딸에게 "하나님은 왜 나 같은 사람이 엄마를 만나게 하셔서 엄마를 힘들게 하게 하셨을까?"라고 했더니, 딸이 대뜸 "아니에요, 아빠는 보석 같은 사람이에요."라고 하면서 저를 안아줬습니다. 아내는 저에게 "당신은 성공한 사람이네요."라고 했습니다. 맞습니다. 하나님과 부모님을 사랑하는 딸과 아들이 저의 곁에 있는 것만으로도 저는 성공한 사람입니다.

제가 아들에게도 "아빠는 유치원생 같다."는 말 대신 누나처럼 아빠를 칭찬해달라고 했더니, "아빠는 대학생 같아요, 잘 생겼어요, 저보다 머리숱이 많아요, 글을 잘 써요." 등 영혼 없는 답변을 하더니, 마지막에는 "잘 삐져요."라고 했습니다. 결국 저는 '잘 삐지는 보석 같은 사람'이 되었습니다. 2021년 11월 마지막 주말 '녹두전복죽' 끓는 소리와 냄새가 저를 더 행복하게 합니다.

23 해피타임(Happy-time)과 작전명 망고 밀크

1. 해피타임(Happy-time)

오늘밤(2021. 4. 23.) 아들과 함께 이수교회 밤기도회를 마치고, 저녁 10시20분경 집에 들어왔습니다. 딸이 오늘도 개인 과외를 마치고 오는 길목 노상에서 할머니가 팔고 있는 술빵과 쑥인절미를 사왔습니다. 옷을 갈아입고 나오는데, 아이들이 과자와 포도를 먹고 있었습니다. 그래서 제가 식탁에 놓인 술빵과 쑥인절미를 보면서 "우리 해피타임(Happy-time)을 갖자!"고 했습니다. 아내가 잠이 들어서 야식(夜食)을 마음껏 먹을 수 있기 때문입니다. 딸이 중간에 "아빠, 너무 많이 드시는 것 아니에요?"라고 말하면서, 혼잣말로 "흔치 않는 기회이죠."라고 합니다. 그만 먹으라는 것인지 더 먹으라는 것인지 … 쑥인절미는 오늘밤 먹지 않으면 상할 것 같아서 할 수 없이 먹는 건데 …

늦은 밤 아내의 간섭 없이 마음껏 먹을 수 있어서 해피타임이기도 하지만, 이 순간 아이들과 함께 할 수 있어서 해피타임입니다. 그렇게 순간순간의 해피타임이 모여서 내 인생의 해피타임이 되는 것입니다. 지금, 그 자리에서, 순간순간 행복하십시오!

당신과 내가 모여 우리가 되었습니다.
우리가 모인 우리나라가 참 좋습니다.
- 우리은행 '눈물 쏙 글판 공모전' 수상작 -

2. 흔치 않은 기회에서 흔한 기회로

2021년 6월 10일 늦은 오후부터 내리던 봄비가 자정이 되어가는데도 계속 내리고 있습니다. 비가 밤새 내릴 기세입니다. 제가 섬기는 이수교회는 올해 부활주일 전 주부터 새벽기도회 대신 월요일부터 금요일까지 매일 밤 9시 밤기도회를 하고 있습니다. 누구든 밤기도회에 참여하실 수 있습니다. 오늘은 아들과 함께 전철로 이동하여 밤기도회에 참여하고, 아들이 만보를 걷지 않아서 신용산역에서 함께 내려 남산 근처에 있는 집까지 걸었습니다. 저는 오늘 16,750보, 약 12km를 걸었습니다.

제가 밤기도회를 참여하고 집에 오면 밤 10시30분쯤 되는데, 아내는 직장이 있는 천안으로 매일 출퇴근해야 하기에 일찍 잠들어 있을 때가 많습니다. 그러면 저는 샤워하고 TV를 보다가 아내 모르게 간식을 마구 먹습니다. 아내가 깨어 있으면 건강에 해롭다고 간식을 못 먹게 하기 때문에 아내가 잠든 틈을 이용해서 냉장고문을 열었다 닫았다를 반복하게 됩니다. 저의 딸 표현대로 '흔치 않은 기회'이기에 ...

그런데, 요새는 그 일이 너무 자주 반복되다보니 저의 아들 표현대로 '흔한 기회'가 되어 버렸습니다. 그래서 오늘밤은 아들과 함께 흔한 기회를 이용하여 베이컨을 구워 먹기로 했는데, 아내는 깨어 있었습니다. 그 흔한 기회가 무산되는 순간이었습니다. 그래서 아쉽게도 냉장고에 있는 작은 샌드위치를 먹는 선에서 '베이컨 작전'을 종료했습니다. 그 흔한 기회의 내일을 기대해보겠습니다. 꼭 베이컨이 아니어도 됩니다. 저의 몸은 어떤 음식이든 열렬히 환영할 만반의 준비를 하고 있습니다.

3. 작전명 망고 밀크

제가 섬기는 이수교회는 올해 부활절 고난주간부터 매일 새벽기도 대신 저녁 8시 밤기도회를 합니다. 오늘밤은 딸이 아르바이트를 한 후 기도회 시작할 때 쯤 교회에 왔고, 아들은 저녁에 방배역에서 친구를 만나 놀다가 방배역에서부터 교회가 있는 이수교차로까지 걸어 와서 밤기도회가 끝났을 때 교회 앞에서 3명이 만났습니다. 딸과 아들은 제가 교회에 올 때 승용차를 갖고 온 줄 알고 교회로 모인 것인데, 저는 오늘 평소와 다르게 10,000보를 걷기 위해 지하철로 왔습니다. 오늘(2021. 7. 4.) 아들은 이미 15,000보를 걸었고, 딸은 9시간 동안 식당에서 아르바이트를 하느라 계속 서 있었기 때문에 택시 타고 귀가하려고 했지만, 딸이 그냥 지하철로 가자고 해서 함께 동작역으로 걸어갔습니다.

오늘밤 함께 예배는 못 드렸지만, 사랑하는 딸·아들과 함께 밤길을 걷는 것만으로도 행복했습니다. 아이들이 무슨 이야기를 해도 입가에 미소가 지어졌습니다. 서울역에서 내려 집으로 가는 길목에서 아들이 술안주로 산 견과류를 다 먹지 못 하고 갖고 온 것을 1개 먹었고, 캔으로 된 망고 밀크 1개마저 먹으려고 하자 아들이 "집에 가서 먹자"면서 말렸습니다. 그래서 제가 엄마는 밤늦은 시간에 음료수를 못 마시게 하니까 아들이 컵에다 망고 밀크를 몰래 따라 놓으면 제가 모르는 척 마시기로 하는 작전(作戰)을 짰습니다. 작전명 망고 밀크!

제가 식탁에서 아들에게 "작전을 실행하라"고 하자, 아들이 배신자처럼 곧바로 아내에게 작전을 실토해 버렸습니다. 그런데, 아내는 음료수를 마시지마라고 하지 않고, 그냥 마시라고 해서 작전의 효과가 사라져 버렸습니다. 몰래 먹어야 맛있는데 … 비록 작전은 실패했지만, 행복한 작전이었습니다.

4. 우리 다 같이 기도합시다

오늘밤(2021. 7. 22.)도 어젯밤처럼 저녁식사 후 딸, 아들과 함께 만보를 걷기 위해 집을 나섰습니다. '집 → 남대문시장 뒷쪽 → 우리은행 본점 → 한국은행 → 숭례문 → 서부역 → 롯데마트 서울역점 → 집' 순으로 걸었습니다. 걷다가 시골 사람이 처음 서울 나들이 나온 것처럼 사진도 찍고, 이런저런 이야기를 하면서 걸었습니다. 딸의 독백처럼, 아이들과 함께 하는 이 시간이 '참 좋다'라는 마음뿐입니다.

우리는 롯데마트에 들려 우유 2통, 음료수 3통과 과자 3개를 샀는데, 건강을 해친다는 이유 때문에 음료수와 과자 먹는 것을 싫어하는 아내에게 들키지 않는 것이 필요했습니다. 갑자기 딸이 계산대에서 "우리 다 같이 기도합시다"라고 하면서 고개를 숙였습니다. 매순간 하나님을 찾는 딸의 모습이 참 이쁩니다. 플랜A는 아내에게 들키지 않도록 몰래 들어가고, 만약 들키면 아들이 "음료수와 과자를 사자고 했다"고 답변하기로 하는 플랜B를 세우고 집에 들어섰습니다. 집에 들어서자마자 아내가 마중을 나오는 바람에 플랜A 작전은 실패로 돌아갔고, 다행히 딸의 번개기도 덕분인지 아내가 화를 많이 내지 않아서 잘 넘어갔습니다. 작전은 실패했지만, 우리 아이들과의 사랑은 성공했습니다. 우리 다 같이 기도합시다. 언제 어디에서든지 ...

※ 저와 딸·아들 사이에 있었던 일들을 일자순대로 옴니버스(omnibus)식으로 나열한 것입니다.

24 아들은 없다

아들은 없다

참 기쁜 날
아들은 없다

참 좋은 날
아들은 가족보다 친구가 더 좋단다

참 행복한 날
아들은 가족보다 게임이 더 좋단다

이 아름다운 밤에
아들은 없다

와인 홀로 기나긴 겨울밤을 지샌다
멀리 남산타워가 외로워 보인다

아름다운 밤이지만
참 슬픈 밤이다

그렇게 함께 하고픈 소중한 시간
아들은 없다

아빠의 복귀명령도 효력이 없다
아들의 마음속에 아빠는 없다

내 아들은 지금 내 곁에 없다
아들은 없다

(추신)

새벽 05:20
아들은 없다

아들 없는 날은
어제 하루로 끝났으면 좋겠다

오늘 없는 아들은

내일도 없을테니까 ...

참 슬픈 새벽이다
아들이 없으니 ...

기다리던 아들이 없으니
내가 세상을 잘못 산 것 같다

아들은 없다
아들은 없다

저의 아들이 연세대 의대 합격한 날 밤에 쓴 시입니다.
추신은 다음날 새벽에 썼습니다.
아들 때문에 처음으로 시(?)를 써봅니다.
위 그림은 저의 남동생의 큰 딸 예담이가 그린 그림입니다.
가족은 함께 해야 가족입니다.

25 우리 가족이 더 예쁘다

슬프다

엄마아빠 결혼 23주년 날
온 가족이 함께 나들이 가고 싶은데
아들은 진짜 나가기 싫단다
슬프다
슬프다
슬프다

아들에게는
가족보다 쉼이 우선인가 보다
자신의 쉼이 가족보다 앞섬이
슬프다
슬프다
슬프다

내가 인생을 잘못 산 것 같다
아들과 함께 나들이 가는 것조차
설득하지 못함이
슬프다
슬프다
슬프다

누나가 같이 가고 싶어하는데
아들은 본인의 쉼이 필요하단다
참 슬픈 일이다
슬프다
슬프다
슬프다

그냥
슬프다
슬프다
슬프다

결국 아들은 저의 위 즉흥시를 읽고, 함께 나들이에 나섰습니다.

너무 좋다

가족이 함께 안산자락길을 걷는다
아내는 너무 좋다 한다
딸도 너무 좋다 한다
아들은 냄새가 좋다 한다

바람이 좋다
새소리가 좋다
푸르름이 좋다

애기똥풀꽃이 예쁘다
황매화꽃이 예쁘다
그래도
우리 가족이 더 예쁘다

26 사생팬(私生fan)

 주일 저녁 아들이 다림질하는 모습을 찍은 사진을 가족 단톡방에 올렸더니 딸이 "아빠는 은철이 사생팬 같아요."라고 했습니다. 저는 오늘 '사생팬'이라는 단어를 처음 들었습니다. 사생팬은 사(私)와 생(生)과 영어 fan을 합친 것으로, K-pop 및 한류에 종사하는 가수, 배우 등의 연예인 특히 아이돌의 사생활을 쫓아다는 극성팬을 의미합니다.
 저는 아이들이 어렸을 때 사진을 못 찍어 줘서 미안했는데, 요새는 핸드폰으로도 쉽게 사진을 찍을 수 있어 아이들의 모습을 사진으로 찍는 경우가 많아졌습니다. 딸의 사진은 초상권(肖像權)을 존중하는 차원에서 공개하지 않고 있지만, 아들의 사진은 공개를 해도 괜찮을 것 같아 가끔 공개하고 있습니다. 저는 딸과 아들의 사생팬이

맞습니다. 사생팬처럼 아이들과 함께 하는 모습을 남겨두고 싶습니다. 어제도 아들이 짜파게티를 만들어줘서 아들이 짜파게티를 먹는 모습을 사진으로 찍었습니다. 다른 반찬 없이 짜파게티만 먹었는데도, 참 맛있었습니다.

저는 늘 아들에게 "아빠는, 아빠 말 잘 들었다."를 강조하는데, 아마 아들도 아들의 아들에게 제가 찍은 사진과 영상을 보여주면서, "아빠는, 아빠 말 잘 들었다."고 할 것입니다. 제가 아들의 아들의 사생팬이 될 날을 기다리고 기다립니다. 그 때는 저의 꿈인 진짜 할아버지가 되어 있을테니까요.

27 아침에 아빠 혼자 먹으니까 밥맛이 너무 없더라

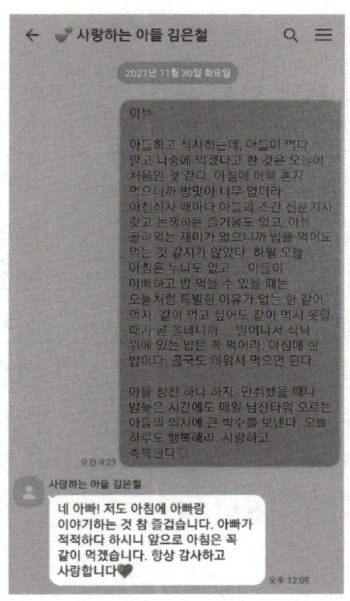

아들하고 식사하는데, 아들이 먹다 말고 나중에 먹겠다고 한 것은 오늘이 처음인 것 같다. 아침에 아빠 혼자 먹으니까 밥맛이 너무 없더라. 아침식사 때마다 아들과 조간 신문기사 갖고 논쟁하는 즐거움도 없고, 아들 골려먹는 재미가 없으니까 밥을 먹어도 먹는 것 같지가 않았다. 하필 오늘 아침은 누나도 없고 … 아들이 아빠하고 밥 먹을 수 있을 때는 오늘처럼 특별한 이유가 없는 한 같이 먹자. 같이 먹고 싶어도 같이 먹지 못할 때가 곧 올테니까 … 일어나서 식탁 위에 있는 밥은 꼭 먹어라. 아침에 한 밥이다. 곰국도 데워서 먹으면 된다.

아들 칭찬 하나 하자. 만취했을 때나 밤늦은 시간에도 매일 남산타워 오르는 아들의 의지에 큰 박수를 보낸다. 오늘 하루도 행복해라. 사랑하고 축복한다 ♡

오늘 아침 아들에게 보낸 카톡 글입니다. 딸이 학교 등교수업 때문에 엄마 연구실에서 어제부터 2박 3일간 엄마랑 지내는 바람에 오늘 아침은 아들과 단 둘이 식사하는데, 아들이 아내가 만들어 놓은 양념 닭갈비(아침에 볶음)를 한 점 먹더니 졸린다면서 자고 나서 나중에 먹으면 안 되겠냐고 해서 그렇게 하라고 하고 저 혼자 아침식사를 했습니다. 저는 할아버지가 되는 것이 꿈이지만, 오늘 아침처럼 혼자 아침 식사하는 할아버지는 되고 싶지 않습니다. 그런데 저는 저의 아버지랑 같이 식사할 수 있을 때도 많았는데 같이 식사하지 않으면서, 지금 이렇게 저의 아들하고는 같이 먹고 싶어 하고 있습니다. 저는 참 이기적인 아들이죠?

※ 아들의 카톡 답장 글 : 네 아빠! 저도 아침에 아빠랑 이야기하는 것 참 즐겁습니다. 아빠가 적적하다 하시니 앞으로 아침은 꼭 같이 먹겠습니다. 항상 감사하고 사랑합니다♥

28 제2외국어를 하는 우리집 멍멍이

우리집 강아지가 주말 저녁 고등학교 동창 3명과 함께 '먹고 마시자'라는 주제(?)로 술을 마시고 밤 10시가 넘어서 귀가했습니다. 과외를 마친 딸은 남동생이 술에 취한 것을 알고, 지하철역에서 만나 함께 들어왔습니다. 다음은 저와 딸·아들 사이의 카톡 대화입니다.

아빠(21:52) : 딸,아들 언제 귀가하시나요?
딸(21:53) : 전 지금 가구 있습니당
아들(22:01) : 저도 이제 갑니당
딸(22:03) : 누나가 10출(서울역 10번 출구)에서 기다리구 있을께 은철아
아들(22:05) : 지금 어딘데 누님
딸(22:05) : 나 이제 서울역 도착쓰
아들(22:06) : 나 이제 사당. 걍 집에 들어가
딸(22:07) : 걍 기다릴께 동생
아들(22:07) : ㄴㄴ(No No)
딸(22:07) : 누나 한량이야
아들(22:07) : 사당이 아니라 동작이긴 한데 한량이면 몇정거장?
딸(22:08) : ㅋㅋㅋ 아니 시간이 많다고 ㅋㅋ 놀고먹는다는 뜻
아들(22:09) : 빨리 귀가를 하시오!!!!!!@
딸(22:09) : ㅋㅋㅋㅋㅋ 아몰랑
아들(22:09) : 빨리빨리구ㅏ가규ㅣ가 긔가뒤기귀가귀거구기가 ㄱㄱㄷㄱ
아빠(22:10) : 아들 멍멍이가 되었구나~ 멍멍
아들(22:10) : 왈왈!! 왈놜왈!!! 크르르룽르크르룽 멍멍 왈왈 크르르룽!!@!!

아빠(22:10) : 미친개가 되었구나~ 제2외국어도 하는 미친개~
딸(22:11) : ㅋㅋㅋㄲㄱㅋㄱㅋ
아빠(22:13) : 중환자실 갈 정도는 아닌 것 같다~ 우리집 멍멍이
아들(22:13) : 왈왈!!! 집 가는중입니다 멍!!!!
아빠(22:15) : 머엉~ 머엉~ 가능한한 한국어로 해주세용~ 멍멍~♡

저는 아들이 귀가하자 인간의 대화는 전혀 하지 않은 채, 저는 "멍~멍~"으로, 아들은 제2외국어인 "왈~왈~"로 대화를 마쳤습니다. 아들이 어젯밤 멍멍이가 된 것을 입증하기 위해 영상으로도 촬영해 놨습니다. 이 영상을 공개하는 것은 법적으로 문제의 소지가 있어 공개하지 않습니다만, 미래의 며느리에게는 공개할 생각입니다.

올해부터 교회 유치부 교사인 아들은 어제 멍멍이가 되는 바람에 주일 아침 늦게 기상하여 유치부 예배를 못 갔습니다. 그래서 오늘

저녁 아들로부터 토요일에는 술을 마시지 않기로 하는 약속을 받아 냈습니다. 그래도 어젯밤 아들과 함께 멍멍이가 된 순간은 참 행복했습니다. 또한 부모자식 간에는 멍멍이의 언어로도 충분히 대화가 가능하다는 것을 깨닫는 귀중한 시간이었습니다. 멍~멍~

29 숟가락 인터뷰

아빠 : 우리 아드님, 오늘 국가고시인 운전면허시험에 합격을 하셨는데, 소감 한 말씀.
아들 : 정말 가슴이 벅차고, 저를 스스로 증명했다는 마음에 너무 기분이 좋습니다.
아빠 : 시험이 어려웠어요?
아들 : 위험한 순간들이 많았죠.
아빠 : 어떻게 극복을 했어요? 그 순간을.
아들 : 일단 최대한 긴장을 풀려고 노력했구요, 그리고 항상 나와 함께 하시는 하나님이 있다고 생각했습니다.
아빠 : 그래요. 앞으로의 계획은?
아들 : 지금 몸이 기억한 걸 까먹지 않고, 엄마·아빠의 드라이버가 되기 위해서 노력하고 있겠습니다.
아빠 : 우리 은철 군이 집안의 운전기사의 역할을 충실히 하겠다고 이 영상을 통해서 자백을 했습니다. 축하드립니다.
아들 : 감사합니다!

아빠와 아들의 위 대화는 2021년 4월 15일 저녁 저의 아들이 자동차 운전면허시험에 합격했다고 해서 저녁식사 할 때 숟가락 마이크(mike)로 아들과 인터뷰(interview)한 내용입니다. 서로 준비되지 않은 질문과 답변이었지만, 아들의 답변은 저희 부부와 딸에게 큰 웃음을 선물했습니다. 아들은 운전면허시험에서도 하나님을 기억하고 있었고(그 답변이 농담이라 할지라도), "엄마·아빠의 드라이버

(driver)가 되기 위해서 노력하고 있겠다"고 답변했습니다.

　자식은 '왕'이 아닌 '종'[저희 집에서는 아들의 요청으로 '노예'나 '종' 대신 'fairy(요정)'라고 부르기로 했습니다]으로 키워야 합니다. 그래야 가정에서도 밖에서도 섬기는 종의 삶을 살아갈 것입니다. 아들이 운전해주는 승용차로 고향인 광주에 내려가고, 아버지 산소에도 가고, 골프장에도 갈 날을 기다려 봅니다. 곧 오겠지요? 그래서 '기다림'은 그 자체가 행복입니다.

30 가부장제(家父長制)에서 가모장제(家母長制)로

오늘 아침 아내가 새벽 5시경에 일어나서 만들어 놓은 '낙지볶음'에 참 맛있게 먹었습니다(아내는 직장이 천안이라서 오전에 외래진료가 있는 날은 일찍 출근합니다). 21살 아들이 참외 깎는 법을 몰라서 어제 생애 처음으로 참외를 깎아 보게 했고, 오늘 아침은 참외 1개를 깎고 써는 것까지 하게 했습니다. 예상대로 썰린 참외가 심하게 비대칭(非對稱)입니다. 앞으로도 참외를 10개 이상은 더 깎게 해야 하지 않을까 싶습니다. 오늘은 딸도 오전에 학원 아르바이트가 있어서 일찍 일어나 거실 노트북으로 뭔가를 하면서 세탁기를 돌리고 있었습니다. 아마 엄마의 오더(order)가 있었을 것입니다.

아침식사를 마치고 아들에게 설거지를 시켰더니, 아들이 대뜸 "우리집은 가모장제(家母長制) 같다"고 했습니다. 저도 아내의 오더를 따르는데, 아주 익숙해져 있습니다. 저는 23년 혼인생활 중 휴가 계획을 세워본 적이 없습니다. 아내가 하자고 하는 대로만 하면 되기에 … 저희 가족은 오케스트라 지휘자 같은 아내의 지휘에 따라 각자에게 주어진 임무를 잘 수행합니다. 아무리 봐도 가부장제 보다는 가모장제가 훨씬 편하고 좋은 것 같습니다. 아마 아들도 결혼하면 스스로 가모장제 체제하에서 살아갈 것입니다. 딸도 엄마처럼 가모장제로 살아가면 힘들 것 같아 다소 염려가 되지만, 사랑이 넘치는 아이라서 엄마 이상으로 잘 살아갈 것으로 믿습니다. 세상은 점차 부계사회(父系社會)에서 모계사회(母系社會)로 바뀌어 가는 것 같습니다.

31 삶은 기다림과 함께 여행하는 것이다

　아래 사진은 저의 아들이 치킨 배달을 시켜놓은 후 대문을 열어 놓은 채 애타게 치킨을 기다리는 모습입니다. 기다리는 모습이 참 애처로워 보입니다. 기다림은 희망이고, 행복입니다. 그것이 비록 치킨이라 할지라도 …
　기다림이 없는 삶은 얼마나 지루할까요? 기다림이 없는 삶은 고통입니다. 삶은 기다림의 연속입니다. 그리고 기다림은 사랑입니다. 부모자식, 부부, 연인 사이에서도 사랑하기에 기다릴 수 있는 것입니다. 우리가 하나님께 간절히 기도하는 것도 간절한 기다림의 또 다른 모습입니다. 사람만이 기다리는 것이 아닙니다. 꽃도 나무도 기다립니다. 심지어 동백꽃은 봄이 아닌 겨울을 기다립니다. 이처럼 삶은 기다림과 함께 여행하는 것입니다. 오늘 아들이 애타게 기다린 그 치킨은 기다림이라는 양념이 더 해져서 더 맛이었을 것입니다. 저도 아들이 엄마아빠가 먹을 치킨을 남겨뒀을 것이라는 기다림을 가져봅니다.

32 가족의 의미

"But anger and fear and a certain amount of hatred are all normal in a family. And that's what we are. And I'm not gonna walk away from that."
"화도 나고, 두렵기도 하고, 약간의 증오도 있지만, 이 모든 감정들은 가족 사이에는 모두 정상적인 것이에요. 그리고 우리는 가족입니다. 그래서 나는 그걸 피하지 않을 거예요."

 위 글은 오늘 아침 친구(한스어학원 원장 한창용)가 보내준 미국 드라마 '블랙리스트(BLACKLIST)'의 명대사입니다. 이 드라마는 FBI 최상위 수배자의 예측불허 두뇌게임을 그린 것이라고 합니다. 요즈음 저는 저의 딸·아들을 영어선생님으로 모시고, 1주일에 3회 영어공부를 하고 있기 때문에 조만간(in the near future) 이 드라마도 자막 없이 시청할 수 있을 것으로 믿습니다.

사람이 할 수 있는 가장 아름다운 것은 '이해하고 용서하는 것'입니다. 사랑도 이해와 용서의 다른 말입니다. 사랑은 모든 허물을 가립니다(잠언 10장 12절). 예수님은 "네 이웃을 네 자신 같이 사랑하라"고 하셨는데(마태복음 22장 39절), 부모자식 사이에는 그렇게 하지 말라고 해도 대부분 그렇게 사랑합니다. 그런데, 부모는 자식에게 무조건 잘 해주는 것만이 정답은 아닙니다. 가정에서는 자식을 왕이 아닌 '종'으로 키워야 합니다. 그래야 그들이 세상 밖으로 나가 섬기는 삶을 살게 될 것입니다. 심지어 성경은 '매를 아끼는 자는 자식을 미워하는 것(잠언 13장 24절)'이라고 합니다. 그러다보니 가족 사이에도 화도 나고, 두렵기도 하고, 약간의 증오도 생기는 것입니다.

그렇게 가족 구성원들은 그 모든 것을 이해하고 용서하는 것을 보고 느끼면서 사랑을 배우는 것입니다. 그렇게 가족 때문에 울고, 그 가족을 위해 기도하면서 살아가는 것이 우리의 일상적인 삶입니다. 고난은 변형된 축복입니다. 지금의 고난과 고통 때문에 너무 좌절하거나 절망하지 마십시오. 내 곁에 가족이 있고, 하나님이 함께 하시면 모든 것을 이겨낼 수 있습니다. 내일은 내일의 태양이 반드시 뜨게 되어 있습니다.

33 가족오락관(家族娛樂館)

코로나19가 창궐(猖獗)하기 전에는 설과 추석 명절 때마다 저의 처가댁 식구들은 카드 게임 '훌라'를 하고, 저의 본가 식구들은 고스톱(Go-Stop)을 했었습니다. '훌라'는 일곱 장의 카드를 나눠 가진 후 그 카드를 가장 빨리 없애는 사람이 이기는 카드 게임입니다. 그런데 어제 저녁 아내가 뜬금없이 딸·아들에게 "함께 훌라를 하자"고 제안해서 생애 처음으로 부모자식간 '훌라'를 했습니다. 약 3시간 '훌라' 게임을 하는 동안 아내는 단 한 번도 돈을 따지 못했습니다(2등 공짜, 3등 1,000원, 4등 2,000원 부담). 최종 게임 결과는 아들이 30,000원을, 제가 10,000원을 땄고, 아내가 30,000원을, 딸이 10,000원을 잃었습니다. 함께 게임한 3시간이 3분처럼 느껴질 정도로 즐거웠습니다. 어젯밤 '훌라' 게임은 코로나19가 저희 가족에게 준 작은 선물이었습니다.

34 덕분에

덕분(德分)은 '베풀어 준 은혜나 도움'을 의미합니다. 돈, 집, 승용차 등의 물체는 은혜나 도움을 베풀어 주는 주어가 될 수 없기 때문에 '돈 덕분에'라는 단어는 맞지 않습니다. 그런데 많은 사람들은 돈 덕분에 살아가는 것 같습니다. 저도 그런 사람들 중 한 사람일 줄 모릅니다.

그러나, 사람이 행복하고 불행하고는 내 곁에 가까이 있는 사람의 관계가 어떠한 지에 달려 있는 것 아닐까요? 제 아무리 돈을 많이 벌어도, 제 아무리 사회적 지위가 높아도 가까이 있는 가족과의 관계가 '꽝'이면, 그 인생도 '꽝'아닐까요? 지금 아무리 힘들더라도 내 곁에 있는 가족 덕분에 행복할 수 있습니다. 결국 행복은 내 곁에 있는 가족이 좌지우지 합니다.

부모가 자식의 행복을 위해 헌신하는 것도 자신의 행복을 위한 본능적인 행동이 아닐까요? 지금 가족 때문에 힘들다면 언젠가는 그 가족 때문에 행복한 순간이 올 것으로 확신합니다. 하나님이 인간을 창조하실 때 공평하게 행복과 불행을 가지도록 창조하셨을 것이기 때문에 지금 불행하고 힘들다면 남은 시간은 그 만큼 더 행복한 시간으로 채워질 것입니다.

아빠 덕분에, 남편 덕분에, 아들 덕분에 제 가족이 행복했으면 좋겠습니다. 제 생을 마감할 때 '덕분에 행복했다'는 말을 듣고 싶습니다.

35 내 안에 똥 있다

아내는 저의 엉덩이가 토실토실하다면서 만지기를 좋아합니다. 오늘 아침에도 제가 약 먹고 있는데, 갑자기 다가와서는 엉덩이를 만집니다. 이는 분명 형법상 강제추행의 구성요건에 딱 맞는 행위입니다. 그때마다 제가 그 추행의 손길을 퇴치하는 방법이 있습니다.

"내 안에 똥 있다."

저희 가족은 서로가 서로를 안아주는 것을 참 좋아하는 터치(touch)가족입니다. 특히 저와 아들은 밖에 나갔다가 돌아오면 반드시 배와 배를 부딪치는 '배치기'를 합니다. 양쪽 배가 출산을 앞둔 산모의 배와 비슷해서 촉감도 좋습니다. 늘 엄한 아버지의 모습을 지향했던 제가 그렇게 변하게 된 것은 2011년 천안·아산지역 '두란노 아버지학교'를 수료했기 때문입니다. 아버지학교에서 내준 숙제 중에 '아침에 자녀들이 학교 갈 때 안아주고 기도해주기'가 있었는데, 저는 특별한 일이 없는 한 그 때부터 지금까지 그 숙제를 계속하고 있습니다. 그렇게 하다 보니 딸과 아들을 안아주는 것이 자연스럽게 된 것입니다.

우리는 사랑받기 위해 태어났지만, 또한 우리는 사랑하기 위해 태어났습니다. 그리고 행복은 주어지는 것이 아니라 찾는 것입니다. 오늘 하루도 사랑의 마음으로 행복이라는 보물을 찾읍시다. 행복은 우리 곁에 있습니다.

36 아들과 함께 한 추석 여행

　코로나19 때문에 올해 설은 본가(광주광역시)에 다녀오지 못했는데, 추석은 아들과 함께 단 둘이만 본가에 다녀왔습니다. 지난 7월에 저의 장모님이 골절상을 입으셔서 병원에서 수술을 받으시고 퇴원(2021. 8. 13.)하신 후 저희 서울 집에서 한 달 넘게 요양 중이신데, 장모님이 목발 집고 겨우 화장실만 가실 정도이기에 올해 추석은 아들하고만 고향에 다녀오기로 한 것입니다. 내려가는 기차 편이 전부 매진이어서 비행기 편으로 다녀왔습니다(9.20.~22.)
　첫째 날은 작은어머니, 사촌동생과 함께 저녁식사를 하려고 했는데, 사촌동생이 감기 기운이 있어 서로 만나지 못했습니다.
　둘째 날은 남동생 가족과 아침 및 점심 식사를 같이 하려고 했는데, 남동생의 큰 딸이 열이 난다고 해서 남동생 가족도 아예 만나지 못했습니다. 저녁식사는 첫째 여동생이 정성껏 준비한 각종 음식으로 여동생 가족과 함께 하고, 헤어 디자이너 수습 중에 있는 여동생 둘째 딸이 근무하고 있는 헤어샵에 가서 두피 케어를 받았습니다. 이제 20살밖에 안 된 조카는 이미 성숙한 어른이 되어 있었습니다.
　추석날 아침 엄마가 차려주신 진수성찬으로 아침식사를 하고, 추석 가정예배(성경 : 사도행전 16장 31절, 주제 : 마음이 하나 된 가족)를 3명에서 오붓하게 드렸습니다. 아들에게 미리 대표기도를 준비하라고 하지도 않았는데도 기도를 잘 하는 것을 보니, 아들도 이제 다 큰 것 같습니다. 가정예배지에 있는 말씀대로, 내 가족이 모두 구원을 받으려면 첫째 가정을 예배가 있는 가정으로 세워야 하고, 둘째 가족의 구원을 위하여 믿음으로 기도해야 하고, 셋째 내 마음대로 사는 것이 아니라 예수님을 마음에 왕으로 모시고 살아야 합니다.

 가정예배를 드린 후 아들과 함께 엄마에게 한글을 가르쳐 드렸습니다. 제가 오래전 소천하신 할머니에게도 숫자를 가르쳐 드렸을 때 할머니가 정말 좋아하셨는데, 부끄러워 한글 공부를 안 하려고 하시는 엄마에게도 이번에는 작정하고 남동생에게 한글 교재를 미리 사 놓게 해서 아들과 합동 작전으로 교재 1권('가'부터 '하'까지 쓰기와 39개 단어)을 끝냈습니다. 한글 공부를 마치고, 작은 할머니 댁에 아들과 함께 인사드리고 왔는데, 작은 할머니께서는 미리 연락도 드리지 않았는데도 저를 기다리고 계셨습니다.

 오후에는 첫째 여동생과 함께 엄마가 좋아하시는 집근처 전통찻집(다담원)에 가서 쌍화차를 한 잔씩 마셨는데, 쌍화차가 꼭 보약 한 첩 같았습니다. 저녁에도 엄마랑 오전에 한 한글 공부를 한 번 더 복습했습니다. 첫째 여동생이 밤 9시경 둘째 딸과 함께 와서 아들과 함께 술 마시러가겠다는 것을 뜯어 말리고, 오후에 간 전통찻집에 다시 가서 이런 저런 이야기를 하다가 돌아왔습니다.

셋째 날 새벽 어제처럼 5시 40분경 새벽을 깨우는 닭울음소리가 들렸습니다. 농촌도 아닌데 누군가 집에서 닭을 키우나 봅니다. 그런데, 그 닭은 새벽뿐만 아니라 아침식사를 마친 7시 30분경에도 울었습니다. 그 닭은 새벽에만 사람들을 깨워야 한다는 자신의 본분을 망각하고 있나 봅니다. 아침식사를 마치고, 엄마와 어제 한 한글 공부 다시 복습했습니다.

오전에 광주공항 근처에 있는 친구 한창용 송정리 집을 방문해서 맛있는 점드립 커피(에티오피아 코케허니, 8분 동안 내림)과 핸드립 커피(파나마 팔미라), 에스프레소, 에그 타르트, 집 화단에서 키운 대추, 망고, 곶감, 케이크와 빵 등을 배 터지게 먹으면서 자녀들 이야기, 교육, 중국, 커피, 골프, 미술작품 등을 소재로 2시간을 2분처럼 이야기하다 왔습니다. 친구는 집에서 키운 석류 2개를 제가 직접 수확하는 기쁨도 줬습니다.

비록 올해 추석은 아버지와 할머니 산소가 있는 장흥에는 다녀오지 못했으나, 처음으로 아들과 단 둘이 함께 한 2박 3일의 추석 여행은 잊지 못할 것 같습니다. 인생은 여행길입니다. 단지 그 여행길이 길거나 짧을 뿐입니다. 우리 모두 기왕 하는 여행길 행복한 시간으로 가득 채워지길 소망합니다.

37 일석삼조(一石三鳥)

1. 선생님 딸·아들과 학생 아빠의 정식 영어과외

　오늘(2021. 8. 11.) 저녁식사를 하다가 대화중에 저의 딸과 아들이 저에게 정식으로 영어회화 과외를 하기로 했습니다. 그래서 당장 오늘밤 3명이서 함께 광화문에 있는 교보문고까지 걸어가서 한스어학원 한창용 원장이 추천한 영어교재 '영어회화 핵심패턴 233 기초편' 2권을 샀습니다. 매주 화요일과 목요일은 아들이, 토요일은 딸이 각각 수업을 하기로 하고, 저녁 7시에 1시간 공부하기로 했습니다. 수업료는 1시간에 2만원이고, 1시간 초과해도 수업료가 증액이 안 되기에 가능한 한 1시간 이내 수업을 마쳐달라고 했습니다. 저는 지금까지 영어공부를 해서 책 1권을 끝내본 적이 없는데, 이번에는 훌륭한 선생님들을 어렵게(?) 청빙했기 때문에 꼭 성공하고 싶습니다. 이렇게 글을 쓰는 것도 중간 포기라는 퇴로를 차단하기 위해서입니다. 교보문고 입구에 이런 글이 있습니다.

사람은 책을 만들고, 책은 사람을 만든다

딸·아들과 함께 하는 영어회화 공부가 기대되고 기대됩니다. '작심한달'이 되지 않도록 응원해 주십시오. 영어책이 통역사를 만들 것으로 믿습니다!!

2. 일석삼조(一石三鳥)

오늘(2021. 8. 24.) 이 세상에서 가장 귀한 선물을 받았습니다. 친구 한창용('한스어학원' 원장)이 제가 영어 공부하는데 사용하라고 NIV영한성경책을 보내온 것입니다. 지난 2021년 8월 11일 저의 아이들과 함께 영어회화 공부를 하기로 하고, 그 날 저녁 함께 광화문 교보문고에 가서 영어교재(영어회화 핵심패턴 233 기초편)를 샀고, 지금까지 딸·아들과 함께 각각 두 번씩 영어공부를 재밌게 했습니다.

제가 지난주 금요일 친구 내외와 함께 골프를 할 때도 공자 앞에서 문자 쓰는 격(To teach a fish how to swim.)으로 외국어대 영어과를 나온 후 여고에서 영어선생님으로 재직했고, 미국에서 영어공부를 하고 귀국해서 영어학원을 운영하고 있는 친구 앞에서 되든 안 되는 마구마구 영어를 사용한 것이 기특했는지 영한성경책을 보내온 것입니다. 친구는 제가 결혼할 때 미국에서 공부하고 있었는데, 그 때도 미국에서 오리지널 영어성경책을 보내줬었습니다. 앞으로 아이들과 영어공부할 때 영어교재와 영한성경을 번갈아가면서 공부하기로 했습니다.

  영어성경으로 영어공부를 하는 것은 ① 아이들과 함께 성경을 볼 수 있어서 좋고, ② 영어공부를 해서 좋고, ③ 아이들과 부모자식 간의 정을 나눌 수 있어서 좋기 때문에 말 그대로 일석삼조(一石三鳥) 즉, 'Killing three birds with one stone.'입니다. 오늘 받은 영어성경책은 제가 천국 갈 때까지 공부하고, 보도록 하겠습니다. I hope to master English!!

38 사랑은 누구나 요리하게 한다

　위 글은 배달업체인 MARKET Kurly 박스에 쓰여 있는 것입니다. 저의 아내를 보면 위 글이 맞는 것 같습니다. 저의 아내는 주부 23년차인데, 거의 요리의 달인입니다. 네이버 레시피(recipe)대로 순식간에 요리를 만들어 냅니다. 매일 서울-천안 출퇴근하기도 힘들텐데, 이른 새벽이나 전날밤 퇴근해서 무슨 요리든 요리를 해놓고 출근합니다. 사랑은 요리도 잘 하게 하는 것 같습니다. 매우 주관적이긴 합니다만, 저의 아내가 만든 모든 요리의 맛도 일품입니다.
　저는 요리를 잘 할까요? 저의 딸·아들이 이 세상에서 제일 맛있다고 한 김치찌개는 끓일 줄 알고, 냄비밥은 할 수 있지만 그것 외에는 못합니다. 저도 가족을 사랑하지만, 요리는 정말 자신 없습니다. 제가 요리를 잘 하면, 저에게 맨날 요리하라고 할까봐 본능적으로 요리를 잘 못하는지도 모르겠습니다. 암튼 저는 설거지는 잘 하지만, 요리는 할 줄 모릅니다.
　제가 그동안 가족을 위해 요리는 하지 않은 지난날을 반성하는 마음으로 어제 추수감사주일 저녁에 생애 처음으로 된장찌개를 끓여봤습니다. 된장이 맛있어서 그런지 맛은 된장이 되지는 않았습니다. 무슨 일을 하든 사랑으로 한 것은 실패하지 않습니다. 그것이 비록 할 줄 모르는 요리라 할지라도 …

음식에 대한 사랑보다 더 진실된 사랑은 없다.
- 조지 버나드 쇼(George Bernard Shaw) -

39 헤어지자 우리, 지긋지긋하다

저의 딸 프사(프로필 사진) 글입니다. 딸이 헤어지자고 한 상대는 '뱃살'입니다. 뱃살은 내 살임에도 불구하고 정말 지긋지긋하게 느껴집니다. 어젯밤 아내의 강권으로 오랜만에 아들과 함께 남산타워에 올랐는데, 체력이 많이 약해졌는지 월요일 아침 출근길도 아닌데 가다 서다를 반복했습니다. 정말 힘들었습니다. 오늘 아침밥상에서 아들이 다음부터는 저랑 남산타워 갈 때는 운동이 안 된다면서 저를 놔두고 혼자 먼저 올라가겠다고 해서 갑자기 저의 입에서 "오호통재(嗚呼痛哉 : '아, 비통하다'라는 뜻으로, 슬플 때나 탄식할 때 하는 말)라~"라는 말이 저절로 나왔습니다. 그 모두가 그 뱃살 때문입니다. 정말 이제는 우리 헤어집시다. 나의 뱃살이여~

40 콩국수 찬가(讚歌)

저는 이 세상의 음식을 '맛있는 음식과 더 맛있는 음식'으로만 구분합니다. 그래서 저의 머릿속에는 맛없는 음식은 없고, '반찬 투정'이라는 단어도 없습니다. 감사하게도 저의 딸·아들도 반찬 투정을 하지 않습니다. 아이들이 맛없으면 아무 말 하지 않고 안 먹는 경우는 있습니다만 ... 제가 더 맛있는 음식 중에서 가장 좋아하는 것은 콩국수입니다. 1주일에 4일 연속 점심식사로 콩국수를 먹을 때도 있었고, 점심과 저녁에 연거푸 콩국수를 먹을 때도 자주 있습니다. 콩국수의 영양성분을 보면, 탄수화물 다음으로 단백질이 많이 들어 있습니다. 저의 몸이 단백질을 보충하라고 여름철만 되면 무의식적으로 그렇게 콩국수를 찾는 것 같습니다.

요새는 코로나19 때문에 동료 변호사님들과 따로 점심식사를 하다 보니 점심을 거르는 경우가 많은데, 지난주 우연히 산책 나왔다가 콩국수를 하는 식당을 발견했습니다. 저의 발이 무조건반사(autonomic reflex)로 식당으로 들어갔습니다. 그리고 저는 콩국수의 간을 맞출 때 소금이 아닌 설탕으로 합니다. 달달한 것이 더 좋기 때문입니다. 동료 변호사님은 제가 올해 100그릇 이상의 콩국수를 먹을 것으로 예상했습니다. 암튼 이 세상에서 최고의 음식은 뭐니 뭐니 해도 콩국수입니다.

  오늘 저녁에는 저의 딸이 유명한 콩국수 맛집(시청역 근처 진주회관)에서 직접 콩물을 사와서 국수를 삶고, 삶은 계란과 오이채를 얹은 콩국수를 만들어 줘서 참 맛있게 먹었습니다. 더 맛있는 콩국수가 더더더 맛있었습니다. 그것은 그냥 콩국수가 아니라 사랑국수이기 때문입니다.

41 매일 동작대교를 건너는 사람은 행복한 사람이다

　제가 섬기는 교회는 이수교차로 근처에 있는 이수교회입니다. 이수교회는 올해 부활주일 전 주부터 새벽예배 대신 매일 밤 9시 밤기도회가 있습니다. 박정수 담임목사님이 월~목요일, 전도사님 세 분이 금요일에 번갈아가면서 설교를 합니다. 저의 사무실은 용산에, 저의 집은 남산 자락에 있기 때문에 밤기도회와 주일 예배를 드리기 위해서는 동작대교를 건너야 합니다. 어젯밤에는 저의 딸과 함께 밤기도회에 다녀오면서 동작대교를 건널 때 "매일 동작대교를 건너는 사람이 되자"고 했습니다.

　어제는 올해 7월 새로 부임하신 민창기 전도사님이 참 은혜로운 설교 말씀을 해주셨습니다. "고난당할 때, 병들었을 때, 죄에 빠졌을 때 하나님께 간절히 기도해야 하고, 고난당하는 것을 두려워하지 말고, 고난 중에 기도하지 않음을 두려워하고, 내가 하고자 하면 내 능력만큼만 할 수 있지만, 하나님께 의지하면 하나님의 능력으로 모든 것을 할 수 있다"는 말씀을 믿습니다. 매일 동작대교를 건너는 사람은 행복한 사람입니다.

42 모든 일에 있어서

"모든 일에 있어서 시간이 부족하지 않을까를 걱정하지 말고, 다만 내가 마음을 바쳐 최선을 다할 수 있을지 그것을 걱정하라."

조선 제22대 왕 정조의 문집 홍재전서(弘齋全書) 제175권에 있는 글입니다. 우리나라 정치인들 모두가 정조의 마음가짐으로 정치를 했으면 좋겠습니다. 또한 그 마음가짐은 정치인들뿐만 아니라 우리 모두가 가져야 하지 않을까요? 또한 세종대왕은 세종26년 1444년에 실시한 공법(貢法) 즉, 전국 각 도를 토질에 따라 나누고, 27종 토지 등급에 따라 각각 다른 세율로써 조세를 거두어들이는 지세제도를 실시하기 전에 국민투표를 실시하여 찬성 98,657명, 반대 74,149명으로 통과시켰는데, 당시 세종대왕이 하신 말씀을 지금의 위정자들은 마음 깊이 새겨야 할 것입니다.

"백성들이 좋지 않다면, 이를 행할 수 없다."

요새 저희 집은 2021년 4월 7일 서울시장과 부산시장 보궐선거 때문에 양분되어 있습니다. 심지어 아내와 저는 전에 섬기던 교회 성가대 지휘자님이 제3당 시의원으로 출마하셨을 때 같은 당에 투표한 것 외에 23년 같이 사는 동안 단 한 번도 같은 당에 투표한 적이 없습니다.

저희 집은 올해 두 번째로 투표권을 행사하는 아들은 아내 편이고, 딸은 저의 편입니다. 저와 아들은 남북 관계나 국제 정세에 대해서는 의견이 일치되는데, 국내 정치에는 물과 기름처럼 정반대의 입장입니다. 서로가 서로를 설득하지 못합니다. 아내와 딸은 어제 사전투표했고, 저와 아들은 오늘 사전투표장에 가서 다른 당을 찍을 것입니다. 앞으로도 아들을 설득하는 것은 불가능해 보이기 때문에 미래의 손자만이라도 저의 편으로 만들어 볼 생각입니다.

저는 누구의 권유도 없었는데 고등학교 1학년 때부터 정치인이 되고자 했고(심지어 오후 수업도 빼먹고 몰래 국회의원선거 유세장을 다녀온 적도 있습니다), 2015년에는 정당에 입당하여 2개월 동안 당비까지 냈다가 정치인이 되겠다는 꿈을 접고 곧바로 탈당을 했었습니다. 아내도 설득하지 못하는데, 국민들을 어떻게 설득하겠습니까? 지금 생각해보면, 참 잘한 결정이었습니다. 저는 그냥 좋은 남편, 좋은 아빠, 좋은 아들, 좋은 장로, 좋은 변호사, 좋은 친구, 좋은 이웃으로 남고 싶습니다. 몸도 마음도 건강한 할아버지가 되어 하나님의 영광과 이웃의 유익을 위해 살다가 하늘나라 가고 싶습니다. 아마 저의 꿈은 바뀌지 않을 것입니다. 그 무엇과도 바꿀 수 없는 멋진 꿈이기 때문입니다.

저와 아들은 서로 정치적인 입장은 다르지만, 나라를 사랑하는 마음은 같습니다. 오늘 아들과 함께 손잡고 투표장에 가는 것만으로도 행복합니다. 어느 후보가 당선되든 세종대왕과 정조의 위 말씀을 꼭 실천해 주시기 바랍니다.

우리 조국 대한민국 만세!!

43 참여하는 사람이 주인이다

  봄비가 내리는 주말 오전 아들(21세)과 함께 서울역에 설치된 사전투표장에 가서 투표를 하고 나오는데, YTN에서 아들에게 인터뷰를 요청했습니다. 기자가 구두로 질문하면 아들이 즉석에서 대답하는 방법으로 인터뷰를 했습니다. 아래 내용은 인터뷰 전체 내용입니다. 추억이니까 글로 남깁니다.

○ 기자 : 지금 투표하고 나오셨는데, 투표 마치신 소감 간단하게 말씀해주세요
● 아들 : 투표를 하게 되어서 그 사회의 일원이 된 것 같아서 좋았구요. 우리 사회에 도움이 되는 사람이 뽑혔으면 좋겠습니다.

○ 기자 : 본 투표날도 있고 한데 왜 사전투표하러 오신 이유가 있으셨어요?
● 아들 : 본 투표날에 운전면허 시험 때문에

○ 기자 : 오늘 완전 첫 투표를 하셨나요?
● 아들 : 아니요 오늘 두 번째 ..작년에 총선

○ 기자 : 요즘에 코로나19 때문에 투표장에 사람이 모이고 하는데 뭐 우려같은거 없으셨어요? 해보니까 어떠셨어요?
● 아들 : 해보니까 방역수칙이 잘 지켜지고 있는 것 같아서 크게 걱정 되는 건 없었던 것 같습니다.

○ 기자 : 새로운 시장을 뽑는 선거잖아요? 새로운 시장에게 바라는 점에 어떤 게 있는지 좀 여쭤보고 싶거든요?
● 아들 : 지금 여러 가지 문제가 많잖아요, 부동산 문제나 여러 가지 비리들도 그런 거에 흔들리지 않는 사람이 서울 사람을 위한 시장이 뽑혔으면 좋겠습니다.

○ 기자 : 방금 말씀해 주신 부분 있잖아요. 살짝 정리해서 한번만 말씀해주실 수 있으세요? 약간 어색한 느낌이 들어가지고
● 아들 : 여러 가지 사회적인 문제들이 있잖아요. 이제 사회적으로 문제가 되는 것들에 흔들리지 않고 서울시민만을 위한 정책을 뚝심있게 밀고 나갈 수 있는 시장이 나왔으면 좋겠습니다.

○ 기자 : 그러면 혹시 후보자 선택 기준같은 게 있으셨어요 따로?
● 아들 : 저는 합리적인 것을 좋아해서 사실관계에 기초해서 판단하고.. 그게 가장 큰 것 같습니다.

○ 기자 : 인제 마지막으로... 젊으시니까 청년정책을 어떤 식으로 해주었으면 좋겠다 요런 거 바라시는 것 좀 있으세요?
● 아들 : 사실 결과는 그 사람이 노력한 것에 따라 나와야 한다고 생각하거든요. 그니까 결과적 평등이 아니라 처음에 주어진 기회의 평등이 중요하다고 생각합니다. 그런 기회의 평등을 이루어낼 수 있는 쪽으로 정책을 만들어 주었으면 좋겠습니다.

저도 아들의 생각에 대해 공감합니다. 그런데, 투표 결과는 다릅니다. 마음은 같은데 ... '선거란 누굴 뽑기 위해서가 아니라 누구를

뽑지 않기 위해서 투표하는 것'이라는 말이 있습니다. 국민이 정치에 무관심하면 가장 저질스러운 세력의 지배를 받아야 합니다. 이는 최근에 누군가가 한 말이 아니라 고대 그리스 철학자 플라톤이 한 말입니다. 정치는 옛날이나 지금이나 다를 바가 없는 것 같습니다. 도산 안창호 선생님 말씀처럼, 참여하는 사람은 주인이요, 그렇지 않은 사람은 손님입니다. 서울과 부산의 주인으로서 꼭 투표합시다. 우리가 투표해야 정치인들이 변합니다. 우리 모두 주인답게 행동합시다.

44 함박눈 내리는 날

　서울에서 한 낮에 함박눈이 내리던 2021년 1월 12일 저의 작은아버지께서 소천하셨습니다. 늘 저의 아버지를 지지해주시고, 장조카인 저를 많이 사랑해주셨는데, 지난주 갑자기 심근경색과 뇌출혈이 발병하여 하나님의 부름을 받으셨습니다. 돌아가신 저의 할머니께서는 신(神)을 받으신 분이셨고, 주위에 하나님을 믿는 분이 없어서 제가 결혼하기 전에는 저희 집안에서 유일하게 하나님을 믿는 분이 저의 작은어머니셨습니다. 그런데, 지금은 저의 둘째 매제 외 온 집안 식구들이 하나님을 믿습니다. 모두가 하나님의 은혜입니다.
　입관식 하는 입구에 전숙 시인의 '하늘 꽃밭'이라는 시가 걸려있는데, 유가족들의 마음을 잘 대변해 주고 있습니다. 작은아버지가 저의 작은아버지여서 참 고마웠습니다.

고맙습니다

당신 덕분에 언제나
가슴언저리가 따뜻했습니다

이제 당신 덕분에
하늘 꽃밭
별들의 추운 가슴도 따뜻하겠지요

하늘을 바라볼 때마다

그리운 눈망울에
따뜻한 별 하나씩
그렁그렁
돋아나겠지요

　어제 오후 입관예배와 오늘 아침 발인예배를 인도해주시고, 유가족들이 하늘 소망을 갖고 살아 가도록 격려해주시고 은혜로운 말씀을 전해주신 '하남은광교회' 김희중 담임목사님께 깊이 고개 숙여 감사인사를 드립니다.
　장례식장(광주 VIP장례타운)에서 작은아버지 시신을 리무진 차에 모실 때 국화 한 송이를 놔드리면서 "잘 가세요."라고 말씀드렸습니다. 마지막 가시는 길에서 관을 계속해서 쓰다듬으시던 작은어머니의 모습이 눈에 선합니다.
　운구차가 떠나는 그 곳에 작자 미상의 '천의 바람 되어'라는 시가 벽에 걸려 있었습니다.

내 무덤에 서서 울지 마세요.
나 거기 없어요. 나 잠들지 않아요.

나는 천의 바람되어 하늘을 달립니다.
나는 들판에 쏟아지는 빛이 되었어요.
보드라운 가을날 비가 되어 내립니다.
겨울에는 눈부신 다이아몬드 눈이죠.

당신이 고요한 아침 잠들고 있을 때
나는 하늘을 맴도는 새가 되어
당신을 흔들어 깨웁니다.
밤에는 별이 되어 당신을 지키죠.

내 무덤에 서서 울지 마세요.
나 거기 없어요. 나 죽지 않았어요.
천의 바람이 되어
저 넓은 하늘을 날아다니고 있을 거에요.

저 넓은 하늘을 날아다니고 있을 거에요.

'천의 바람 되어' 시어(詩語)에서의 천은 하늘 '천(天)'을 뜻하는 것 같습니다. 김희중 목사님 말씀대로, 우리 인생이 헛된 인생이 되지 않도록 우리의 본향인 천국에 소망을 두고 살아가기를 기도합니다. 하나님께서 저의 작은아버지를 71년 동안 지켜주시고, 하나님의 자녀로 삼아주시고, 구원을 얻게 해주심을 감사합니다. 이 땅에서 다시는 작은아버지를 만나지 못하는 작은어머니와 사촌동생을 위로해 주시고, 남아 있는 우리 모두가 하나님 나라를 소망하기를 간절히 기도합니다.

　작은아버지,
　하늘나라에서 반가운 얼굴로 뵙겠습니다.

45 가족사진 1

저의 아버지께서 2019년 8월 소천하신 이후 처음으로 광주 송정역 시장 근처 '서봄사진관'에서 직계 가족사진을 찍었습니다. 앞으로는 매년 어머니 생신 때마다 같은 사진관에서 가족사진을 찍기로 했습니다. 가족들의 나이 들어감을 사진으로 남기고 싶습니다. 제가 매년 행복한 동행 책 시리즈를 출간하고 있는데, 그 책에도 저의 나이 들어감을 남기고자 합니다.

저에게는 나이 듦이 기쁨이고, 즐거움입니다. 저의 꿈인 할아버지가 되어가기 때문입니다. 어머니는 오늘 "너희는 늙지 마라"고 하셨지만, 성경은 '늙은 자의 아름다움은 백발'(잠언 20장 29절)이라고 합니다. 늙음은 슬픔이 아니라 기쁨입니다.

46 삶은 살아내는 것

사랑하고 존경하는 당신에게

늘 감사한 마음뿐입니다. 우리가 부부의 인연을 맺은 지 벌써 23년이 지났습니다. 엊그제 같은데 … 신경숙 장편소설 「아버지에게 갔었어」에 이런 글이 있습니다.

아버지에게 당신에 대한 글을 쓰겠다고 하자 아버지는 "내가 무엇을 했다고"라고 했다. "아버지가 하신 일이 얼마나 많은데요." 내가 응수하자 아버지는 한숨을 쉬듯 내뱉었다. "나는 아무 일도 하지 않았다. 살아냈을 뿐이다."

지나온 시간을 뒤돌아보면, 위 소설의 아버지처럼 우리도 그동안 산 것이 아니라 '살아낸 것' 같습니다. 모두 하나님의 은혜입니다.

오늘 세계 최고의 부자 빌 게이츠가 5월 3일(현지시간) 아내 멀린다 게이츠와 이혼하기로 합의했다는 충격적인 뉴스를 접했습니다. 163조 원의 천문학적인 재산을 가지고 있고, 27년 동안 3명의 자녀도 잘 키우고, 자선재단인 빌앤드멀린다 재단(CNN에 따르면, 2020년 12월 기준 재단은 코로나19 대응에만 17억 5,000만 달러, 한화로 약 1조 9,000억 원을 기부했다고 합니다)을 설립하여 함께 운영했지만, '우리 인생의 다음 단계에서 부부로서 함께 성장할 수 있다고 더 이상 생각하지 않는다'고 이혼 사유를 설명했다고 합니다. 163조 원의 돈을 가지고 있고, 자녀 3명을 잘 양육했고, 수 조원을 기부했어도 빌 게이츠 부부가 이혼했다고 하니 한편으로는 두 사람이 짠해 보입니다.

제가 빌 게이츠 보다 더 행복한 사람임은 분명합니다. 우리 앞으로 남은 생애도 잘 살아냅시다.

제가 부족한 것은 고쳐서 사용해주시고, 제가 넘치는 것은 깎아서 사용해 주세요. 하나님은 여자를 '돕는 배필(配匹)'로 창조하셨는데(창세기 2장 18절), 도을 수 있다는 것은 곧 남자 보다 여자가 더 지혜롭다는 것을 전제로 합니다. 즉, 하나님은 여자를 남자 보다 더 지혜롭게 창조하신 것입니다. 이는 최근에 은혜랑 대화하면서 깨달은 것입니다. 당신이 기왕 저를 데리고 살기로 마음먹었으니, 앞으로도 부족한 저를 잘 깨우쳐서 끝까지 데리고 살아주세요. 암튼 지금까지 살아주고 살아내 준 것에 대해 감사하고 감사합니다. 겁나게 사랑하고 축복합니다.

2021년 5월 4일 봄비 내리는 저녁
당신을 사랑하고 존경하는 김양홍 올림

47 2021년 국경일(國慶日) 편지

    2021년 국경일(저의 아내 생일)에 국왕의 하명에 따라 저는 생애 처음으로 아내와 딸·아들 앞에서 '설운도 춤(저의 춤 영상을 보신 장모님의 표현)'을 췄고, 딸과 아들도 각자의 막춤을 췄습니다. 그에 따라 국왕께서 심히 기뻐하셨습니다. 아래는 국왕께 바치는 저희 가족들의 편지입니다. 2022년 국경일 행사가 기대됩니다.

사랑하고 존경하는 나의 아내 나주옥 님

당신의 쉰 한 번째 생일을 축하하고 축하합니다.
당신이 나의 아내여서 너무 행복합니다.
당신이 은혜은철이의 엄마여서 감사합니다.

당신과 함께 지구별을 여행하게 되어 영광입니다.
당신의 변함없는 사랑에 감사하고 감사합니다.
당신의 가족 사랑과 이웃 사랑에 감사합니다.

당신과 동행할 날들이 기대됩니다.
당신과 맞이할 미래가 기대됩니다.
당신과 함께할 라운딩이 기대됩니다.

당신을 더 이해하겠습니다.
당신을 더 사랑하겠습니다.

당신을 더 존경하겠습니다.

당신의 통장을 가득 채우도록 노력하겠습니다.
당신의 건강을 기원합니다.
당신을 축복하고 축복합니다.

2021년 12월 26일 새벽
당신을 사랑하고 존경하는 김양홍

To. 사랑하는 엄마

엄마! 생신 축하드려요. ♡
앞으로도 행복하고 기쁜 일이
가득하길 축복합니다.
그동안 저희를 키워주시고
사랑해주셔서 감사합니다.
꼭 골프회원권으로 보답하겠습니다.
사랑해요 엄마.
다시 한 번 축하드려요.

From. 딸.

사랑하는 어머니께

엄마 생신 축하드려요!

주님의 축복이
언제나 엄마와 함께 하기를 기도할께요!
최근에 제가 걱정 끼쳐드렸는데,
엄마 불안하게 해서 죄송해요.
엄마도 요즘 스트레스 받으시는 것 같았는데,
앞으로는 걱정 안 끼치고
힘이 될 수 있도록 노력할께요.
사랑해요 엄마! 생신 축하드려요!

2021. 12. 25. 김은철 올림

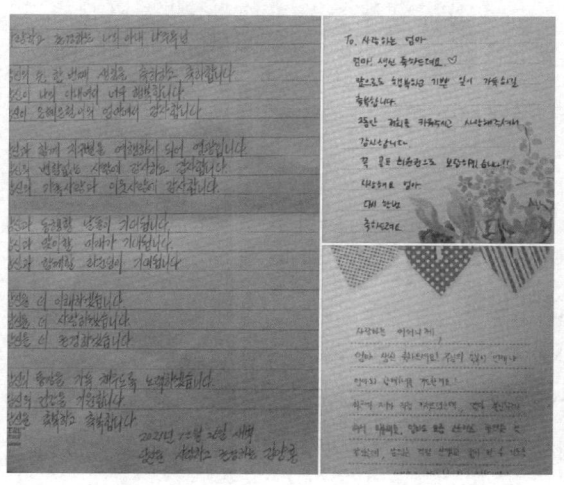

48 2021년 크리스마스카드

사랑하고 존경하는 나의 아내 나주옥 님

메리 크리스마스!
크리스마스이브 날 마음 불편하게 해서
미안하고 미안합니다.
크리스마스와 주일, 당신의 생일에는
당신의 마음에 행복으로 가득 채워졌으면 좋겠습니다.
저도 당신에게 바라는 것이 생겼나 봅니다.
늘 그랬듯이 이해해주세요.
앞으로는 내가 당신에게 받은 사랑을
갚을 것만 생각하겠습니다.
사랑하고 축복합니다.

2021년 성탄절 새벽
당신의 남자 김양홍

나의 사랑하는 딸 은혜에게

메리 크리스마스!
2021년 크리스마스이브에 온 가족이 함께
밤기도회에 가서 예배드릴 수 있어서 참 행복했다. 우리 은혜가 시
집가서도 크리스마스이브와 크리스마스를
엄마아빠랑 보내겠다고 해줘서 고맙다.
아빠에게도 우리 딸에게 바라는 것이 생겼나 보다.
너의 존재만으로도 충분히 감사할 일인데…
은혜와 함께 할 미래가 기대되고 기대된다.
사랑하고 축복한다.

2021년 성탄절 새벽
우리 은혜의 아빠 김양홍

사랑하는 나의 아들 은철에게

메리 크리스마스!
2021년 크리스마스이브에 온 가족이 함께
밤기도회에 가서 예배드릴 수 있어서 참 행복했다.
우리 은철이가 유치부 교사로서 잘 섬기고,
엄마아빠 말에 순종하려고 노력해줘서 고맙다.

아빠는 많이 서운하기는 하다만,
엄마아빠보다 너의 미래의 아내를 더 배려하려고
하는 것도 참 고마운 마음이다.
이래도 저래도 아빠는 아들이랑 노는 것이 행복하다.
사랑하고 축복한다.

2021년 성탄절 새벽
우리 은철이의 아빠 김양홍

사랑하고 존경하는 윤철수-조선영 님

메리 크리스마스!
올 한 해를 한 단어로 표현한다면 저는 감사라고 생각합니다.
2018년에 제가 두 분에게 쓴 크리스마스카드에도
두 분을 떠올릴 때마다 감사라는 단어가 생각난다고 썼더군요.
축복 중의 최고의 축복은 만남의 축복인데,
그 만남 중의 최고의 만남 중 하나가
두 분과의 만남일 것입니다.
두 분과 함께 할 2022년이 기대됩니다.
늘 강건하시고, 늘 평안하소서.
사랑하고 축복합니다.

2021년 성탄절 새벽
은혜 엄마아빠 올림

사랑하는 윤상혁 군에게

메리 크리스마스!
자네가 올 한해도 열심히 최선을 다해
산 것을 격려하고, 큰 응원의 박수를 보내네.
자네는 무엇을 하든, 무슨 길을 가든
잘 해내리라고 믿네.
그렇지만 언제 어디서나 하나님과 동행하시게.
하나님과의 동행이 모든 일의 시작이고, 끝이어야 하네.
자네가 늘 하나님께는 영광, 이웃에게는 유익이 되는
멋진 삶을 살아가길 기도하네.
늘 강건하시게.
사랑하고 축복하네.

2021년 성탄절 새벽
은혜 엄마아빠

사랑하는 윤예림 양에게

메리 크리스마스!
지난해 은철 오빠가 재수할 때
멋진 격려의 편지 써줘서 고마워.
내년에는 우리 예림이도 고등학생이 되는구나.
우리 예림이가 꿈꾸는 세상이 궁금하다.
하나님이 우리 예림이에게 큰 꿈을 주시고,

하나님이 그 꿈을 이루어주실 것으로 믿는다.
우리 예림이가 늘 하나님께는 영광, 이웃에게는 유익이 되는
멋진 삶을 살아가기를 기도할께.
사랑하고 축복한다.

2021년 성탄절 새벽
은혜 엄마아빠

49 2021년 인생감사와 가을감사

2021년 11월 14일 이수교회 주일 예배 시간에 박정수 담임목사님이 설교말씀(주제 : 응답받는 추수감사, 말씀 : 창세기 4장 1~8절) 중에 목사님의 인생감사와 올해 가을감사 각 10가지를 소개하시면서 성도들에게도 그 감사거리를 보내달라고 하셔서 저도 그 숙제를 해봤습니다.

1. 인생감사

(01) 참 좋은 하나님을 만나게 해주신 것 감사
(02) 참 좋은 부모형제를 만나게 해주신 것 감사
(03) 참 좋은 아내 나주옥을 만나게 해주신 것 감사
(04) 참 좋은 딸 은혜와 아들 은철이를 만나게 해주신 것 감사
(05) 참 좋은 처가 부모형제를 만나게 해주신 것 감사
(06) 참 좋은 이수교회와 성도님들을 만나게 해주신 것 감사
(07) 참 좋은 친구 한창용과 윤철수 내외를 만나게 해주신 것 감사
(08) 참 좋은 직장 법무법인 서호 가족들을 만나게 해주신 것 감사
(09) 참 좋은 섬김의 직분인 이수교회 장로 직분을 주신 것 감사
(10) 참 좋은 섬김의 직업인 변호사 되게 해주신 것 감사

2. 가을감사

(01) 가족들의 건강을 지켜주심을 감사

(02) 아들이 재수해서 원하는 대학에 합격하게 해주심을 감사
(03) 딸과 아들이 CMF(한국누가회) 활동하게 하심을 감사
(04) 아들이 유치부 교사로 섬기게 해주심을 감사
(05) 딸,아들과 함께 이수교회 밤기도회에서 은혜받게 해주심을 감사
(06) 성결교단 자문변호사로 섬기게 해주심을 감사
(07) 코로나시대에도 법무법인 서호를 잘 운영하게 해주심을 감사
(08) 유용오 변호사님을 법무법인 서호로 보내주심을 감사
(09) 운동을 통해 아내와 행복한 동행하게 해주심을 감사
(10) 《변호사 김양홍의 행복 나누기》책을 출간하게 해주심을 감사

  인생감사와 가을감사거리를 적다보니 저절로 모든 것이 하나님의 은혜라는 생각이 듭니다. 여러분도 인생감사와 가을감사거리를 적어보십시오. 발길 닿는 곳마다, 서는 곳마다, 앉은 곳마다 감사가 넘치시기를 기도합니다.

50 사랑합니다 고맙습니다 건강하세요 축복합니다

    2022년 1월 11일 이수교회 밤기도회(저녁 8시)에서 박정수 담임 목사님이 설교말씀 중에 "미리 유언장을 써보라"고 하셨습니다. 그래서 기도시간에 기도하는 마음으로 유언장을 쓰려고 했는데, 제가 이 땅에서 마지막으로 남길 말이라고 생각하니 유언장이 쉽게 써지지 않았습니다. 그래도 목사님이 내주신 숙제라서 유언장을 썼는데, 쓰다가 눈물이 나서 중간에 눈물을 닦기도 했습니다.

은혜엄마
참 고맙습니다.
당신과 함께 한 시간 너무 행복했습니다.
먼저 가게 되어 미안합니다.
천국에서도 부부로서 살아갑시다.
천국에서는 내가 더 잘 하리다.
은혜은철이랑 더 오래오래 있다 오세요.
늘 건강하세요.
사랑하고 사랑합니다.
축복하고 축복합니다.

은혜은철아
사랑한다.
우리 은혜은철이가 아빠 딸, 아들이어서
고맙고 자랑스러웠다.

우리 딸, 아들 덕분에 참 행복했다.
엄마 잘 돌봐드리고,
서로 사랑하고, 꼭 주일성수해라.
늘 건강해라.
사랑하고 축복한다.

어머님, 장모님
사랑합니다.
사랑만 받고 먼저 가서 죄송합니다.
늘 건강하세요.
사랑하고 축복합니다.

미란, 미아, 양수 내외에게
너희들이 내 동생이어서 고마웠다.
사랑만 받고 간다.
천국에서 보자.
늘 건강해라.
사랑하고 축복한다.

처제, 처남 내외에게
처제, 처남 내외 덕분에 행복했습니다.
늘 고마웠습니다.
늘 건강하세요.
사랑하고 축복합니다.

한창용, 이상희 두 분에게
친구 내외 덕분에 참 행복했습니다.
늘 고마웠습니다.
늘 건강하세요.
사랑하고 축복합니다.

윤철수, 조선영 두 분에게
행복한 동행해주셔서 고맙습니다.
늘 고마운 마음뿐입니다.
늘 건강하세요.
사랑하고 축복합니다.

이수교회 박정수 담임목사님과 성도님들에게
늘 감사한 마음뿐입니다.
하나님 사랑 안에서 평안하시고,
늘 건강하세요.
많이 보고 싶을 겁니다.
사랑하고 축복합니다.

법무법인 서호 김정현 변호사님과 서호 가족들에게
사랑의 빚만 잔뜩 지고 갑니다.
참 고마웠습니다.
늘 건강하세요.
사랑하고 축복합니다.

저를 아는 모든 분들에게
감사합니다.
저로 인해 상처받으신 것 있다면
널리 용서해주십시오.
늘 건강하세요.
예수님 믿고 천국에서 만납시다.
사랑하고 축복합니다.

저의 유언장은 같은 말을 반복하는 '텔레토비'처럼 "사랑합니다, 고맙습니다, 건강하세요, 축복합니다."를 반복하고 있습니다. 저는 정말로 사랑의 빚을 너무도 많이 졌습니다. 지금부터라도 부지런히 그 사랑의 빚을 갚아 나가야겠습니다. 우리 모두 예수님 믿고 꼭 천국에서 만납시다. 사랑하고 축복합니다♡

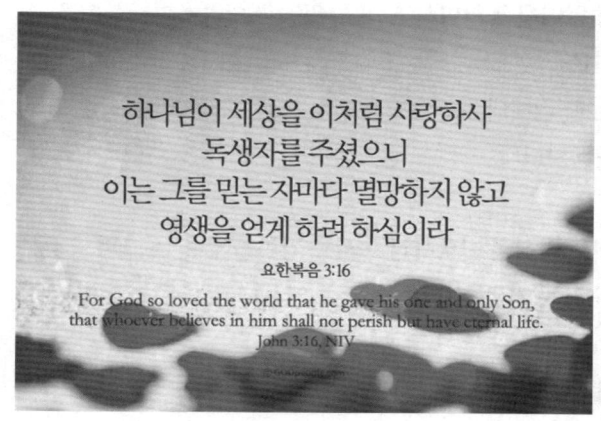

제4편 이런 저런 이야기

01 31년 동안 부부싸움 한 번 하지 않은 비결

   오늘 오전 천안지원에 변론하러 갔는데, 저의 의뢰인 회사 김애란 실장님이 법원에서 천안아산 KTX역까지 데려다주셨습니다. 저는 오늘 김실장님을 처음 뵈었는데, 김실장님의 고향은 전라남도 장흥군으로 저와 군까지 똑같아서 더 반가웠습니다. "워매~ 겁나게 반가워부네~이잉"
   승용차 안에서 김실장님으로부터 참으로 감동적인 이야기를 들었습니다. 김실장님은 "너무 좋은 남편을 만나 결혼생활 31년 동안 단 한 번도 부부싸움을 하지 않았다"고 합니다. 김실장님은 울산에서 남편을 만나 결혼했는데, 결혼 후 시아버지께 '너무 좋은 사람을 만나게 해주셔서 감사하다'는 편지를 썼고, 시아버지는 그 편지를 받고 감동해서 친정아버지께 "좋은 며느리 보내주셔서 감사하다"는 전화를 하셨답니다. 김실장님은 남편과 함께 딸·아들도 잘 키우셨답니다. 제가 김실장님의 위 이야기를 듣고, "저는 아내에게 너무 미안하네요"라고 했더니, 김실장님은 대뜸 "저는 많이 부족한 사람인데, 남편이 이해해줬기 때문입니다."라고 했습니다. 김실장님 부부가 결혼생활 31년 동안 부부싸움 한 번 하지 않은 비결은 나를 상대보다 못하다고 생각하는 겸손함과 범사에 감사하는 마음 때문이라고 생각합니다.
   내가 범사에 감사하고 행복해야 하는 이유는, 김애란 실장님처럼 감사하고 행복하다는 말만 들어도 곁에 있는 사람은 행복하기 때문입니다. 행복 바이러스는 코로나19보다 전파력이 더 강합니다. 자신과 이웃을 위해 오늘 하루도 행복해주세요♡

※ 김애란 실장님께 위 글을 공개해도 좋다는 답변을 받았고, 가족사진도 보내달라고 부탁드려 가족사진도 공개합니다. 참말로 멋진 가족입니다. 아래 글은 김실장님이 저에게 보내주신 카톡입니다.

아침 6시30분경에 회사에 도착해서 휴게실 탁상에 있는 신문을 펼쳐보았다. 오늘의 운세란이 눈에 들어와서 심심풀이로 내 나이에 해당하는 부분을 읽어보았다. 성에 쇠금자가 들어가는 분이 귀인이다라는 내용이 있었다. 무심히 흘려보냈는데, 양전무님께서 연락처를 주시면서 지시한 일이 있었는데 김양홍 변호사님이셨다. 순간 허걱 쇠금자이시네 속으로 웃어넘겼다. 그런데 픽업과정에 잠깐이지만 대화도중 굉장히 점잖으시고, 상대방을 배려해주시고, 사랑이 많은 분이시라는 걸 느꼈다. 마스크를 끼고 계셨는데도 그 분의 부드러움을 느낄 수 있는 시간이었다. 직접 쓰신 내용의 책까지 선물로 주셨다. 감사했지만 손이 부끄럽게 그냥 받아왔다. 짧은 시간이 아쉬웠다. KTX역에 내려드리고 회사로 복귀하는 도중에도 차에서 내려서 인사를 드렸어야 했는데 후회가 되었다. 죄송합니당~~^^ 오늘의 나의 귀인이심을 알게 되었다.

02 사람이 잘 살아간다는 것은

　사람이 잘 살아간다는 것은 본인이 출세해서 고관대작(高官大爵)이 되고, 부귀영화(富貴榮華)를 누리는 것만은 아닙니다. 저희 아버지는 초등학교밖에 못 나오셨고 시골에서 가난하게 사셨지만, 자식들만은 가르쳐야겠다는 일념(一念)으로 빚고을 광주로 가셔서 동구청 도로청소부를 하시면서 저희 4형제를 잘 가르치셨습니다. 아버지는 그렇게 저희 4형제의 마음에 씨앗을 심으셨고, 그 씨앗들이 자라서 지금의 저희 4형제가 있는 것입니다. 저도 아버지처럼 잘 살아가고 싶습니다. 지금은 제가 심은 씨앗인 저의 딸과 아들이 잘 자라고 있습니다. 저희 딸 은혜와 아들 은철이가 어떤 모습의 나무가 될지 궁금하기는 합니다만, 그것보다도 은혜은철이가 이 땅에서 하나님께는 영광, 이웃에게는 유익이 되는 삶을 살아가는 '아낌없이 주는 나무'가 되길 바랍니다.

그런데 제가 몇 년 전부터 씨앗을 더 심었습니다. 지금 로스쿨 진학을 준비하고 있는 윤철수 상무님의 아들 상혁 군과 박성일 대표님의 아들 지혁 군 그리고 올해 대학에 입학해서 로스쿨을 진학하고자 하는 강경태 원장님의 딸 지윤 양이 하나님께 귀하게 쓰임 받고, 이 땅에서 빛과 소금 역할을 할 수 있는 법조인으로 성장하기를 바라는 씨앗을 심었습니다. 제가 먼저 그들에게 본이 되어야 하는데 그러지 못하고 그냥 마음만 앞서서 미안하기는 합니다만, 저의 기도가 모두 이루어질 것으로 믿습니다.

이처럼 사람이 잘 살아간다는 것은 누군가의 마음에 씨앗을 심는 것과 같습니다. 그리고 씨앗은 심기만 해서는 안 됩니다. 씨앗이 자라는 데는 물도 필요하고, 햇볕도 필요합니다. 저도 생각날 때마다 그 씨앗들이 잘 자라도록 기도하고 또 기도하겠습니다. 저는 그들이 큰 나무가 되어 이웃들에게 시원한 그늘을 만들어 주고, 많은 열매를 나눠주는 것을 보는 것만으로도 행복할 것 같습니다. 제가 나이 들어 걸을 수 없을 때 그 나무들을 생각하는 것만으로도 기쁠 것 같습니다. 그래서 저는 얼른 할아버지가 되고 싶습니다. 지금도 행복하지만 그 때는 더 행복할 것이기 때문입니다.

03 I have a dream

1. 고래돈까스

'고래돈까스'는 고려대 정문 앞에 있는 식당입니다. 봄나들이하기 좋은 3월 둘째 주말 고려대 도서관에서 LEET시험(로스쿨 진학에 필요한 법학적성시험)을 준비하고 있는 윤상혁 군(저의 참 좋은 친구 윤철수 상무님의 아들)을 만나 '고래돈까스'에서 고래 고기가 아닌 돈까스를 먹으면서 이런저런 이야기를 나눴습니다. '고래돈까스'는 돈까스 단품 메뉴만 팔지만, 맛이 일품이고, 돈까스 외 국수와 짜장밥도 나오는데 가격이 8,000원밖에 하지 않습니다.

윤상혁 군은 올해 고려대 생명공학부를 우수한 성적으로 졸업한 재원입니다. 윤군의 부모님은 전공에 맞는 약학대학 진학을 희망했지만, 윤군은 저의 조언대로 로스쿨을 준비하고 있습니다. 그래서 오늘(2021. 3. 13.) 윤군을 격려하기 위해 윤군이 공부하고 고려대를 방문한 것입니다. 식사 후 고려대 로스쿨도 가보고, 대학 캠퍼스도 둘러 봤습니다. 저도 25살까지 대학생활의 낭만을 뒤로 한 채 고시 공부만 했던 시절이 있었기에, 윤군의 처지가 더 이해가 되었습니다. 올해 LEET시험은 7월 25일 있고, 8월 18일 성적발표 한답니다. 윤군이 좋은 로스쿨에 합격해서 하나님께 쓰임 받고, 가족과 이웃으로부터 존경받는 법조인이 되기를 기도하고, 또 그리 될 것으로 믿습니다. 저는 오늘 윤상혁 군의 가슴에 소망의 씨앗을 심었습니다.

2. I have a dream

I have a dream.
윤상혁 군이 2021년 7월 25일 법학적성시험을 잘 봐서
서울 소재 로스쿨에 진학하고,
가족과 이웃으로부터 존경받는 법조인이 되는 꿈입니다.

I have a dream.
윤상혁 군이 언제 어디서나 하나님의 영광을 위해서,
이웃의 유익을 위해서 살아가는 꿈입니다.

I have a dream.
윤상혁 군이 부모님, 여동생과 함께
이수교회에서 신앙생활을 하면서
충실히 이수교회를 섬기는 장로가 되는 꿈입니다.

내게 능력 주시는 자 안에서 내가 모든 것을 할 수 있느니라
(빌립보서 4장 13절)

2021년 7월 21일
변호사 김양홍 드림

3. 사랑하고 축복합니다

사랑하고 존경하는 윤철수 상무님의 아들 상혁 군이 올해 법학적 성시험(LEET)을 봤습니다. 그래서 오늘 격려도 할 겸 겸사겸사(兼事兼事) 저의 사무실로 오게 해서 함께 '팀호완(TimHoWan, 添好運)'에서 맛있게 점심식사를 하고, 사무실에서 이런저런 대화를 나눴습니다. 그렇게 대화중 윤군이 갑자기 가방에서 봉투를 꺼내서 보여줬습니다. 그것은 제가 올해 3월 13일 고려대 도서관에서 LEET시험을 준비하고 있는 윤군을 찾아가 함께 식사를 하고, 대학 캠퍼스도 둘러본 후 헤어질 때 봉투에 격려금을 담아서 줬는데, 그 봉투를 가방에 늘 갖고 다니고 있다면서 ... 그 봉투에는 '사랑하고 축복합니다'라고 쓰여져 있습니다.

미국 워싱턴 D.C.에 있는 스미소니언 박물관(Smithsonian Museum)에는 링컨 대통령이 암살당한 날 밤 그의 주머니에 들어 있던 유품이 전시되어 있는데, 그 유품 중에는 '에이브러햄 링컨은 역대 정치인들 중에서 최고의 정치인이다.'라고 언급한 존 브라이트의 연설문이 실려 있는 신문 조각이 있고, 그가 얼마나 자주 보았는지 그 신문 조각은 너덜너덜 하다고 합니다. 링컨처럼 위대한 인물도 자신을 격려하는 신문기사를 호주머니에 넣고 다니면서 힘들 때마다 꺼내 보며 위로를 받고 있었던 것입니다.

  윤상혁 군도 링컨 대통령처럼 훌륭한 변호사, 위대한 인물이 되려나 봅니다. 그렇게 작은 것도 감사함을 잃지 않으려는 윤군을 더 사랑하고 더 축복합니다. 윤군이 로스쿨에 합격해서 하나님께 귀하게 쓰임 받고, 가족과 이웃으로부터 존경받는 법조인이 되기를 기도하고, 또 그리 될 것으로 믿습니다. 저는 오늘도 윤상혁 군의 가슴에 소망의 씨앗을 심었습니다.

04 겨자씨 한 알

저의 아내의 선배님의 아들 이정우 군이 저희 법무법인 서호에서 실무수습을 했는데, 최근에 유용오 변호사님(전 육군본부 군사법원 부장군판사)이 영입되어 사무실에 빈자리가 없기 때문에 제 방에서 하루만 수습을 했습니다. 이군은 중학교 3학년 때(2015년) 저희 사무실에서 직업체험을 한 적이 있는데, 지금은 서울대학교 동양사학과(복수전공 경제학) 3학년이 되었습니다.

제가 이군에게 왜 법조인이 되려고 하는지를 물었더니, "평소 글쓰기와 논리적인 토론을 좋아하고, 현실적으로 법조인이 되는 것이 매력적이기 때문이다."라고 대답했습니다. 그래서 제가 "변호사는 돕는 직업이기 때문에 이 땅에서 이정우라는 이름으로 이웃에게 유익이 되는 사람이 되길 바라고, 무엇보다도 측은지심(惻隱之心)과 듣

는 마음이 필요하다."고 했습니다. 솔로몬 왕이 하나님께 구한 것은 부귀영화(富貴榮華)가 아니라 '듣는 마음'이었고, 그 듣는 마음이 곧 '지혜'임을 강조했습니다.

 그리고 오전에는 최근에 제가 무죄 판결을 받은 중국인 간병인 상해치사사건(서울고등법원 첫 전자발찌 부착 조건 보석허가) 형사재판기록을 읽게 하고, 오후에는 경제적으로 어려움을 겪고 있어서 소송구조(경제적 약자의 소송비용을 지원하는 제도) 형태로 진행한 요양불승인처분 취소소송에서 승소한 행정소송기록(제가 2016. 8. 30. CTS '내가 매일 기쁘게'에서 그 행정소송에 대해 간증한 영상도 보내줌)을 읽게 한 후 위 두 사건의 기록 검토의견을 각각 작성하게 하였습니다. 이군이 작성한 검토의견서를 보면 당장 변호사로서 일을 해도 손색(遜色)이 없을 정도로 핵심을 잘 파악하고 있습니다.

 또한 제가 이군에게 "피고인이 무죄를 주장하는 사건에서 수사기록을 검토한 결과 변호인은 유죄 판단이 들고, 피고인에게 무죄 주장을 하면 안 된다는 것이 설득이 안 될 경우 어떻게 할 것인지?"에 대해 물었는데, 이군은 "1심에서는 피고인이 원하는 대로 무죄를 주장하고, 1심에서 유죄가 선고될 경우 2심에서 무죄를 주장하는 것이 좋겠다."고 답변했습니다. 위 사례는 저희 법무법인 서호에서 실제 있었던 사례입니다. 저는 당시 그 피고인에게 "저는 장사꾼이 아니라 언제나 피고인의 이익을 위해 변호하는 변호인입니다. 유죄가 선고될 사안에 대해 무죄를 주장할 경우 실형이 선고될 것이 예상됨에도 불구하고 무죄를 주장해 달라고 한다고 해서 무죄를 주장할 수는 없습니다. 저의 판단이 틀릴 수도 있기 때문에 변호사 선임비 반환해 드릴테니 다른 변호사님과 상의해 보십시오."라고 하고 변호인을 사임(辭任)했습니다. 그 후 그 피고인은 다른 변호사를 선임하여 무죄 주장을 하였는데, 결국 1심에서 징역 1년 실형이 선고되었습니다. 이후 그 피고인이 2심 때 다시 저를 선임해 주셔서, 제가 구속되어 있는 피고인을 접견 갔었는데, 그의 첫마디가 "저는 무죄를 받을 수 있을 것 같았습니다."였습니다. 피고인 스스로도 유죄임을 인식하고 있었으나, 무죄를 받을 수 있을 것으로 오판한 것입니다. 물론 2심 때는 피고인이 유죄를 인정하고 피해자와 합의하여 징역 1년, 집행유예 2년을 받고 석방되었으나, 피고인은 공직자였기 때문에 그 형의 선고로 당연 퇴직되는 불이익까지 받았습니다. 이처럼 변호인은 어떤 경우에도 '피고인의 이익만을 위해' 변호해야 함을 강조했습니다.

저는 오늘 이정우 군의 마음에 작은 겨자씨 한 알을 심었습니다. 그 겨자씨가 자라나 나중에는 공중의 새들이 그 그늘에 깃들일 만큼 성장하리가 믿습니다(마태복음 4장 31~32절). 이군은 앞으로 집에서 저녁 설거지와 쓰레기 분리수거를 하기로 했고, 군법무관이 되어서 점심식사를 사기로 했습니다.

그리고 제가 쓴 《변호사 김양홍의 행복한 동행1~3, 행복 나누기, 행복 더하기》 책을 이군에게 선물했는데, 이군도 언제 어디서나 '행복 전도사'의 삶을 살아가길 바랍니다. 이군이 '인생은 본인이 행복할 때도 좋지만, 본인 때문에 다른 사람이 행복할 때 더 좋다.'는 것을 잊지 않기를 소망합니다. 이정우 군의 미래가 기대되고 기대됩니다.

05 감동찬 인생을 기대합니다

1. 행복은 감사하는 사람의 것이다

To. 존경하는 김양홍 교수님

변함없이 늘 환대해주시는 교수님!
항상 아낌없이 나눠주시는 사랑에
부족한 제자라 표현 못해 송구스럽습니다.
항상 건강하시길 바라며
생각날 때마다 기도합니다!
올해 가기 전 꼭 찾아뵐께요!
From. 교수님 제자라 축복받은 천가람 올림

제가 2010년도에 나사렛대학교에서 윤철수 교수님 주선으로 2010년도에 나사렛대학교 사회복지학과 3학년 학생들을 대상으로 '사회복지법제론' 강의를 할 때 저의 강의를 들은 제자 천가람 학생이 위 편지와 함께 '말랑바삭한 전통수제강정'을 선물로 보내왔습니다. 지금은 다섯 살 아들을 둔 가정주부인데, 아마 내일 스승의 날이라고 선물을 한 것 같습니다. 참 고마운 선물입니다.

당시 사회복지학과 학과장 윤철수 교수님으로부터 강의 의뢰를 받고, 제가 강의를 준비하는 과정에서 학생들에게 필요한 법령을 나눠주려고 법령을 모았다가, 그 분량이 너무 많아 아예 퍼시픽북스 출판사에서 《사회복지법령집》을 출간해서 학생들에게 나눠줬었습니다. 강의준비를 그렇게 사회복지법령집 출간하는데 낭비하고 정작 강의 준비를 많이 하지 못해 매주 주말 강의안 PPT 준비하느라 고생했던 기억이 납니다. 지금도 학생들에게 미안한 마음뿐입니다. 그런데도 천가람 학생은 이렇게 고마운 선생으로 기억해줘서 참 고마울 따름입니다.

제가 당시 어설픈 강의를 할 때 강조했던 말이 있습니다. "내가 한 때 이곳에 살았음으로 해서 단 한 사람이라도 행복해지는 것 이것이 진정한 성공이다"라는 에머슨의 '무엇이 성공인가' 시를 언급하면서 성공하면 내 사무실에 와서 5,000원짜리 국밥 사라고 했었는데, 천가람 학생이 2014년 10월 4일 훌륭한 배우자를 만나 결혼하고, UNICITY에서 직장생활하는 등 성공한 모습으로 2014년 12월 19일 진짜로 국밥 사주려고 저를 찾아 왔었습니다. 그 때도 행복한 마음보다는 감사한 마음이 먼저 들었는데, 오늘도 같은 마음입니다. 2015년도에도 천가람 학생으로부터 체중조절용식품(BIOS

LIFE)를 선물을 받기도 했습니다.

행복은 감사하는 사람의 것입니다. 천가람 학생이 저처럼 부족한 사람에게도 감사하는 마음이 있는 것에 더 감사합니다. 천가람 학생이 앞으로도 하루하루 감사하는 마음으로 행복을 찾아가는 삶을 살아가길 기도합니다. 그렇게 행복은 누가 주는 것이 아니라 스스로 찾는 것입니다.

2. 감동찬 인생을 기대합니다

위 천가람 학생이 다섯 살 유희찬 엄마가 되어 남편과 함께 저희 사무실을 2021년 마지막 날 방문했습니다. 제가 얼마나 감사하고 행복했겠습니까? 제가 희찬엄마아빠에게 저의 시행착오를 이야기해 주면서, "희찬 아빠는 아내의 말에 순종해라, 희찬이의 생각을 존중하되, 종으로 키워라" 등 덕담(德談)을 해주었고, 올해 상명대학교 통합심리치료대학원 아동·청소년상담학과 석사과정에 입학하는 희찬 엄마를 격려해줬습니다. 희찬 엄마가 선물과 함께 저에게 써 준 감동적인 편지글을 공유합니다. 저는 2021년 최고의 선물을 받았습니다. 천'가람' + 유'동'규 + 유희'찬' = 감동찬 인생을 기대합니다.

♥나의 첫 번째 은사님 김양홍 교수님께♥

교수님 안녕하세요^^ 이렇게 막상 편지를 쓰기 위해 자리에 앉으니 참 쑥스럽습니다. 사실 제 마음을 손으로 예쁘게 꼭꼭 눌러쓰고 싶지만 말씀과 달리 글씨가 참으로 예쁘지 못해 이렇게 문회의 힘을 빌려 소중한 마음을 전합니다!
교수님^^ 제 나이 스물이었을 때, 교수님을 처음 뵈었던 날이 아직도 선하게 기억납니다! '법제론'이라는 왠지 과목명부터 어렵고 답답하게 느껴졌던 수업 첫시간! 저는 제 인생에서 그리스도인으로 밝게 복음을 전하시는 참 어른을 만났습니다.

학생들을 개개인을 존중하지만 기독학교라서 한 학기 수업을 맡은 선생님으로써 지식보다 더 중요한 유익을 나누기 위해 '성경말씀'을 한 절씩 읽어주신다던 따뜻하지만 복음이 진심으로 전해지길 바라는 교수님의 목소리가 여전히 귀에 선합니다.

매 수업 때, 더 친밀하게 삶으로 가르쳐주시기 위해 은혜은철이와 함께 고민하며 성장해나감을 나눠주셨던 블로그 글들..^^ 함께 공유해주시는 모습을 통해 이 땅에서 가장 먼저 따뜻함과 천국을 누릴 수 있는 곳이 가정이라는 것을 깨닫게 해주셨고, 또 꿈을 꿀 수 있게 가르쳐주셨습니다.

그저 그 따뜻한 미소와 따뜻한 음성, 항상 기쁨에 밝게 빛나는 교수님의 모습을 통해 어떻게 사는 것이 진짜 그리스도인으로, 복된 소식을 전하는 자로 살아야 할 것임을 배웠습니다.

한 한기 어쩌면 그저 스쳐지나가는 인연이 될 수 있었지만 교수님의 그 미소와 따뜻함, 사람을 존중해주시는 모습을 통해 교수님이 늘 생각났습니다.

그렇게 시간이 흘러 제 인생dp 혼자 풀어낼 수 없는 어려움들이 닥칠 때마다 진심으로 도와주시고 응원주시는 모습을 통해 늘 감사한 마음을 가지고 살아갑니다.
제가 만나는 많은 이들에게 전하는 부분이지만 교수님께는 처음으로 말씀드리네요^^

제 인생의 첫 번째 참 어른, 영성과 인성 그리고 지성을 모두 갖추신 그리스도인의 본이 되어주시는 교수님이 제 은사님이심을 늘 감사하게 생각하며 자랑합니다.

저 또한 그런 참 어른이 되길 소망하며, 이 땅에서의 행복을 먼저 누리고 나누는 그리스도의 향기되길 소망합니다.

교수님! 늘 지금처럼 건강하게 선한 영향력을 오래오래 흘러보내주시길 소망합니다. 저 또한 교수님따라 성실히 그리고 기쁘게 선한 영향력을 흘러보내는 제자가 되겠습니다.

늘 영육간에 강건하시길 소망하며, 교수님이 속하신 가정과 만나는 사람들, 모든 곳들 가운데 주님의 참 평안과 기쁨이 흘러넘치길 기도합니다!

2021. 12. 31.
교수님의 제자가 될 수 있음에 늘 감사하며
천가람 드림

06 바람, 바람, 바람(Wind, Wind, Wish)

4+5 또는 2+5 결국 2+2

 초등학교 덧셈문제인 것 같지만, 2021년 설 연휴기간 저의 아내 의대 동기 부부 강경태 원장님 가족(5)과의 만났을 경우의 숫자입니다. 코로나19 확산을 막기 위한 사회적 거리두기 수도권 2.5단계, 비수도권 2단계 실시로 인해 설 연휴기간에도 5인 이상 모임금지가 계속 되고 있기 때문에 부부끼리만(2+2) 무등산이 보이는 '카페 드 영'이라는 곳에서 만났습니다.
 설 연휴 첫째 날, 새벽 4시에 일어나 짐을 챙기고 새벽 5시 서울을 출발해서 약 4시간 30분만에 광주 본가에 도착하여 짐을 내려놓고, 같은 광주 남구에 있는 처가로 가서 장모님이 차려주신 맛있는 육전과 떡국으로 아점(아침과 점심)을 먹었더니 11시가 다 되어 갔습니다. 광주에는 저의 큰 여동생과 남동생 그리고 처남 가족이 살고 있지만, 올해 설에는 정부 지침대로 5인 이상 모임이 안 되도록 함께 모이지 않기로 했습니다. 낮잠을 잠깐 자고 오후 2시 약속장소인 '카페 드영'에 도착했는데, 카페 안 벽에 멋진 그림들이 걸려 있었고, 카페 옆에는 '드영미술관'을 무료로 관람하게 해놨는데, 미술관에 전시된 그림들이 한결같이 저희 부부 마음속으로 쏘옥 들어왔습니다. 아래 글은 '2021 드영미술관 소장작품전' 소개글입니다.

드영미술관은 2021 소장작품전으로 <바람, 바람, 바람>을 개최한다. 소장품을 중심으로 한 이번 전시는 광주전남을 기반으로 활동해온 작가 18명의 작품으로 이루어지며, 한국화, 서양화, 판화 등의 다양한 장르의 작품이 소개된다. 전시 제목 <바람, 바람, 바람>은 기압의 변화에 의하여 일어나는 공기의 움직임을 뜻하는 '바람'과 어떤 일이 이루어지기를 기다리는 간절한 마음이라는 뜻은 '바람'의 중의적인 의미를 갖는다. 전시는 자연과 풍경을 핵심소재로 한 작품으로 구성되어있으며, 이는 자연 속 이상향과 우리의 일상적 풍경이 맞닿아있음을 시사한다. 지역 미술의 특성과 정체성에 주목하는 이번 전시를 통하여 정서적 위안을 제공하는 문화적 경험을 제안한다.

'카페 드영' 2층 끝 무등산이 훤히 보이는 자리에 4명이 앉아서 그동안 못다 한 '수다보따리'를 풀어놨습니다. 저의 아내는 제가 그렇게 신나게 말을 많이 한 것은 처음이라고 할 정도로 제가 말을 많이 했습니다. 제가 겉으로는 근엄한 것 같지만, 어느 모임에서 '홍언니'라는 소리를 들을 정도로 여성 성향이 강하긴 합니다. 저의 아내와 가장 친한 의대 동기인 김은미 선생님과 강경태 원장님은 같이 의대를 다니면서 부부가 되었는데, 부부끼리 서로 친하다보니 아이들이 어렸을 때부터 함께 보낸 시간이 많았습니다.

특히 2010년 겨울 두 가정이 무주로 스키 타러 갔을 때 스키장 근처 교회에서 함께 예배드리고, 그 교회에서 제공해준 떡국을 맛있게 먹기도 했었습니다. 당시 강원장님의 딸 지윤 양이 초등학교 2학년, 저의 아들 은철이가 초등학교 3학년이었는데, 강원장님과 저는 농담 반 진담반으로 두 아이를 혼인시키기로 하고, 그 합의 내용을 식당 홍보 명함에 적어서 강원장님께 드렸는데, 그 때 지윤 양은 저의 아들과 혼인하기 싫다면서 울었었습니다. 저의 아들은 제가 보기에도 참 멋진 아들인데 ... 암튼, 강원장님은 그 명함을 지금까지 보관하고 있고, 저는 지금도 지윤 양을 미래의 며느리로 생각하고 있습니다.

그런데, 그 어린 강지윤 양이 올해 연세대 교육학과에 합격했고, 은철이도 재수하여 연세대 의대에 들어가게 되었습니다. 참 신기한 인연이죠? 두 아이가 부모의 '바람(wish)'대로 부부의 인연으로 맺어질지 아니면 '바람(wind)'에 그쳐 오빠동생으로만 지낼지는 알 수 없으나, 두 아이가 서로가 서로에게 행복을 주는 '행복 전도사'가 되길 소망합니다. 저는 오늘 하루도 이렇게 저의 꿈인 할아버지가 되는 길을 걸어가고 있습니다.

07 웃으십시오 행복하십시오

올해 93세 황옥란 전도사님이 오늘 아침 저에게 해주신 덕담(德談)입니다. 저도 같은 마음으로 여러분에게 전도사님의 말씀을 2021년 설 인사로 대신하고자 합니다.

"웃으십시오!! 행복하십시오!!"

황전도사님께서는 "가는 세월에는 인사를 못했는데, 오는 세월에는 인사를 해야겠다."고 하시면서, "요새 글도 못쓰고, 더 몰라지고, 실수만 하는 것 같고, 이것저것 할 것이 없는 바보에요."라고 하셨습니다. 그러고 나서 전도사님은 저의 꿈이 할아버지가 되는 것이라는 것을 알고 계셔서 그런지 "더 이상 나이 먹지 마소."라고 하셨습니다.

물론 저는 지금 이 몸 그대로 할아버지가 될 것으로 생각하기에 그렇게 할아버지가 되고 싶어하는 지는 모르겠습니다. 제가 할아버지가 되어 만약 글을 쓸 수 없을 정도로 쇠약해진다면 많이 슬플 것 같긴 합니다만, 그래도 할아버지가 되는 꿈까지 포기할 정도는 아닙니다. 저는 결코 젊은 시절로 돌아가고 싶지 않습니다. 후회스러울 때도 있었지만 그래도 저는 지금 이대로가 좋습니다.

황전도사님은 주일날 뵐 때도 항상 웃는 모습이시고, 저와 전화 통화하실 때도 늘 웃는 목소리입니다. 전도사님은 이것저것 할 것이 없다고 하시면서도 특별한 일이 없는 한 매일 이수교회 예배당에 가셔서 저를 포함한 교회 성도님들과 가족, 나라를 위해 2시간 이상

기도하고 가십니다. 성령님께서 기도하라고 하시는 대로 ...

우리는 누구나 바보입니다. 단지 바보라는 것을 인식하지 못하고 살고 있을 뿐입니다. 저의 책상에는 김수환 추기경님의 잠언집 <바보가 바보들에게> 5권이 있습니다. 대한민국 국민 대부분이 존경하는 김수환 추기경님 스스로 본인이 바보라고 선언하셨습니다. 그런데 우리는 80~90세 정도 인생을 살아야만 자신이 바보임을 알게 되나 봅니다.

우리가 지금 바보라는 것을 인식하든 못 하든 간에 올해 설에는 일단(一旦) 웃고, 일단 행복합시다. 비록 가는 세월에는 인사를 못 했어도, 오는 세월에는 감사의 나날로 채워서 우리 모두가 덜 바보가 되길 소망합니다. 아무쪼록 설 연휴기간 오가는 길 안전운전하시고, 새해 하나님의 복 많이 받으십시오.

08 삶은 사람이고, 사랑이다

'사람'으로 읽어도 좋습니다. '삶'으로 읽어도 좋습니다. 사람의 준말이 삶이기 때문입니다. 우리의 삶은 사람과의 만남입니다. 우리가 일생동안 경영하는 일의 70%가 사람과의 일입니다. 좋은 사람을 만나고, 스스로 좋은 사람이 되는 것이 나의 삶과 우리의 삶을 아름답게 만들어가는 일입니다.

오늘(2021. 5. 4.) 10시10분 전주지방법원에서 재판이 있어 전주에 내려갔다가, 저의 군법무관 동기 형인 국윤호 변호사 사무실에 들렸는데, 그곳에 걸려 있는 신영복 선생님의 '삶'이라는 글입니다. 오랜만에 형님을 만나 사는 이야기도 하고, 점심식사도 하고, 커피도 마셨습니다. 삶의 행복이라는 것이 이렇게 보고 싶은 사람 만나서 함께 하는 것 아니겠습니까?

형님 사무실의 이름이 '법률사무소 만성(萬成)'인데, 법원과 검찰청이 있는 지명이 '만성동(萬成洞)'이기 때문에 이름을 그렇게 지었다고 합니다. 이 '만성동'이라는 지명의 유래는 장차 1만개의 성(姓)이 만들어져 번창할 곳이라는 의미가 있고, 혹자는 1만 가구가 성촌을 이루어 번성할 지역이라는 의미를 지니고 있다고 해석합니다. 이원종 전 서울시장이 만성동을 방문한 자리에서 "정말 1만개의 성이 만들어질 자리임을 옛사람들이 어떻게 용하게 알았는지 모르겠다."며 탄복한 적이 있다고 합니다. 현재 만성동에는 큰 법조타운이 조성되어 있을 뿐만 아니라 국민연금공단과 기금운용본부 외 아파트촌이 조성되어 있어서 전주시 전체가 옮겨온 듯 합니다. 정말 신기하죠?

법률사무소 이름대로, 형님이 이루고자 하는 만가지 것이 모두 이루어지길 소망합니다. 그리고 '법률사무소 만성' 로고 앞에 있는 사람 인(人)자도 참 마음에 듭니다. 고운 성품을 가지고 있는 형님이 앞으로도 늘 이웃을 섬기는 변호사로서의 삶을 살아갈 것으로 믿습니다. 삶은 사람이고, 사랑입니다.

09 가버린 친구에게 바침

하얀 날개를 휘저으며 구름 사이로 떠오네
떠나 가버린 그 사람의 웃는 얼굴이
흘러가는 강물처럼 사라져 버린 그 사람
다시는 못 올 머나먼 길 떠나 간다네

한없이 넓은 가슴으로 온 세상을 사랑하다
날리는 낙엽 따라서 떠나 가버렸네
울어 봐도 오지 않네 불러 봐도 대답 없네
흙속에서 영원히 잠이 들었네

한없이 넓은 가슴으로 온 세상을 사랑하다
날리는 낙엽 따라서 떠나 가버렸네
울어 봐도 오지 않네 불러 봐도 대답 없네
흙속에서 영원히 잠이 들었네

 가을처럼 바깥 공기가 서늘한 2021년 6월 둘째 주말 아침 피버스(Fevers)의 '가버린 친구에게 바침'이라는 노래는 듣고 있었습니다. 아내가 "왜 그 노래를 들어요?"라고 물었습니다. 제가 떠나간 친구를 위한 노래라고 했더니, 아내는 제가 우는 것을 보고 "울지 마라"고 했습니다.
 제가 1997~1998년 백골부대 법무참모로 근무할 때 행정병이었던 박태승 변호사가 지난 2021년 6월 8일 회식을 마치고 집까지 걸어가다가 횡단보도를 건너던 중 과속차량에 치어 소천하였습니다. 믿겨지지 않은 일입니다. 저는 박변호사(50세)의 장례식을 치룬 이후인 어제서야 소식을 전해 들었습니다. 사고당할 때 핸드폰까지 부서지는 바람에 연락처를 복원한 이후 부고를 받은 것입니다. 어제보다 오늘 더 생각나는 박변호사입니다.

  지난 2019년 7월에는 박변호사 등 6명이 1박 2일로 강원도 고성에 모여 박찬주 과장님(육군원사)의 근속 30주년을 축하하고, 함께 밤바다도 걷고, 바다낚시도 했었습니다. 2018년 2월에는 박변호사 등 5명이 서울 용산에서 모여 영화 '염력'을 봤었고, 2018년 연말에는 서울 동대문 이화동 벽화마을에서 만나 군복무 시절 이야기와 사는 이야기를 하면서 정을 나눴었습니다. 코로나 때문에 2020년에 한 번이라도 더 만나보지 못한 것이 아쉽습니다.

  참 고운 심성을 가진 박변호사를 생각하니 가슴이 먹먹해집니다. 박변호사의 부인의 첫마디가 귀에 생생합니다. "산 사람이라도 살아야지요." 박변호사의 유족들에게 하나님의 위로를 빕니다.

  박변호사, 잘 가시게나.

10 All for one, One for all.

　알골라 남서부에서 남아프리카에서 사는 '미어캣(Meerkat)'이라는 포유류가 있습니다. 다 자란 미어캣의 몸길이는 20cm 정도, 꼬리를 포함하면 약 50cm 정도 되고, 주로 거미, 딱정벌레, 메뚜기 같은 곤충을 잡아먹는 잡식성입니다. 주로 토양이 딱딱하고 돌이 많은 건조한 개활지에서 생활하고, 30마리까지 무리지어 굴속에서 사는데, 굴에 통로와 입구가 많습니다. 낮에는 굴에서 지내지 않고 자주 두 발로 서서 가슴과 배에 햇볕을 쬐고, 자신을 먹이로 삼는 큰 맹금류를 경계하려고 두 발로 서서 주위를 살피는 까닭에 '사막의 파수꾼'으로 불립니다(네이버 지식백과 내용 인용).
　먹이 피라미드에서 아래층에 위치한 미어캣들은 맹금류를 경계하기 위해 순번을 정해서 감시하고, 보초를 설 때는 내리쬐는 땡볕에도 나무 꼭대기나 바위 위로 올라가 주위를 살피고, 적이 공격해오면 온 몸으로 동굴 입구를 막아 죽기까지 동료들을 지키곤 합니다. 이들은 힘들고 위험한 그 보초의 임무를 우두머리 미어캣을 포함해서 그 어떤 미어캣도 거부하지 않고 임무를 수행합니다. 심지어 무리 중 한 암컷이 새끼를 낳으면 임신하지 않은 다른 암컷들도 젖을 만들어내서 함께 젖을 먹이며 새끼를 키웁니다. 이처럼 미어캣은 단 한 마리가 무리를 위해 죽어가기도 하고, 단 한 마리를 위해 모든 무리가 사랑을 베푸는 '하나를 위한 모두, 모두를 위한 하나(All for one, One for all)'의 정신을 실천하고 있습니다(따뜻한 편지 제 1718호 내용 일부 인용).

참 멋진 미어캣들입니다. 나의 이웃을 위하는 일은 곧 나를 위하는 일입니다. 이 세상은 그렇게 더불어 살아가는 사람들이 지금의 세상을 만든 것입니다. 우리가 먹고, 입고, 자는 것 모두 우리 이웃들의 도움이 있었기 때문에 가능한 것들입니다.

주말인 오늘 아침 과외를 하러 가는 딸을 역삼동에 있는 어느 아파트에 데려다 주고 오는 길에 '도시생활형주택'이 들어서는 것을 반대한다는 프랭카드를 봤습니다. 저는 과연 '도시생활형주택'이 무엇이기래 주민들이 반대할까 궁금해서 인터넷을 검색해보니, '300세대 미만이고, 국민주택 규모 85㎡ 이하로 도시지역에 건설되는 주택'을 도시생활형주택이라고 한답니다. 비싼 강남땅에는 30평형 아파트 1채에 몇 십억씩 하는 아파트만 지어야 하는 것인가요? 이는 미어캣만도 못한 생각입니다. 아니 우리 모두 미어캣을 본받읍시다. 자라나는 아이들에게 부끄럽지 않나요? 더불어 사는 세상이, 더불어 행복한 세상입니다.

11 모정(母情)

꽃게가 간장 속에
반쯤 몸을 담그고 엎드려 있다
등판에 간장이 울컥울컥 쏟아질 때
꽃게는 뱃속의 알을 껴안으려고
꿈틀거리다가 더 낮게
더 바닥 쪽으로 웅크렸으리라

버둥거렸으리라 버둥거리다가
어찌할 수 없어서
살 속에 스며드는 것을
한때의 어스름을
꽃게는 천천히 받아들였으리라
껍질이 먹먹해지기 전에
가만히 알들에게 말했으리라

저녁이야 불 끄고 잘 시간이야

　안도현 시인의 '스며드는 것'이라는 시입니다. 저의 남동생의 큰딸 예담이가 올해 초등학교 5학년인데, 이 시를 보고 울었다고 합니다. 저도 이 시를 보고 울컥했습니다. 밥도둑 간장게장을 만드는 것을 보고 이런 감동적인 시를 쓸 수 있는 시인도 대단하지만, 이 시를 보고 눈물을 흘릴 수 있는 어린 조카도 대단합니다.

저는 이 시를 통해 간장게장을 담을 때는 살아 있는 꽃게를 사용한다는 것을 처음 알았습니다. 엄마 꽃게는 죽어가는 그 순간에도 알들을 챙기고 있습니다. 이 세상을 살아가는 우리 엄마들의 모습이 아닐까요? 저는 그동안 간장게장을 참 맛있게 먹었는데, 앞으로는 그렇게 맛있게 먹을 수 없을 것 같습니다. 그런 엄마 꽃게를 어떻게 먹어요?

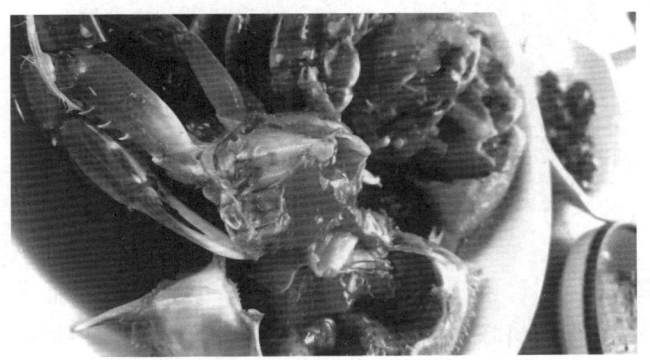

12 자라를 기다리며

　2021년 6월 13일 주일 예배를 마치고 집으로 가기 위해 동작역으로 가는 길이었습니다. 제가 동작역에 갈 때마다 늘 잠시 멈추는 지점이 있는데, 그곳은 다리 밑에서 노니는 잉어들이 보이는 곳입니다. 오늘도 멍하니 잉어들을 보고 있는데, 갑자기 자라 한 마리가 물가로 기어 나오고 있었습니다. 참새가 방앗간을 그냥 지나칠 수 없듯이 과거 자칭 어부(?)의 삶을 산 제가 그것을 보고 그냥 모른 체 할 수가 없었습니다.
　그래서 동작역 근처 반포아파트 분리수거하는 곳에 가서 자라를 잡으면 담을 통(김치통)과 자라를 잡을 직사각형 플라스틱 소쿠리 1개를 구해서 급히 자라가 보였던 곳으로 갔습니다. 그런데 그 자라는 저의 작전을 간파하고 이미 피신을 한 뒤였습니다. 한 참을 주변을 수색했는데 못 찾았습니다. 그렇게 수색작전을 하던 중 민물게 1

마리를 발견하고 잡으려 했는데, 그 민물게도 제가 프로가 아닌 것을 간파하고 금방 피신을 해버렸습니다. 저는 아쉬워서 주변을 탐색하고 있는데, 이번에는 갖고 간 소쿠리 크기의 가물치 1마리가 머리를 돌 사이에 쳐 박고 있는 것이 보였습니다. 그래서 살며시 다가가 그 가물치를 잡으려 했는데, 이 놈은 민물게 보다 더 날쌔게 도망쳤습니다.

물속에서는 잉여 10여 마리가 '나 잡아봐라'라고 놀리듯 왔다 갔다를 반복했습니다. 옛날 같았으면, 돌맹이를 들어 그 잉어떼 있는 곳에 던져 잉어 1마리라도 잡았을텐데, 하나님께 예배를 드린 직후에 그렇게 잔인하게 물고기를 잡는 것은 경우가 아닌 것 같아서 그냥 바라만 보다 왔습니다. 결국 모든 작전은 실패로 돌아갔습니다. 그래도 잠시나마 동심으로 인도해준 그 자라에게 고마운 마음을 전합니다. 다음 주일에는 고기 뜰채를 준비해서 가야 할 것 같습니다. 수주대토(守株待兎)의 마음으로 그 자라를 기다려볼까 합니다.

13 훔친 까치밥

　까치 따위의 날짐승이 먹으라고 따지 않고 몇 개 남겨 두는 감을 '까치밥'이라고 합니다. 오늘 제가 ○○경찰서 경미범죄심사위원회 위원으로 심의에 참여하고 나오는 길에 경찰서 경내(境內)에 있는 감나무에 열린 홍시감 1개를 따서 먹었습니다. 경미범죄 담당 경찰관께서는 감을 까치밥으로 남겨 놓은 것이라고 해서 경찰서 관할 까치들 모르게 1개를 훔쳐왔습니다. 생각보다 홍시감이 맛있었습니다. 까치밥은 원래 서너 개만 남겨둬야 하는데, 경찰서는 인심이 후해서 그런지 감나무 2그루 전체를 까치밥으로 남겨두었습니다.
　우리 조상들은 이처럼 이웃사람들 뿐만 아니라 말 못하는 짐승들까지도 배려했습니다. 세상은 동물들과도 더불어 살아가야 합니다. 동물들이 살기 좋은 세상은 사람들도 살기 좋은 세상이기 때문입니다.

14 우리는 우리의 할 일을 해야 합니다

그럼에도 불구하고 ○○○ 같은 분이 자리를 잘 지키셔야 합니다. 이 세상 쉽게 바뀌지 않을 겁니다. 그렇지만 우리는 우리의 할 일을 해야 합니다! 힘내십시오♡

위 글은 오늘 아침 공직에 계시는 분이 저에게 공직사회의 부조리(不條理)와 어려움을 호소하는 카톡 글을 보내주셔서 제가 보낸 답장 글입니다. 세종대왕께서 세종 22년(1440년) 7월 21일에 이런 말씀을 하셨답니다.

세종대왕께서 말씀하시길 그대의 자질은 아름답다. 그런 자질을 가지고 아무것도 하지 않겠다 해도 내 뭐라 할 수 없지만 그대가 만약 온 마음과 힘을 다해 노력한다면 무슨 일인들 해내지 못 하겠는가?

○○○ 선생님도 자신에게 주어진 일에 대해 올바르게 처리하려고 노력하지만 공직사회의 어두운 면은 쉽게 변하지 않을 것 같아서 저에게 하소연성 글을 보내셨다고 생각합니다. 그렇지만 우리 모두가 각자 자기의 할 일을 온 마음과 힘을 다해 노력하다 보면, 언젠가는 이 세상이 좀 더 나은 세상으로 바뀌지 않겠습니까? 우리는 우리의 할 일을 해야 합니다!

15 원아영 귀국 피아노 독주회

　오늘밤 서울강남지방장로회 열두제자 원용석 장로님의 따님인 '피아니스트 원아영 귀국 피아노 독주회'(예술의전당 리사이트홀)에 초대받아 저의 딸·아들과 함께 다녀왔습니다. 원아영 피아니스트는 서울예고와 서울대학교를 졸업한 후 독일 뮌헨국립음악대학교 석사과정과 스위스 바젤음악대학교 최고연주자과정을 마쳤고, 그동안 저명한 국제 콩쿨과 국내 여러 콩쿨에서 우수한 성적으로 입상한 재원으로서 현재는 서울신학대학교에 출강하여 후학을 양성하고 있습니다.
　저의 아들은 공부하기 싫으면 피아노를 치면서 스트레스를 풀 정도로 피아노 치는 것을 좋아하는데, 올해 대학교에 입학해서도 피아노 동아리에 가입할 정도로 클래식 매니아라서 그런지 "너무 너무 좋았다"고 합니다. 저의 딸도 "오늘 연주회가 너무 환상적이었고, 특히 드뷔시의 곡들이 인상 깊었는데, '요정은 예쁜 무희'라는 곡이 너무나 아름다워 황홀한 기억으로 남아 있다"는 감상평을 해줬습니다.
　원아영 피아니스트는 '베토벤 피아노 소나타 28번 Op.101, 슈만 환상소곡집 Op.12, 드뷔시 전주곡집 제2권' 독주회곡 모두를 악보 없이 약 2시간 동안 열 손가락만이 아닌 온 몸으로 인간의 희노애락을 표현하는 것 같았습니다. 피아노 소리가 시냇물이 잔잔한 강물이 되었다가 순식간에 폭풍우가 몰아치는 바닷물로 바뀌는 듯 했습니다.
　저희들은 앞쪽 세 번째 좌석에서 관람했는데, 빠른 곡을 연주할때는 양 손가락이 춤을 추는 듯 했습니다. 그래도 저는 빠른 곡 보다는 숨을 멈추게 하는 애잔하고 잔잔한 곡이 더 감동으로 다가왔습니다. 저는 연주곡 24곡 모두를 처음 들었으나, 연주시간 2시간이 20분처럼 금방 지나갔습니다. 저는 오늘 피아노로 들을 수 있는 모든 소리를 들은 것 같고, 피아노는 손가락뿐만 아니라 손등으로도 아름다운 소리를 낼 수 있다는 것을 처음 알았습니다.

코로나 감염 때문에 처음부터 끝까지 마스크를 착용해야 했고, 원아영 피아니스트와 기념사진조차 찍을 수 없었습니다. 그런 상황에서도 한여름 밤 너무나 황홀한 연주를 해주신 원아영 피아니스트의 앞길에 하나님의 축복이 가득하시길 기도합니다.

16 자율주행 자동차를 기다리며

저는 오늘(2021. 12. 21.) 경기도화물자동차운송사업협회 고문변호사 겸 협회 물류정책연구소 위원(의장 전재범 이사장, 위원 : 엄재영·임성원 부이사장, 염상빈 전무, 박종희 전 국회의원, 이원동 교수, 박종욱 교통신문 편집국장, 김양홍 변호사) 자격으로 두 번째 물류정책 연구회의에 다녀왔습니다. 장안대학교 이원동 교수님의 '물류 4.0 기술의 필요성, 직무만족도 및 물류관리 성과의 관계' 주제 발표를 들었고, 저도 '자율주행 자동차 교통사고 책임과 자율주행 자동차 법령 소개'라는 내용으로 간략히 발표했습니다.

자율주행 자동차의 기계 오작동으로 교통사고가 났을 경우 법적인 책임은 누가 질까요? 현행 자동차손해배상보장법으로는 운행자

가 책임을 져야합니다. 자율주행 자동차가 상용화되려면 운행자의 책임을 완화하거나 제조물책임법상 제조사의 제조물책임을 강화하는 방법으로 법률을 보완해야 할 것입니다. 현재 우리나라에도 자율주행 자동차의 상용화를 촉진하고 지원하기 위해 자율주행 자동차 상용화 촉진 및 지원에 관한 법률과 동법 시행령이 제정되어 2021. 1. 1.부터 시행되고 있고, 동법 시행규칙(국토교통부령)도 2021. 8. 27.부터 시행되고 있습니다. 조만간 '자율주행자동차 시범운행지구'에서 자율주행 자동차로 여객운송과 화물운송이 이루어지고, 자율주행 자동차들이 일반 도로를 활보할 날도 그렇게 멀지 않았습니다. 물류 4.0 시대를 선도(先導)할 경기도화물자동차운송사업회 및 회원사들과 차주들의 무궁한 발전을 기원합니다.

17 첫 온라인 강의

　오늘 오후 대우재단빌딩에서 생애 첫 온라인 강의를 했습니다. 2009년 전직 대우인들을 중심으로 결성된 사단법인 대우세계경영연구회가 주관하는 글로벌청년사업가사업(GYBM - Global Young Business Manager) 2021-22 베트남-아세안 연수과정 연수생 41명을 대상으로 '우리 생활과 법'(내용 : 민·형사절차, 교통사고, 임금에 대한 법률상식과 행복한 동행)이라는 주제로 강의를 했습니다. 강의시간 2시간이 금방 지나갈 정도로 연수생들의 수강 태도가 참 좋았습니다. 강의시간에 사례를 통한 질의응답시간은 있었지만, 온라인이라서 그런지 강의 중에 연수생의 질문을 1건 밖에 받지 못한 것은 조금 아쉽습니다. GYBM은 2011년 베트남 1기 40명을 배출한 이래 베트남, 미얀마, 인도네시아, 태국 등 성장 가능성이 높은 국가를 대상으로 지난해까지 총 1,250명을 10~11개월 동안 무료로 연수를 시켜 연수생 전원을 해당 국가에 취업시키고 있습니다. GYBM은 해외 취업은 물론 해외에서 창업이 가능하도록 관리하고 지원하는 '패키지 프로그램'입니다. 대우그룹은 사라졌어도 GYBM을 통해 '세계경영'이라는 대우의 DNA가 부활했다고 할 것입니다. 강의 장소인 대우재단빌딩 18층에는 그동안 거쳐 간 연수생 각 기수의 타임캡슐(time capsule)이 있었습니다. 각 기수 연수생들의 꿈과 소망을 담은 글들을 타임캡슐에 담았다가 10년 후 개방하는 행사를 갖는다고 합니다. 우리 연수생들 모두가 대한민국을 대표한다는 마음가짐으로 각자의 자리를 잘 지키고, 마음을 다해서 이웃을 섬길 때 성공의 열매를 맺을 것으로 믿습니다.

오늘 강의 시간에 소개한 에머슨(Emerson)의 시처럼, 연수생 모두가 '자신이 한 때 이곳에 살았으므로 해서 단 한 사람의 인생이라도 행복해지는 것, 이것이 진정한 성공이다.'라는 사실을 잊지 않기를 바랍니다. 41명의 위대한 10년 후를 기대하고 기대합니다.

18 제10기가 제10기에게

저는 1992년에 제10회 군법무관임용시험에 합격했고, 1995년에 군법무관 제10기로 사법연수원을 수료했습니다. 또한 저는 2013년도에 용산구상공회 최고경영자과정 제10기를 수료했는데, 강의 내용이 너무 좋아서 개근을 했었고, 제10기 원우회 초대 회장을 역임했었습니다.

그리고 오늘밤은 수강생이 아닌 강사로서 신한대학교 평생교육원 글로벌 최고지도자 AMP과정 제10기 수강생을 상대로 '행복한 동행'이라는 주제로 강의했습니다. 제10기가 제10기에게 더불어 사는 사회를 만들자고 역설하고 왔습니다.

남의 손을 씻어 주다 보면 내 손도 따라서 깨끗해지고, 남의 귀를 즐겁게 해주다 보면 내 귀가 따라서 즐거워지고, 남을 위해 불을 밝히다 보면 내 앞이 먼저 밝아지고, 남을 위해 기도하다 보면 내 마음이 먼저 맑아집니다.

오늘 facebook에서 만난 글입니다. 남을 위하는 삶은 곧 나를 위한 삶입니다. 남이 잘 되도록 마음을 다하고, 뜻을 다해야 합니다. 그것이 곧 내가 잘 되는 지름길이기 때문입니다. 오늘 저의 강의를 들은 수강생들 모두와 제가 언제 어디서나 이웃의 유익을 위한 삶을 살아가기를 소망합니다. 더불어 사는 세상이 더불어 행복한 세상입니다.

19 반포중학교 부자유친(父子有親) 모임

부자유친(父子有親)은 가정윤리의 실천덕목인 오륜(五倫)의 하나로, '부모는 자식에게 인자하고 자녀는 부모에게 존경과 섬김을 다하라'는 말입니다. 서울 반포중학교(이하 '반포중')에는 그 부자유친의 정신을 실천하는 '부자유친 모임'이 있습니다.

오늘(2021. 3. 16.) 오전에 전 반포중 장명희 교장선생님, 반포중 부자유친 OB 모임 안영준 회장님과 함께 반포중을 방문하여 김유대 교장선생님 등을 면담하고 왔습니다. 안영준 회장님과 저는 2014~2016년 반포중 부자유친 활동 상황을 소개하면서 반포중 뿐만 아니라 대한민국의 모든 중학교에 아버지와 아들이 함께 하는 부자유친 모임이 활성화되기를 바라는 마음을 강력히 피력했습니다. 안회장님은 학교 측에 "부자유친 활동했던 아들들이 후배들에게 자신들의 경험을 나눌 수 있는 기회를 주면 좋겠다."는 의견 등을 개진했습니다. 지금 발생하고 있는 사회 문제의 대부분은 가정에서 비롯된 것이고, 사춘기의 절정기인 중학교 시절에 아버지와 아들의 관계만 잘 정립되어도 우리 사회가 좀 더 건강해질 것으로 믿습니다. 특히 지난해 수능에서 부자유친 출신인 김지훈 군이 수능 만점을 맞는 경사도 있었습니다.

현재 반포중 부자유친 OB 모임에 참여하고 있는 아버지들은 총 31명으로 그동안 아들들과 함께 라오스와 캄보디아 여행, 한라산과 태백산 겨울 등반, 관악산 휴지 줍기, 연탄 나르기 봉사, 이화동 벽화마을 문화 탐방, 체육대회 등 거의 매월 1회 활동을 하면서 부자지간(父子之間)의 관계가 많이 회복되었습니다. 또한 아버지들은 아들들 핑계로 모여서 아버지들만 따로 중국 네이멍구(內蒙古), 울릉도와 독도, 제주도, 강화도 여행을 다녀오는 등 서로 형·동생하면서 친형제처럼 가깝게 지내고 있습니다. 지금은 코로나19 때문에 전체 모임은 못하지만, 자전거 라이딩, 등산, 골프 등의 소모임 활동은 지속하고 있습니다. 그리고 회원 31명 대부분이 30년간 매월 1만원 회비를 자동이체를 하고 있습니다.

저희 3명은 반포중 방문을 마치고 함께 점심식사를 하고 차를 마시면서, 추억을 회상하는 시간을 가졌는데, 장명희 교장선생님께서 우리 아이들에게는 "절대 꽃길만 걷게 해서는 안 된다."고 하시면서, 자신의 슬하(膝下)에 딸이 둘인데, 딸들이 참 바르게 잘 자랐고, 그동안 딸들의 뜻을 최대한 존중해서 양육했음에도 불구하고, 큰 딸이 "자신에게 실패할 기회를 주지 않았다."는 말을 듣고 놀랐었다는 말씀을 하셨습니다. 우리 부모들은 자녀들에게 가시밭길도

걷게 해야 하고, 실패할 기회도 줘야 하는데, 아이들을 교육한다는 명분하에 지나치게 과보호(過保護)하지는 않았는지 저 자신을 돌아봤습니다. 최소한 반포중 부자유친 OB 모임에서만큼은 공부 이야기는 하지 않고, 어떻게 하면 아들들과 함께 할거리만 고민했습니다. 우리 아들들에게 좀 더 기회를 주고, 조금만 더 기다려 줍시다. 우리 부모가 가져야 할 최고의 덕목은 '기다림'입니다. 반포중 부자유친 파이팅!!!

20 바람에 흔들리는 제비꽃

햇살이 좋은 봄날 서울동부구치소에 있는 구속되어 있는 피고인을 접견하러 왔습니다. 여섯 번째 접견인데, 구치소에서는 코로나19 확산 방지를 위해 접견하기 전에 입구에서 약식으로 코로나 검사를 합니다. 접견할 때마다 코로나 검사를 받다보니 이제는 숙달되었습니다. 검사 결과는 10분 후 쯤 바로 나옵니다.

구치소 입구 화단에 제비꽃과 민들레꽃 군락이 있는데, 갑자기 부는 바람에 많이 흔들립니다. 제가 잠시 제비꽃 옆에서 그 바람을 막아주고 있는데, 이 제비꽃이 참 씩씩하게 잘 버티고 있습니다.

오늘 접견하는 피고인은 제1심에서 실형을 선고 받았고, 제2심에서 제가 변호인으로 선임되어 무죄를 주장하고 있는데, 꼭 무죄를 받고 싶습니다. 무죄를 못 받으면 제가 더 억울할 것 같습니다. 피고인도 하루빨리 이 제비꽃을 마음껏 볼 수 있기를 기도합니다.

21 하늘이 무너져도 이 땅에는 정의를

　하늘이 참 맑은 오늘 천안지원에 민사재판 변론하러 갔다가 법원 앞에 있는 조형물을 봤습니다. 왼손에는 저울을 들고 있고, 오른손에는 칼을 들고 있고, 그 아래는 법전이 놓여 있고, 돌 판에는 '하늘이 무너져도 이 땅에는 정의를'이라는 글이 새겨져 있습니다. 재판에 임하는 판사의 마음가짐을 잘 표현한 조형물입니다. 저는 이 땅의 수많은 판사들이 그런 마음으로 재판하고 있고, 또한 그렇게 판결하고 있다고 믿습니다. 검사와 경찰관도 그런 마음으로 수사에 임하기를 바랍니다.

또 내가 해 아래에서 보건대 재판하는 곳 거기에도 악이 있고 정의를 행하는 곳 거기에도 악이 있도다(전도서 3장 16절)

전도서의 저자 솔로몬 왕은 '재판하는 곳에도 악이 있고, 정의를 행하는 곳에도 악이 있다'고 했습니다. 맞습니다. 오늘날에도 법정 밖에 악이 있고, 법정 안에 악이 있습니다. 제가 군법무관으로서 10년, 변호사로서 18년, 총 28년간의 법조인의 삶을 돌이켜봤을 때 과연 매순간 정의롭게 행동했는지 자신을 돌아봅니다. 하나님 앞에서 부끄럽지 않은 법조인이 될 것을 다짐하고 또 다짐합니다. 늘 견리사의(見利思義 : 눈앞에 이익을 보거든 먼저 그것을 취함이 義理에 합당한 지를 생각하라는 말)의 마음으로 살아가겠습니다.

22 우리 편이 승소했으면 좋겠습니다

참 좋은 날(2021. 10. 14.) 국가유공자 및 보훈대상자 요건비해당결정 처분 취소소송 재판을 위해 광주지방법원에 갔다가 재판을 마치고 상경하는 길입니다. 성경은 '재판할 때에 낯을 보아 주는 것이 옳지 못하니라(잠언 24장 23절)'고 하고, '너희는 재판할 때에 불의를 행하지 말며 가난한 자의 편을 들지 말며 세력 있는 자라고 두둔하지 말고 공의로 사람을 재판할지며(레위기 19장 15절)'라고 합니다.

그렇지만 부디 재판장님께서 힘들게 살아가는 우리 원고의 억울한 사정을 두루 잘 살펴주시기만을 바랄 뿐입니다. 재판장님이 아리까리('알쏭달쏭하다'는 뜻의 전라도 사투리)할 때는 항상 우리 편의 손을 들어주시고, 이래도 저래도 제가 맡은 사건은 모두 우리 편이 승소했으면 좋겠습니다!

재판을 마치고 의뢰인과 대화를 나누기 위해 근처 카페에 들어갔더니 창가에 의사봉이 놓여 있었습니다. 아마 카페 주인은 법정에서 판사가 의사봉(議事棒)을 두드리면서 판결을 선고하는 것으로 알고 있나 봅니다. 그런데, 우리 법원에서는 판결 선고를 모두 구두(口頭)로 합니다. 그리고 우리 법원은 소송이 제기되면 반드시 각하(却下), 결정, 판결 등 어떤 식으로든 결론을 내려줍니다. 그래서 조정(調停)과 화해(和解)가 가능한 사건은 반드시 합의로 끝내는 것이 지혜로운 태도입니다. 소송은 반드시 '승패(勝敗)'가 있기 때문입니다. KTX 창밖으로 보이는 황금들판이 한 폭의 그림 같습니다.

23 공소취소(公訴取消)

 오늘 군사법원 법정에서 있었던 일입니다. 어느 병사가 군복무 중 초병에 관한 죄(초병폭행, 초병특수폭행, 초병특수협박)와 그 외 죄(강요, 특수폭행, 상관모욕)로 제△군단 보통군사법원에서 불구속 기소된 이후 전역을 하였습니다. 그래서 제△군단 군사법원에서는 초병에 관한 죄 등 특정 군사범죄(기밀, 초병, 초소, 유독음식물공급, 포로, 군용물에 관한 죄)는 일반 국민에 대하여도 신분적 재판권이 있지만, 그 외 죄에 대해서는 재판권을 행사할 수 없고, 반대로 일반 법원은 특정 군사범죄에 대하여는 재판권을 행사할 수 없다는 대법원 2016초기318 전원합의체 결정에 따라 초병에 관한 죄를 제외한 나머지 죄는 전역한 병사의 주소지 관할 ○○지방법원으로 이송되었습니다. 이후 피고인은 ○○지방법원에서 먼저 재판을 받았는데, 재판장은 피고인이 피해자들과 합의한 점 등을 참작하여 징역형의 집행유예 판결을 선고했습니다.
 그런데, ○○지방법원 재판 때 공판검사는 제△군단 군사법원에서 이송된 사건의 공소장에 초병에 관한 죄와 그 외의 죄가 함께 기재된 공소사실 전부를 낭독했고, 변호사인 저는 초병에 관한 죄를 제외한 나머지 부분만을 변론했으나, ○○지방법원에서는 초병에 관한 죄의 범죄사실(매우 사안이 중함)과 적용법조까지 모두 기재한 판결을 선고하였고, 이후 피고인과 검찰 쌍방이 항소를 하지 않아 2021. 4. 29. 위 판결이 확정되었습니다. 일반 법원은 특정 군사범죄에 대해서는 재판권을 행사할 수 없는데 재판권을 행사해서 판결하였고, 그 판결은 확정되어 기판력(旣判力)까지 발생한 것입니다.

그래서 저는 군사법원법 제381조에 따라 확정판결이 있은 때 면소의 판결을 하도록 규정하고 있다는 점과 만약 군검찰이 공소취소를 하게 될 경우에는 공소기각 결정해달라는 변호인 의견서를 제출했는데, 오늘 군사법원 법정에서 공판군검사가 떨떠름한 표정으로 공소취소장을 접수했고, 재판부는 다음 기일에 재판서로서 공소기각 결정을 하겠다고 고지했습니다.

저는 원심에서 유죄를 선고 받은 피고인에 대해 항소심에서 무죄를 받은 경험은 여러 차례 있으나, 위 사례는 제가 군법무관으로서 10년, 변호사로서 18년 총 28년 법조인 생활에서 처음으로 접한 것이고, 관련 판례를 검색했을 때 유사사례도 없는 것으로 보아 매우 드문 사례라고 생각됩니다.

저는 피고인에게 "하나님께서 큰 은혜를 베풀어 주신 것을 잊지 말고, 평생 사죄하는 마음으로 가족과 이웃을 섬기라"는 이야기 등을 하면서 시간 가는 줄 모르게 즐거운 대화를 하면서 군사법정을 다녀왔습니다. 시간은 분명 기쁠 때와 불안할 때 다르게 흐릅니다. 젊은 피고인의 앞길에 하나님의 축복이 가득하기를 기도합니다.

위 사건에 관하여 피고인의 변호인은 다음과 같이 참고자료를 제출합니다.

다 음

1. 대법원 1982. 6. 22. 선고 82도1072,82감도207 판결 1부
[제출취지: 제1심법원에 재판권이 없었다 하여라도 그것을 이유로 제1심판결을 파기할 수 없다는 사실 소명]

1. 대법원 2011. 1. 27. 선고 2010도11987 판결 1부
[제출취지: 확정판결이 있는 사건과 동일사건에 대하여 공소가 제기된 경우 법원이 취하여야 할 조치는 면소판결이라는 사실 소명]

2021. 6. .

위 피고인의 변호인
법무법인 서 호
담당변호사 김 양 홍

24 피고인은 무죄 그리고 상고를 기각한다

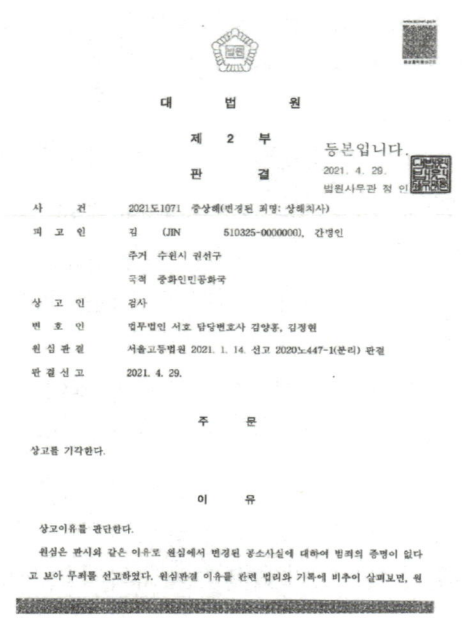

아래 글은 2021. 1. 15. 제가 제2심 때 변호하여 무죄 판결을 받은 중국인 김(JIN)선생님에 관하여 쓴 '피고인은 무죄'라는 글입니다. 그렇게 김선생님이 무죄판결 받은 것에 대해 검사가 대법원에 상고했는데, 2021. 4. 29. 검사의 상고가 기각되었고, 오늘 그 대법원 판결문이 송달되었습니다. 이렇게 무죄재판을 받아 확정된 사건의 피고인은 구금을 당하였거나 재판의 집행으로 형 집행을 받았을 때 국가에 대하여 구금 또는 형의 집행에 대한 보상을 청구할 수 있습니다. 즉, 형사보상 및 명예회복에 관한 법률 제5조 제1항에 따르면, 구금에 대한 보상을 할 때에는 그 구금일수(拘禁日數)에 따라 1일당 보상청구의 원인이 발생한 연도의 최저임금법에 따른 일급(日給) 최저임금액 이상 대통령령으로 정하는 금액 이하의 비율에 의한 보상금을 지급하도록 되어 있고, 대통령령에서 정하고 있는 보상의 한도는 '1일당 보상청구의 원인이 발생한 해의 최저임금법에 따른 일급 최저임금액의 5배'입니다. 김선생님은 형사보상금으로 약 7,500만원을 받으셨습니다. 김선생님이 무죄판결을 받을 수 있도록 도와주신 하나님께 감사하고 감사합니다. 모두 하나님의 은혜입니다.

※ **피고인은 무죄**

변호사로서 가장 보람된 일 중 하나는 자신이 변호한 피고인이 무죄를 선고 받았을 때 입니다. 유죄판결 주문은 '피고인을 징역 ○년에 처한다.'라고 표기하는데, 무죄판결 주문은 '피고인을 무죄에 처한다.'가 아니고 '피고인은 무죄'입니다.

변호사는 피고인을 변호하다보면 자연스레 피고인과 같은 마음이 됩니다. 어제(2021년 1월 14일) 3일간의 저의 숙부님 장례절차를 마치고 KTX를 타고 상경하는 길에 중국인(조선족) 피고인으로부터 "무죄판결 받았다."는 소식을 들었는데, 피고인의 그 기쁜 마음이 그대로 전해져서 제가 직접 무죄판결을 받은 것처럼 기뻤습니다. 모두 하나님의 은혜입니다.

검찰의 공소사실만 보면, 피고인은 아주 나쁜 사람입니다. '2019년 10월경 자신이 간병하던 환자가 말을 듣지 않고 침대에서 내려가려고 한다는 이유로 침대 옆 커튼을 치고 피해자의 발을 손으로 잡아 올리는 방법으로 피해자를 강제로 침대에 밀쳐 눕히고, 침대 밑에 있던 유리병으로 피해자의 머리를 향해 내리쳐 피해자에게 의식불명 상태의 중상해를 가했다.'는 것입니다. 이 사건은 방송(2019년 11월 5일 연합뉴스, 2019년 11월 13일 MBN뉴스 등)과 각종 신문에 보도된 바 있습니다. 안타깝게도 피해자는 제2심 재판 도중(2020년 9월 16일) 병원에서 사망하였고, 이후 검찰은 중상해를 '상해치사'로 공소장을 변경하였습니다.

피고인은 제1심 법원(고양지원)에서부터 국선변호인을 통해 무죄를 주장했으나, 제1심 법원은 검찰의 공소사실을 모두 유죄로 인정하여 피고인에게 징역 2년을 선고했고, 이에 검찰과 피고인 쌍방이 항소한 제2심(서울고등법원)부터 제가 사건을 맡아 무죄를 주장하였는데, 결국 무죄판결을 받은 것입니다. 특히 피고인은 구속기간 만료를 앞두고 전자장치 부착을 조건으로 2020년 9월 28일 보석 허가를 받았는데, 이는 손목시계 형태의 전자장치 부착을 조건으로 보석을 허가하는 전자보석제도가 2020년 8월 5일 시행된 이래 수원법원과 울산법원에 이어 세 번째 전자보석 허용이었습니다.

피고인은 무죄선고를 받은 후 재판장님께 발언 허가를 받고, "무죄를 선고해주셔서 정말 감사합니다. 오늘 무죄 판결 해주신 것에 대해 평생 은혜 잊지 않고 살아가겠습니다."라고 발언했더니 그동안 가슴에 응어리진 것이 내려갔다고 합니다. 그 날 피고인과 동행한 피고인의 여동생은 "대한민국 만세"라고 외치고 싶었다고 합니다. 관할 보호관찰소 직원도 그 날 법정에 참석하여 피고인에 대한 판결 선고를 들었는데, 무죄판결을 받은 후 곧바로 법정 밖에서 전자발찌를 잘라 줬습니다.

25 소방관의 기도

소방관의 기도

신이시여,
제가 부름을 받을 때에는
아무리 뜨거운 화염 속에서도
한 생명을 구할 수 있는 힘을 주소서.

너무 늦기 전에
어린아이를 감싸 안을 수 있게 하시고
공포에 떠는 노인을 구하게 하소서.

언제나 집중하여
가냘픈 외침까지도 들을 수 있게 하시고
빠르고 효율적으로 화재를 진압하게 하소서.

저의 임무를 충실히 수행케 하시고
제가 최선을 다할 수 있게 하시어
이웃의 생명과 재산을 보호하게 하소서.

그리고 당신의 뜻에 따라 제 목숨을 다하게 되거든,
부디 은총의 손길로
제 아내와 아이들을 돌보아 주소서.

소방관의 기도는 소모키 린(A.W. Smokey Linn)이라는 미국 소방관이 아파트 화재 현장에서 어린이 세 명이 있음을 창문으로 확인했으나 건물주가 설치한 안전장치 때문에 결국 구출하지 못한 일을 겪고 나서 자책감에 시달리다가 쓴 시로 알려져 있습니다. 현재는 미국뿐만 아니라 전 세계의 소방관들의 복무신조(服務信條)나 다름 없이 쓰이고 있습니다. 우리나라에서는 2001년 홍제동 화재 때 순직한 김철홍 소방관의 책상에서 위 시가 발견돼 널리 알려지게 되었습니다.(나무위키에서 인용)

9·11 테러로 세계무역센터가 화염에 휩싸였을 때 탈출하는 사람들로 북새통인 비상계단에서 거꾸로 올라가는 소방관이 카메라에 잡혔는데, 왜 올라가느냐고 묻자 소방관은 "이게 내 일"이라는 말을 남긴 채 연기 속으로 사라졌습니다. 화재 현장에서 소방관들이 이따금 희생되는 것은 '터널 비전(Tunnel Vision)' 때문이라고 합니다. 의학용어인 '터널 비전'은 상하좌우 주변은 볼 수 없고, 오직 빛이 있는 터널의 끝만 보인다는 의미입니다. 촌각을 다투며 인명을 구해야 하는 소방관들은 '터널 비전'에 빠지기 쉽습니다. "네가 가면, 우리도 간다(You go, We go)." 론 하워드 감독의 화마(火魔)를 소재로 한 영화 '분노의 역류(Backdraft)'의 명대사입니다. 화재 현장에서 곤경에 처한 소방관을 구하러 뛰어들며 동료들이 외치던 말입니다.

2021년 6월 17일 이천 쿠팡물류센터 화재 현장에서 남아 있는 사람이 있는지 확인하기 위해 화재 현장에 뛰어들었다가, 후배 4명을 먼저 내보냈던 이천소방서 김동식 구조대장이 실종 48시간 만에 실종됐던 창고 지하 2층에서 숨진 채 발견되었습니다.

미국에서는 매년 100명이 넘는 소방관이 사망하고, 6만 명이 부상을 당하지만, 소방관은 목숨 걸고 남을 돕는다는 자부심이 대단하고 보수도 넉넉한 편이라고 합니다. 그런데, 우리나라는 어떤가요? 우리나라는 국가직과 지방직으로 이원화돼 있던 소방공무원은 겨우 2020년 4월 1일부터 국가직으로 전환되었을 정도로 소방공무원의 신분과 처우에 무관심했습니다. 급할 때 그들을 부르기만 했지 그들의 수고와 헌신을 망각하지 않았나 반성하게 됩니다. 소방관은 우리 곁에서 우리를 아낌없이 돕는 우리의 가장 소중한 이웃임을 잊지 맙시다. 죽음의 문턱에서 '소방관의 기도'를 되새겼을 김동식 구조대장의 유가족들에게 하나님의 위로를 빕니다.

26 사진 속의 두 남자

사진 속에 두 남자가 있습니다. 눈이 펑펑 오는 날, 한 남자가 자신이 입고 있던 방한 점퍼를 벗어 다른 남자에게 입혀주고 주머니 속에서 뭔가를 꺼내 쥐여 줍니다.

지난 2021년 1월 18일 오전 서울역 앞에서 있었던 일입니다. 점퍼를 벗어 주던 남자는 지나가는 시민이었고, 그 점퍼를 받은 남자는 노숙인이었습니다. 이 광경을 목격한 사진 기자가 노숙인에게 달려가 물었습니다. "무슨 일이시죠?" 그러자 노숙인은 눈물을 흘리며 기자에게 대답했습니다. "너무 추워서 커피 한잔을 사달라고 부탁했는데 아무런 대꾸도 없이 내 어깨를 잡더니 입고 있던 외투와 장갑을 줬습니다. 정말 고맙고 눈물이 납니다." 그리고 남자가 노숙인에게 건네준 건 외투와 장갑뿐만 아니라 5만 원짜리 지폐도 있었습니다. 사진기자가 바로 주위를 둘러보았지만, 자신이 가진 걸 노숙인에게 선뜻 내어준 남자는 하얀 눈 속으로 홀연히 사라졌습니다(글과 사진 출처 : 한겨레신문 백소아 사진뉴스팀 기자).

사진 속의 두 남자 이야기는 2021년 1월 코로나19로 지친 우리들의 마음을 참 따뜻하게 해줬습니다. 노숙인을 만나면 피하려고만 했던 저의 모습을 돌이켜 보니 한없이 부끄럽습니다.

또 누구든지 제자의 이름으로 이 작은 자 중 하나에게 냉수 한 그릇이라도 주는 자는 내가 진실로 너희에게 이르노니 그 사람이 결단코 상을 잃지 아니하리라 하시니라(마태복음 10장 42절)

삶 속에서 예수님의 사랑을 실천해야 하는데, 저는 무늬만 크리스찬인 것 같아 주님께 죄송합니다. 제가 비록 사진 속의 남자처럼 노숙인에게 외투와 장갑을 벗어주지는 못해도 이 땅에 사는 노숙인들이 건강하게 이 추운 겨울을 잘 지낼 수 있도록 기도합니다. 그리고 지금 제가 서 있는 자리에서 제 곁에 있는 모든 사람들을 마음을 다하여 섬기겠습니다. 저의 삶의 모든 영역에서 사진 속의 남자를 본받고 싶습니다. 그래서 저의 삶이 예배가 되고, 전도가 되길 소망합니다.

27 MBC VR 휴먼다큐 '너를 만났다 시즌2 로망스'

어젯밤 우연히 MBC 창사 60주년 VR(Virtual Reality, 가상현실) 휴먼다큐 '너를 만났다 시즌2 로망스'를 시청했습니다. 가상의 공간에서 남편이 넷 딸과 어린 아들을 두고 소천한 아내를 만나는 장면이었습니다. 가상의 집 안 거실에서 아내와 추억을 이야기하면서 춤추고, 나무가 울창하고 꽃이 만발한 산책길에서 함께 돌탑을 쌓으면서 기도한 내용을 이야기하고, 결혼식 장면을 함께 보는 등 실제 살아있는 듯한 가상의 아내를 만납니다. 남편은 "조금만 더 있다가 가라."고 하는데, 아내는 작은 별빛이 되어 사라집니다. 아빠가 가상의 엄마를 만나는 것을 지켜보는 자녀들도 함께 울면서 엄마를 만납니다.

저와 아내는 영상을 보면서 얼마나 울었던지 … 이 글을 쓰면서도 울고 있습니다. 저의 아내가 다큐를 보는 도중에 갑자기 "나한테 할

말 없어요?"라고 해서, 제가 "사랑해요. 미안해요."라고 대답했고, 아내는 "좋아해요."라고 화답했습니다. '사랑해요와 미안해요 그리고 좋아해요'는 같은 말입니다. 내 곁에 사랑하는 사람이 있는 것만으로도 감사하고 감사할 일입니다. 세상살이에 고난과 어려움이 없는 날이 있겠습니까? 그렇지만, 환경 바라보지 말고, 하나님이 우리에게 주신 사랑을 기억하면서 서로 사랑하고, 범사에 감사하면서 오늘 하루 행복하게 살아갑시다. 내일은 오늘이 아니잖아요 …

28 영화 '미쓰 와이프'

2021년 1월 마지막 주말 오후 아내와 함께 넷플릭스(Netflix)에서 코미디 영화 '미쓰 와이프'를 봤습니다. 영화를 너무 재밌게 봐서 저녁식사 후 또 봤습니다. 같은 날 같은 영화를 두 번 본 것은 생애 처음입니다.

영화는 "아버지는 마도로스였다."라고 시작합니다. 여자에게 남자는 백해무익(百害無益)이라는 사고를 가진 잘 나가는 골드 미스(gold miss) 이연우(엄정화 역)는 돈이면 무엇이든 하는 피도 눈물도 없는 변호사입니다. 그런 그녀가 저승의 전산오류(?)로 인해서 갑자기 죽게 되고, 다시 살고 싶다면 한 달 동안 다른 사람의 삶을 살아야 한다는 저승 담당자(이소장, 김상호 역)의 제안을 받아들입니다. 다시 눈을 뜬 연우가 한 달간 살아가야 할 새로운 삶은 18세에 잘 생기고 성실한 남자(구청 공무원 김성환, 송승헌 역)에게 시집 와서 고등학생 딸(하늘)과 유치원생 아들(하루)을 둔 오리지널 아줌마입니다. '어제까진 미쓰, 오늘부터 와이프'인 연우가 새로운 가족들, 이웃들과 좌충우돌하면서 서서히 진짜 성환의 와이프, 진짜 하늘이 엄마, 진짜 이웃이 되어갑니다. 코미디 영화라기보다는 반전이 있고, 눈물이 있는 가족 영화입니다. 저승 담당자 이소장이 연우에게 한 말이 이 영화가 하고 싶은 말입니다. 우리 모두 최대한 사랑합시다!!

"목숨보다 소중한 딸, 사랑해"
"명심하십시오. 시련이 없으면 인생도 없는 겁니다."
"최대한 사랑해주세요."

29 드라마 '오징어 게임'

 2021. 9. 17. 오픈 되어 Netflix가 서비스되는 90개 나라에서 모두 1위를 기록하고 있는 Netflix 오리지널 드라마 '오징어 게임(Squid Game)'을 10. 10. 주일 저녁부터 새벽 2시 20분까지 봤습니다. 감당하기 어려운 큰 빚에 쫓기는 사람들과 돈이 필요한 외국인 근로자 등 456명의 사람들이 스스로 자신의 목숨을 걸고 456억원의 상금이 걸린 6가지 게임을 하는 이야기입니다. 그 곳 밖은 더 지옥이라고 생각하면서 ... 너무나도 잔인해서 가족이 함께 볼 드라마가 아님에도 저희 가족들은 함께 제1화부터 마지막 제9화까지 쭉

시청했습니다(저의 딸은 너무 잔인해서 거의 보지 못했습니다). 이 드라마는 제1화를 시청하면 자연스레 제9화까지 시청하게 만드는 'K-드라마'입니다.

올해 대학교 1학년인 저의 아들은 두 번째로 봤는데도 재미있었다고 합니다. 아들은 '① 사람을 잘 표현했다. 인간의 양면적인 모습을 잘 드러냈다. ② 가족애, 동지애, 보은(報恩), 배신 등 감정을 자극하는 요소들이 많다. ③ 대리수술 문제, 외국인 노동자의 인권 등 사회적 이슈를 잘 담았다. ④ 클리셰(cliché, 진부하거나 틀에 박힌 생각 따위를 이르는 말)를 잘 비틀었다. ⑤ 신선했다.'는 감상평을 했습니다. 90개 나라의 사람들도 아들과 비슷한 감상평을 갖고 있어서 이 드라마에 그렇게 열광하는 것 같습니다. 저의 아내는 "그냥 잔인하다. 너무 잔인하다. 인간의 내면의 세계를 적나라하게 표현했다."는 짧은 감상평을 했습니다. 미국과 유럽에서도 이 드라마가 '믿기 어려울 만큼 폭력적'이라면서 폭력성을 지적하는 우려의 목소리도 나오고 있다고 합니다.

게임을 관람하는 VIP라는 사람들은 게임에 참가한 사람들을 '경마장의 말'로 취급하고, 사람들이 죽어가는 데도 귀에 익은 재즈음악이 흘러나오고, 그 장면을 보면서 와인을 마시고, 농담을 주고받습니다. 사람이 죽어 가는데도 말입니다. 심지어 이 게임의 주최자는 "보는 것이 하는 것보다 더 재미있을 수가 없지"라는 말을 하면서, 실제로 네 번째 게임까지 참여합니다.

마지막 여섯 번째 게임인 오징어 게임에는 동네 선후배 사이인 성기훈과 조상우 단 2명이 남게 됩니다. 기훈은 오징어 게임에서 승자가 되었지만, 동네 후배 상우를 죽일 수 없어 상금 456억 원을 포기하고 게임 중단을 선언합니다. 게임의 원칙상 다수가 원하면 게임을 중단할 수 있기에 ... 그런데, 상우는 스스로 목숨을 끊으면서 자신의 엄마를 부탁합니다. 결국 상금을 혼자 받게 된 기훈은 홀로 쓸쓸히 돌아가신 엄마의 시신 앞에서 "나, 돈 벌어 왔어"라고 외칩니다. 그러나 죽음 앞에서 돈은 아무 쓸모가 없었습니다. 기훈은 그 후 1년 동안 10,000원만 사용하고 나머지는 사용하지 못합니다. 영화 도입 부분과 끝 부분에서 10,000원의 가치가 얼마나 큰 지를 잘 묘사해주고 있습니다. 이후 기훈은 사람을 죽였던 돈을 사람을 살리는 돈으로 사용합니다.

　이 드라마는 하나님을 믿는다는 사람들을 매우 부정적으로 그리고 있어서 마음이 많이 불편했습니다. 믿음은 말로 하는 것이 아니라 자신의 삶을 통해 드러나게 해야 합니다. 예수님은 "이같이 너희 빛이 사람 앞에 비치게 하여 그들로 너희 착한 행실을 보고 하늘에 계신 너희 아버지께 영광을 돌리게 하라(마태복음 5장 16절)"고 하셨는데, 극중 기독교인으로 등장하는 사람들은 모두 착한 행실을 하지 않았습니다. 세상이 우리 기독교인들을 바라보는 시각인 것 같아서 한편으로는 참 씁쓸했고, 한 편으로는 저 자신을 되돌아보는 시간이 되었습니다. 여러분은 사람을 믿습니까? 사람은 믿음의 대상이 아니라 사랑의 대상일 뿐입니다.

※ 한국성결신문 2021년 10월 13일 '김양홍 변호사의 행복칼럼'에 실린 글입니다.

30 참 좋은 여행(파인스톤CC과 에스앤CC)

1. 첫째 날 : 백돌이들과 백순이들의 행복

사랑하는 북성중 제33회 동창 한창용 부부와 함께 부부 동반 2박 3일(2021. 4. 8.~10.) 골프 여행을 다녀왔습니다. 당진에 있는 파인스톤CC에서 이틀, 보령에 있는 에스앤CC에서 하루 골프를 한 일정입니다. 아이들이 초등학교 다닐 때(2007~2008년) 1박 2일로 부안 변산반도(조개잡이)와 대관령(양떼목장)을 함께 다녀왔고, 중국 충칭대에서 교수로 재직중인 조삼영 중학교 동창을 만나기 위해 충칭으로 2박 3일(2019. 2. 28. ~ 3. 2.) 부부 동반 여행을 다녀온 적은 있지만, 이렇게 부부가 함께 골프를 하게 된 것은 지난해 봄(2020. 4. 30.) 광주 무등산CC에서 처음 골프를 한 이후 두 번째입니다.

파인스톤은 말 그대로 소나무(pine)와 돌(stone)로 만들어진 참 아름다운 골프장입니다. 꼭 외국으로 여행다녀 온 기분입니다. 4월이라서 곳곳에 벚꽃이 진 곳도 많은데, 그곳은 바닷바람이 부는 선선한 곳(오후 5시 이후에는 추위가 느껴졌습니다)이라서 그런지 지금 벚꽃이 만개했고, 멋진 주위 풍경을 보느라 정신이 없었습니다. 특히 17번 홀 Par3 아일랜드 홀에서 보는 석양은 한 폭의 그림이었습니다. 물빛에 반사되는 태양빛에 눈을 제대로 뜰 수가 없어서 그랬는지, 한창용 외 나머지 3명 모두 볼을 물속으로 시집보냈습니다.

첫째 날 최종 점수는 한창용 107타, 김양홍 112타(아내들은 점수 비공개 요청). 모두 백돌이(100타 이상 치는 사람)와 백순이로 2

년차나 20년차나 오십보백보(五十步百步)입니다. 저는 골프에 입문한 지 20년 정도 되었는데, 아직도 계백장군(계속 백돌이)입니다. 저의 최근 9게임 평균 타수가 105타인데, 112타로 조금 못 쳤고, 골프공도 많이 잃어버렸으나(골프공 농사도 잘 지어, 잃어버린만큼 골프공을 주웠습니다), 사랑하는 친구 부부와 함께 했기에 모든 것이 좋았습니다.

저녁식사는 바닷가 횟집에서 회를 먹으려고 네비게이션을 찍고 갔는데, 바닷가가 아닌 당진 시내에 있는 같은 이름 다른 식당으로 잘못 찾아가는 바람에 돌아가다가 당진 시내 맛집인 간장게장집(식당 이름 : '당진제일꽃게장')을 들어갔습니다. 간장게장도 맛있었지만, 시원한 꽃게탕은 더 맛있었습니다.

서울에서 2시간 30분 가량 운전하고 와서 티업(tee up) 시간이 오후 1시28분이었고, 저녁 8시가 다 되어 식사를 하고, 골프텔에서 담소를 나누다가 자정이 되어서 잠이 들었는데, 새벽 3시경 기상하여 첫날 여행기를 썼습니다. 여행이란 '설레임'입니다. 첫째 날 저에게 시집온(주운) 골프공들이 조만간 다시 친정으로 돌아갈 것으로 생각했는데, 다음 날 대부분 친정으로 돌아가지 않았습니다. 골프공들도 시댁이 마음에 들었나 봅니다.

2. 둘째 날 : 보기만 해도 좋아

　친구가 커피 내리는 기구까지 갖고 와서 아침에 맛있는 커피를 내려줘서 참 맛있게 마셨습니다. 저는 새벽 3시경에 일어나 글을 쓴다고 잠을 제대로 자지 못했지만, 아침식사로 국밥을 먹고 나니 정신이 들었습니다. 골프장에서 우리가 식사할 테이블 위에 예약자인 한창용 아내 이름을 명기한 이름표를 놓아두는 배려에 참 기분이 좋았습니다. 누군가로부터 배려를 받는다는 느낌은 언제나 기분이 좋은 것 같습니다.

　둘째 날 티업 시간이 07:17이지만, 골프텔에서 잠을 잤기 때문에 새벽에 일찍 일어나 운전해서 오는 피곤함도 없고, 봄 햇살도 따스해서 운동하기에는 최적의 조건이었습니다. 첫째 날은 티업 시간이 오후였고, 마칠 무렵에는 바닷바람 때문에 추위를 느낄 정도였는데, 둘째 날은 미세먼지 하나 없는 선선한 가을날씨처럼 좋았습니다.

　파인스톤CC는 벙커가 100개가 이상이고(114~120개), 워터 해저드(Water Hazard)와 긴 홀이 많고, 그린 난이도)도 어려워 백돌이가 골프하기에는 다소 어려운 골프장입니다. 그런데, 주위 풍경이 예술이고, 좋은 사람들과 운동하다보니 시간 가는 줄 모르고 18홀이 끝났습니다. 18홀을 끝낸 것이 아니라 끝났습니다.

　제가 골프 시작하기 전에 캐디에게 "어제 Par를 1개도 못했다."고 했더니, 대뜸 "왜요?"라고 했습니다. 캐디의 예상치 못한 "왜요?"라는 대답이 전혀 상처가 되지 않을 정도로 저에게는 참 어려운 골프장이었습니다. 다행히 오늘은 Par를 1개 했습니다. 다만, 헤저드 빠지기 직전에 놓인 볼을 치기 좋은 곳으로 옮겨 놓고 쳐서 파를 한 것이라서 찐파(진짜 Par)는 아닙니다. 우리 팀은 저의 아내가

Par 2개, 제가 Par 1개 한 것이 전부이기에 보기(Bogey)만 해도 너무 좋아하는 분위기였습니다. 살아가면서 좋은 사람들 보기만 해도 좋은데, 백돌이 골퍼들도 보기만 해도 참 기쁩니다.

둘째 날 최종 점수는 김양홍 108타, 한창용 113타(아내들은 점수 비공개 요청)로 어제와 크게 달라진 것은 없으나, 볼을 많이 잃어버리지 않았다는 점이 달랐습니다. 저는 벙커 샷(bunker shot)을 유난히 무서워하는데, 둘째 날은 볼이 벙커만 찾아서 들어간 홀이 많아서 더 힘들었습니다. 산 넘어 산이 인생이듯이 골프도 한 고비 넘으면 또 다른 고비가 기다리고 있습니다. 그래서 골프가 재미있습니다. 한 홀 한 홀 지나갈 때마다 새로운 인생을 사는 것 같기 때문입니다.

라운딩 후 셋째 날 운동할 보령 에스앤CC(9홀)로 가는 길목에 있는 개심사(開心寺) 입구에서 점심식사를 하고 개심사 왕벚꽃을 구경하기로 했습니다. 개심사 입구 맛집으로 소문난 식당(?)에서 산채

비빔밥과 파전을 먹었는데, 평일인데도 왕벚꽃 구경하러 온 사람들이 많아서 그런지 손님들이 음식물을 직접 갖고 와서 먹어야 했습니다. 점심식사를 마치고 개심사 입구에서 개심사까지 걸어가는데, 맞은편에서 어느 분이 셀카봉에 핸드폰을 들고 오는 모습을 보고 친구가 '왜 퍼터를 들고 다니지'라고 생각했다고 해서 보니, 저도 정말 퍼터(putter)처럼 보였습니다. '돼지 눈에는 돼지만 보이고, 부처 눈에는 부처만 보인다'는 무학대사의 말씀이 맞는 것 같습니다. 개심사 왕벚꽃은 아직 만개하지 않았으나, 혼자 핀 왕벚꽃 나무 한 그루가 방문객을 맞이하고 있었습니다.

에스앤CC는 대천해수욕장 근처에 있는 죽도(竹島) 맞은편에 있는데, 도착하자마자 피곤해서 쓰러지듯 잠시 잤습니다. 저녁식사는 보령 시내 맛집으로 알려진 횟집(식당 이름 : '어부횟집')에서 했는데, 너무 많이 먹어서 저의 배가 임산부의 배가 되었습니다. 저의 아내가 식사 중 친구가 아내에게 새우 껍질을 까주는 등 '배려 왕'의 모습을 보면서 친구처럼 해보라는 야단을 맞았으나, 참 기분 좋은 '비교 당함'이었습니다.

저녁식사 후 대천해수욕장 백사장을 잠시 거닐었는데, 까만 밤하늘에 많은 별들이 보였습니다. 친구 내외는 대천해수욕장을 처음 왔는데, 큰 백사장을 보면서 놀라워했습니다.

저녁에는 첫째 날처럼 담소를 나눴는데, 서로 아픈 가정사와 개인사를 이야기를 하고, 무거운 짐을 지고 살아가야 하는 아버지로서의 삶에 대해서 대화를 나눴습니다. "우리 아이들이 착한 마음을 갖고 살면 된다. 아이들이 성품 좋은 믿음의 배우자를 만나도록 기도하자."와 "나쁜 사람은 피해야 한다."는 것에 대해 서로 공감했습니다. 밤 10시가 넘어 골프장 야간등이 꺼지자 우리도 대화를 중단하고, 잠이 들었습니다. 꿀잠을 잤습니다.

참고로 2021년 4월 9일 오늘은 저희 부부의 관면혼인(寬免婚姻) 예식을 집례해주신 서상범 신부님의 주교 서품과 군종교구장 착좌식이 있는 날이기도 합니다. 우리 서상범 주교님의 앞길에 주님이 도와주시고 또 도와주시길 기도합니다.

3. 셋째 날 : 제대로 휴가

셋째 날 운동한 에스앤CC는 9홀을 두 번 도는 퍼블릭 골프장입니다. 셋째 날도 여행기를 쓰기 위해 새벽 4시경 일어났습니다. 정확히 표현하면 더 자고 싶었는데, 저절로 눈이 떠졌습니다. 저는 골프 하는 날은 설렘 때문인지 늘 이른 새벽에 잠에서 깨곤합니다.

아침식사를 하면서 친구는 "집은 살기 위한 것이지 투자하는 것이 아니다. 공시지가 올려서 세금으로 집값을 잡으려 하지 말고, 공급을 늘려 집값을 잡아야 한다."는 소신을 피력했는데, 매우 공감합니다. 4명 모두 골프텔에서 잠을 잘 잤고, 티업시간도 07:38이라서 좋은 몸 컨디션으로 운동할 수 있었습니다. 저는 3일 내내 15,000보(둘째 날은 20,906보, 약 15km) 이상을 걸었습니다.

에스앤CC는 9홀을 두 번 도는 것이지만, 전후반 핀(pin) 위치가 변경되고, 티샷하는 곳을 일부 다르게 하기 때문에 똑같은 홀을 두 번 도는 것이 아닙니다. 우리 팀은 3일 째 골프를 해서 그런지 셋째 날 가장 잘 쳤습니다. 친구는 지잘공(지금까지 가장 잘 친 공의 줄임말)과 오잘공(오늘 가장 잘 친공의 줄임말)을 많이 쳤습니다. 친구는 영어학원 원장선생님답게 실수할 때마다 "Oh~ boy~"라는 감탄사를 자주 사용해서 저도 따라서 했습니다.

저도 오늘은 Par 3개, 보기 6개 최종 104타를 쳤고, 친구 내외는 누가 부부 아니라고 할까봐 둘 다 111타를 쳤습니다. 보통 골프장에서는 티샷을 잘못해서 옆 홀로 골프공이 날아갈 경우 "보~올"이라고 외치는 캐디의 목소리를 가끔 듣는데, 에스앤CC에서는 그 소리를 한 홀에서 두 번 연거푸 들은 적도 있을 정도로 티샷을 잘못하는 골퍼들이 많았습니다.

저희 팀은 3일 동안 골프를 했지만 코로나19 감염을 막기 위해 4명 모두 라운딩하는 동안 마스크를 착용했고, 클럽하우스에서 샤워를 하지 않았습니다. 운동을 마치고 대천해수욕장 근처 식당으로 가는 도로변에 심은지 몇 년 안 된 벚꽃나무의 벚꽃이 활짝 피어 있는데, CBS 라디오 93.9에서 '버스커 버스커'가 부른 '벚꽃 엔딩' 노래가 흘러 나왔습니다. 꼭 영화 속 한 장면 같았습니다.

대천해수욕장 맛집인 '대천 키조개 삼합' 식당에서 키조개 삼합(키조개+차돌박이+전복)을 명이나물에 쌈 싸먹었는데, 맛이 일품입니다. 친구는 언제 어디에서나 곁에 있는 사람을 잘 챙겨주기에 친구랑 같이 식사를 하면 고기 굽는 것 등을 모두 해주기에 양 손이 자유롭습니다. 키조개 삼합을 안 먹고 갔으면, 억울할 뻔 했습니다. 또한 볶음밥과 해물라면(일명 '바다라면')도 꼭 드셔보십시오. 심지어 친구는 음식이 너무 맛있어서 "골프친 사실을 잊어버렸다."고 했습니다.

점심식사 후에는 다시 대천해수욕장 백사장으로 가서 바다도 보고 사진도 찍고 왔습니다. 5월에는 1박 2일로, 6월에는 마지막 주 주말에 골프 하기로 했습니다. 아래 내용은 각자 집에 도착 후 카톡방에 올린 글들입니다. 좋은 친구 부부를 보내주시고, 꿈같은 2박 3일 행복한 동행을 하게 해주신 하나님께 감사하고 감사합니다.

김양홍 : 꽃(친구가 본인 집 마당에 있는 모란꽃 사진을 보내줬습니다)보다 창용이 부부가 더 아름답다♡ 행복한 동행해서 더 행복했다♡
김양홍 아내 : 모란꽃이 예쁘네요. 잊을 수 없는 행복한 시간이었어요~^^ 푹 쉬세요.
한창용 : 현실이 더 비현실적인 것 같았던 그런 2박 3일이었네요. 또 그런 시간들을 주상(아내들 이름 조합)께서 앞으로 계속 만들어주세요. 한양(한창용과 김양홍의 줄임말)은 열심히 따라갈께요~^^ 잘 쉬세요~♡
한창용 아내 : 저도 살아오면서 기억에 남을 즐거운 추억이었습니다♡ 좋은 분들 인연으로 만나게 해주셔서 감사했어요.

31 하루는 하나의 일생이다(소피아그린CC)

사랑하는 처제 내외와 2021년 6월 셋째 주말 오후 소피아그린CC에서 운동을 했습니다. 사람들도 좋고, 하늘도 예쁘고, 바람도 시원하고, 새소리도 좋고, 초록색 잔디 밟는 것도 좋았습니다. 동서는 생애 처음으로 버디(birdie)를 3개나 했고(80타), 저는 생애 처음으로 Par를 6개나 했습니다(104타). 내공(內功)이 대단한 캐디 덕분에 18홀 내내 웃으면서 라운딩을 했습니다.

운동 후 골프장 근처 두부요리 전문집 '옛맛시골집(여주시 점동면 가래울길 25-5)'에서 맛있는 콩국수와 모두부를 먹었는데, 너무 맛있게 먹어서 그런지 저녁식사 후 찐한 행복감을 느낄 정도였습니다. 그 식당 내부에 이런 팻말이 있었습니다.

하루는 작은 인생이다
너무 많이 소유하지 말고 조금씩 비우고 덜어내어

　골프 18홀도 인생의 축소판입니다. 잘 나갈 때가 있고, 헤맬 때가 있고, 기쁠 때가 있고, 후회할 때가 있고, 행운이 찾아 올 때가 있는 것이 골프입니다. 인생이 그렇지 않나요? 그래서 저는 18홀 내내 잘 치는 것 보다는 한 홀 한 홀 어려움을 극복해 나가는 것을 더 좋아합니다. 인생도 고난 극복의 역사 아닌가요?
　그리고 인생도, 골프도 동반자가 좋아야 행복합니다. 그래서 동반자를 더 행복하게 해주어야 합니다. 그래야 내가 더 행복하기 때문입니다. 또한 골프도, 인생도 마음을 비워야 합니다. 더 욕심을 부리는 순간 망치는 경우가 많습니다. 가족과 함께 행복한 하루를 보내고 나니, 정말 작은 인생을 성공적으로 산 것 같습니다. 하루는 작은 인생이 아니라 하나의 인생입니다.

32 한여름에 부는 가을바람(설악썬밸리CC)

1. 진짜 좋다

　도쿄올림픽 개막식 날 처가의 나승은 형님 내외분과 함께 1박 2일로 고성에 있는 설악썬밸리CC에서 운동하고 왔습니다(2021. 7. 23. ~ 24.). 같은 시간 서울과 고성의 날씨는 오후 4시에는 4도(34도와 30도), 밤 11시에는 6도(30도와 24도) 정도 차이가 났고, 한낮에도 시원한 바닷바람이 불기에 더워도 더운줄 모를 정도로 선선했습니다. 오후 4시경 후반 9홀 돌 때는 햇볕조차 숨어버렸습니다. 그래서 많은 사람들이 여름에는 강원도와 동해바다를 찾는 것 같습니다. 동해안에서는 한여름에도 가을바람을 만날 수 있습니다.

　첫날은 골프에 입문한지 21년 만에 18번째 버디를 하고, Par를 2개했지만, 파5 홀에서 양파(Double Par)와 에바(요즘 청소년들 사이에서 정도를 넘어서 지나치게 하는 행동을 '에바'라고 하나, 골프에서는 Par5 홀에서 4오버를 한 경우 Quadruple Bogey라고 하는데, 이를 '에바'라고 합니다.)를 하는 바람에 101타로 경기를 마쳤습니다. 멀리건(mulligan, 최초의 샷이 잘못 돼도 벌타 없이 주어지는 세컨드 샷)도 전후반에 1개씩 받았음에도 … 형님이 "멀리건은 멀리 보내라는 뜻으로 주는 것"이라고 했지만, 저는 그 뜻을 받들지 못했습니다.

　아래 글은 그늘집 화장실에 있는 글귀입니다. 비록 저에게 명예와 지위가 없더라도 저의 길을 가고, 저의 자리를 지키면서, 이웃을 섬기는 삶을 살다가 천국 가고 싶습니다.

사람은 명예와 지위의 즐거움은 알면서도
이름 없고 평범하게 지내는 참다운 즐거움은 알지 못한다.

운동을 마치고 장사항에 있는 횟집에서 엄청 큰 놀래미회로 맛있는 저녁식사를 하면서 이런저런 이야기꽃을 피우다가 숙소로 돌아왔습니다. "진짜 좋다"는 아내가 둘째 날 아침에 일어나서 한 첫말입니다. 사람도 좋고, 골프장도 좋고, 날씨도 좋고, 하늘도 좋고, 바람도 좋고, 숙소도 좋고, 음식도 좋고, 모든 것이 좋았던 하루였습니다.

2. 행복도 하나의 선택이다

둘째 날 이른 새벽부터 잠에서 깼습니다. 어제 이정은6 선수가 LPGA 아문디 에비앙 챔피언십에서 LPGA 메이저대회 최저 타수와 타이를 이룬 10언더파를 쳤는데, 저도 이선수처럼 잘 쳐서 생애 첫 아우디 파(연거푸 4개 Par)를 하겠다고 다짐했습니다. 저는 골프장 갈 때마다 마음은 늘 싱글인데, 결과는 일관되게 백돌이입니다. 오늘은 티업시간이 08시 15분으로 설악코스와 썬코스를 돌았는데, 설악코스는 전장이 길고 어제 돈 썬코스와 밸리코스보다 더 어려웠습니다. 오늘은 Par를 4개나 했으나, 양파와 트리플을 몇 개 하다 보니 105타로 어제보다 더 못했습니다. 오전은 오후 보다 바람이 덜 불어서 그런지 치기가 조금 힘들었습니다. 캐디도 오후가 치기 더 좋답니다. 저희 부부는 2번홀 Par5에서 모두 멀리건 Par를 했는데, 3번홀 Par4에서는 약속이라도 한 듯 똑같이 트리플을 했습니다. 아내는 모처럼 Par5에서 Par를 했다고 많이 좋아했습니다.

그늘에 있으면 천국이 따로 없는데, 무더운 날씨 때문에 카트가 달릴 때 시원한 바람을 만날 수 있어서 "그냥 달려"라는 말을 자주 했습니다. 배롱나무 한 그루가 예쁜 꽃을 피우고 있었습니다.

상경하는 길에 홍천휴게소에서 쉬었는데, 차에서 내리자마자 오늘 폭염주의보가 내려진 이유를 알 수 있었습니다. 아래 글은 골프장 화장실에 있는 글귀입니다. 이래도 하루, 저래도 하루입니다. 미소 짓는 하루로 채웁시다.

행복도 하나의 선택이며, 그 가운데 가장 잘 알려진 방법은 미소 짓는 것이다.

먼 길 오가는 길을 지켜주시고, 행복한 동행을 하게 해주신 하나님께 감사합니다. 그리고 동생 내외를 위해 이것저것 챙겨주시고, 정을 나눠주신 나승은 형님 내외분의 행복과 축복을 기원합니다.

33 전파만파와 Single(태릉CC와 남수원체력단련장)

1. 전파만파(태릉CC)

제가 1997~1998년 백골부대 법무참모로 재직할 때 박홍근 사단장님과 권용길 참모장님 그리고 저의 후임 법무참모 박성근 변호사님(전 순천지청장)과 함께 이른 아침(06:26) 태릉CC에서 운동을 했습니다. 함께 한 사람도 좋고, 날씨도 좋고, 곳곳에 꽃도 좋았습니다. 그리고 제가 골프에 입문한 지 21년 만에 처음으로 18홀 정규 골프장에서 골프공 1개도 안 잃어버리고 운동을 마쳤습니다. 오늘은 운동 후 골프장에서 점심식사까지 마치고 사무실에 복귀했는데, 오후 1시가 채 되지 않았습니다.

저는 원래 1번 홀부터 저의 스코어를 정확히 적는 것을 좋아하는데, 사단장님께서 첫 홀은 "일파만파(1번 홀에서 1명이라도 Par를 하면 나머지 사람도 전부 Par로 기재하는 것)"라고 하셔서, 제가 "저희 중에서 Par를 한 사람이 없습니다."라고 했더니, 사단장님께서 "전국 골프장에서 파 1개만 나와도 파로 기록한다."고 하셨습니다. 이를 '전파만파'라고 한답니다. 사단장님은 늘 '원칙(原則)에 강하라'라고 하셨는데, 사단장님은 그 때나 지금이나 그 말씀을 늘 지키시는 분입니다. 사단장은 퍼터 길이를 벗어나면 OK를 주지 않으시고, 멀리건(mulligan, 티샷이 잘못되어 벌타 없이 다시 한 번 치게 하는 것)도 18홀 중 1개만 주십니다. 사단장님의 가르침대로 앞으로는 '전파만파 원칙'에 따라 1번 홀에서 파를 하지 못하더라도 파로 적겠습니다. 그렇지만 저는 다른 홀은 몰라도 1번 홀 만큼은 꼭 Par를 해서, 무임승차(無賃乘車)하는 일이 없도록 더 최선을 다하겠습니다. 오늘도 70대 중반이신 사단장님은 대부분 걸으셨습니다. 50대 인 저는 카트를 타고 이동할 때가 많았는데 …

그리고 대기할 때 대화중에 사단장님께서 "딸이 최고"라고 하시면서, 그 예로 사단장님께서 마라톤을 뛰고 오면 딸은 마라톤을 마칠 때 쯤 "몸은 괜찮으세요?"라는 전화가 오는데, 사모님은 집에 들어갔을 때 "잘 다녀왔어요?"라고 하고, 아들은 "어디 갔다 오셨어요?"라고 한답니다. 여러분도 공감하시지요? 저도 그렇고, 저희 형제들도 그렇습니다. 아마 딸과 아들이 있는 집은 모두 공감하실 것입니다. 그러므로 지금이라도 딸을 낳을 능력 있는 분들은 꼭 딸을 낳으세요!! 골프장 그늘집(골프장의 홀 중간에 식음료를 파는 장소) 유리창에 이해인 수녀님의 '소나무 연가'라는 시가 붙어 있었습니다.

늘 당신께 기대고 싶었지만
기댈 틈을 좀체 주지 않으셨지요

험한 세상 잘 걸어가라
홀로서기 일찍 시킨
당신의 뜻이 고마우면서도
가끔은 서러워 울었습니다

한결같음이 지루하다고 말하는 건
얼마나 주제넘은 허영이고
이기적인 사치인가요

솔잎 사이로
익어가는 시간들 속에
이제 나도 조금은
당신을 닮았습니다

나의 첫사랑으로
새롭게 당신을 선택합니다

어쩔 수 없는 의무가 아니라
흘러넘치는 기쁨으로
당신을 선택하며
온몸과 마음이
송진 향내로 가득한 행복이여

홀로서기, 익어가는 시간, 기쁨으로 선택 그리고 행복. 이해인 수녀님은 소나무를 보고 우리들의 험한 인생살이 속에서 '주님과의 만남과 행복'을 노래하고 있습니다. 수녀님의 시를 보고 주위에 있는 소나무를 보니까 꼭 소나무들이 사람처럼 보였습니다. 최소한 소나무는 '자기 자리'를 지키고 있지 않습니까? 비가 오나 눈이 오나 … 저의 버킷리스트 중 1개가 '자리 지키기'입니다. 그러니까 제 눈에는 소나무가 더 사람처럼 보였나 봅니다.

태릉CC는 대한민국 곳곳에 있는 육군 각급 부대에서 부대가 있는 곳에서 잔디를 키운 후 그 부대원들이 그 잔디를 공수해서 태릉CC를 만들었다고 합니다. 즉 3번 홀은 제3보병사단(백골부대) 장병들이 직접 만든 것입니다. 태릉CC를 없애고 아파트촌으로 만드는 것, 결사반대합니다. 태릉CC는 그냥 골프장이 아니라 우리 장병들의 나라 사랑하는 마음과 땀이 담겨있는 곳이기 때문입니다.

오늘(2021. 4. 22.)은 지구 환경오염 문제의 심각성을 알리기 위해서 자연보호자들이 제정한 '지구의 날'입니다. 소나무 한 그루라도 아낍시다. 그 소나무도 우리 지구의 구성원입니다. 지금 최전방(最前方)에서 고생하고 있는 백골부대 장병들과 백골부대 전우들의 건강과 평안을 기원하고 기원합니다.

백~골~!!

2. Single(남수원체력단련장)

제가 1997~1998년 백골부대 법무참모 재직할 때 박흥근 사단장님과 정판석 18연대장님, 고영원 수색대대장님과 함께 오늘 아침(2021. 6. 24. 07:54) 남수원체력단련장에서 운동했는데, 제가 싱글(Single)을 했습니다. 골프에서 싱글은 핸디캡(handicap : 자신의 평균타수에서 보통 18홀의 파인 72를 뺏을 때의 수치)이 한 자리 숫자(9 이하, 73~81타)인 사람을 말합니다. 그런데, 골퍼들 사이에 사용되는 또 다른 싱글이 있습니다. 즉, 18홀 동안 골프공 1개로 18홀을 마치는 것도 싱글이라고 합니다. 저는 9홀 빅토리아GC에서 골프공 1개로 18홀을 마친 적은 있으나, 오늘처럼 18홀 정규홀에서 골프공 1개로 경기를 마친 것은 생애 처음입니다.

또한 멀리건(mulligan, 최초의 샷이 잘못 돼도 벌타 없이 주어지는 세컨드 샷)을 1개 받기는 했으나, 18홀 동안 양파(더블파, 통상 각 홀의 규정 타수의 2배를 치면 이를 '양파'라고 하고, 그 이후로는 세지 않음)를 1개도 하지 않은 것도 생애 처음입니다.

살아 있음에 감사하고 즐겁게 칩시다.
캐디를 즐겁게 해줍시다.

　박흥근 사단장님께서 오늘 운동을 시작할 때 하신 말씀입니다. 감사하는 마음은 행복으로 가는 문을 열어줍니다. 오늘 저희는 사단장님이 주신 지침대로 참 즐겁게 쳤고, 캐디를 즐겁게 해줬습니다. 그래서 더 행복했습니다.
　이번에는 1번 홀부터 타수도 정확히 적었는데, 사단장님께서 84타로 1등, 제가 95타(par 3개)로 4등을 했습니다. 사단장님은 4명의 단톡방에서 '자식이나 부하가 부모나 상관보다 더 잘하면 부모나 상관은 덩달아 훌륭해 지는 법, 날로 발전하는 모습에 기분 좋습니다.'라는 글을 남겨주셨고, 제가 많이 좋아졌다면서 여러 차례 칭찬해 주셨습니다. 저도 골프공 1개만 사용하는 싱글이 아닌 진짜 싱글이 될 날을 기대해 봅니다. 마음은 늘 싱글입니다.

34 Rafik(알펜시아700CC와 영랑호CC)

1. 첫째 날 : 내 아버지니까

  '가는 날이 장날'이라는 말이 있습니다. 일을 보러 가니 공교롭게 장이 서는 날이라는 뜻으로, 어떤 일을 하려고 하는데 뜻하지 않은 일을 공교롭게 당함을 비유적으로 이르는 말입니다. 한 달 전쯤 사랑하고 존경하는 김용직 형님(중앙엔지니어링 회장) 내외분과 함께 강원도로 1박 2일(2021. 5. 28. ~ 29.) 골프여행을 계획했는데, 아침부터 천둥번개가 치면서 많은 비가 내렸습니다. 형님 내외분과는 2018년 연말에 태국으로 3박 5일 골프여행을 가기로 해서 항공편 예약까지 했었으나 갑자기 저의 장인어른이 소천하셔서 여행을 취소했는데, 이번에도 가는 날이 장날이 된 것 같았습니다.

  골프장에서는 "비 때문에 예약을 취소할 수는 있는데, 혹시 모르니 내장(內場)해달라"고 했습니다. 그렇지만, 저는 4명의 단톡방에 '이래도 감사, 저래도 감사'라고 글을 남겼습니다. 비가 와서 운동을 못하게 되면 동해바다를 보면 되기 때문입니다. 그런데, 저의 아내가 갑자기 "하나님, 비를 그치게 해주세요!"라고 기도를 했습니다. 그래서 제가 전에 쓴 '하나님은 콜택시가 아니다'라는 이야기를 하면서 핀잔을 주자, 아내는 "내 아버지잖아요!"라고 했습니다. 사소한 일(?)에도 내 아버지니까 그런 기도를 할 수 있다는 아내의 믿음에 놀랐습니다. 그런데 서울에서 첫째 날 운동할 곳 알펜시아 700CC에 갈 때까지 계속 비가 내렸는데, 골프장에 다다르자 신기하게도 비가 그쳤습니다. 비올 확률이 70%라고 검색이 되었는데도 말입니다.

　진행을 도와준 캐디도 "오늘은 일하고 싶지 않았는데, 너무 즐겁게 일을 했습니다."라는 말을 할 정도로 명랑(明朗)골프를 했습니다. 저는 첫홀부터 골프공을 잃어버렸는데, 곳곳에 공들이 많아서 골프농사(?)를 짓느라 골프하는 것이 방해가 될 정도였습니다. 골프공을 25개 넘게 주운 것 같습니다. 골프공을 잃어버려도 전혀 아쉽지 않았습니다. 가방에는 잃어버릴 만반의 준비가 되어 있는 골프공들이 가득 했기에 … 우리들과 캐디는 공을 잘 치든 못 치든 "굿샷~ 오잘공(오늘 가장 잘 친 공)~, 나이스~"을 힘차게 외쳤는데, 그렇게 오잘공이 남발되자 형수님께서 모두 잘 친 공을 '모잘공'이라고 한다고 하셨습니다. 얼마 전 '어잘공(어쩌다 잘 친 공)'이라는 말을 처음 들었고, 제가 지난번 운동할 때 만든 신조어 '태잘공(태어나서 가장 잘 친 공)'이라는 말 등 골프장에서 사용되는 단어들의 의미가 참 재미있습니다. 오늘은 105타를 쳐서 저의 최근 9라운드 평균 타수 108타보다 약간 잘 쳤습니다. 21년차 골퍼인데 …

2. 둘째 날 : 귀한 인연이기를

저는 새벽 4시경 잠에서 깨어 여행기를 쓰다가 창밖을 보니 멀리 보이는 설악산 울산바위에 구름이 쉬고 있었습니다. 아침식사로 어젯밤 형님 내외분이 시장 봐 온 죽, 구운 계란, 참외, 방울토마토, 바나나를 먹었더니 배가 충만해졌습니다. 둘째 날 운동한 영랑호CC는 9홀인데, 형님이 예약할 때 '18홀을 예약하겠다는 말을 하지 않았다'는 이유로 9홀만 예약이 되어 있었습니다. 영랑호CC는 카트(cart)를 타지 않고(레일카트만 있음) 9홀 모두 걸어야합니다. 여기서는 딩동댕 게임(딩 : 가장 멀리 티샷을 한 사람, 동 : 가장 먼저 그린에 올린 사람, 댕 : 가장 먼저 홀에 공을 넣는 사람에게 정해진 상금을 줌)을 했는데, 형님은 골프를 잘 하기에 감독관 역할만 했습니다.

형수님도 백순이로 그렇게 잘 하는 골퍼도 아니고 사실상 1:2로 게임을 한 꼴인데도, 마지막 홀에서 형수님이 딩동댕 상금을 모두 가져가는 바람에 9홀 동안 2,000원 밖에 잃지 않았습니다. 영랑호CC는 9홀만 돌았지만 9홀 내내 걸어야하기에 일반 골프장 18홀을 모두 돈 것처럼 운동량이 많습니다.

라운딩을 마치고 상경(上京)하는 길목에 있는 백담사(百潭寺)에 들렀습니다. 23년 전 제가 제3군단 보통군사법원에서 군판사로 근무할 당시 아내가 딸을 임신했을 때 백담사를 갔었고, 어느 여름 천안성결교회 가족들과 함께 백담사까지 걸어서 간 적이 있었는데, 그 때나 지금이나 변함이 없었습니다. 23년이라는 시간이 엊그제 같습니다. 저는 더울 줄 알고 하와이 여행 갔을 때 산 반팔 T셔츠와 반바지를 입고 갔는데, 백담사의 날씨는 시베리아의 겨울날씨였습니다. 얼마나 춥던지 … 암튼 저는 동물원 원숭이처럼 주위 사람들의 시선을 한 몸에 받았습니다. 백담사 경내(境內)에 있는 매점에서 연꽃빵을 사서 먹었는데, 그곳에 걸린 '귀한 인연이기를'이라는 멋진 글을 봤습니다.

귀한 인연이기를

이 세상을 살아가다 힘든 일 있어
위안을 받고 싶은 그 누군가가
당신이기를 그리고 나이기를
이 세상 살아가다 기쁜 일 있어
자랑하고 싶은 그 누군가가
당신이기를 그리고 나이기를

이 세상 다하는 날까지
내게 가장 소중한 친구
내게 가장 미더운 친구
내게 가장 따뜻한 친구라고
자신 있게 말할 수 있는 이가
당신이기를 그리고 나이기를

이 세상 다하는 날까지
서로에게 위안을 주는
서로에게 행복을 주는
서로에게 기쁨을 주는

따뜻함으로 기억되는 이가
당신이기를 그리고 나이기를

지금의 당신과 나의 인연이
그런 인연이기를 ...

   김용직 형님과는 2011년 세계미래포럼 감성경영 2기 원우(院友)로 만나서 지금까지 그 인연이 이어지고 있습니다. 참 귀한 인연입니다. 형님과는 일본 대마도와 홋카이도, 중국 주해(珠海 Zhuhai)와 마카오를 원우들과 함께 여행하는 등 동행한 시간이 많습니다. 앞으로도 김용직 형님과는 위 글처럼 귀한 인연이 지속되기를 바라고 바랍니다. 백담사를 둘러보고 나와 근처 산채정식집에서 맛있는 점심 식사를 하고 헤어졌습니다. 1박 2일 동안 우리가 걷는 곳마다 비를 그치게 해주시고 오가는 길 지켜주신 하나님께 감사합니다. 아울러 참말로 행복한 동행을 해주신 김용직 형님 내외분께도 깊이 고개 숙여 감사 인사드립니다. 뭐니 뭐니 해도 만남의 축복이 최고의 축복입니다!!

※ 아래 글은 김용직 형님의 카톡 답글입니다.

Rafik!!

라피끄는 먼 길을 함께 한(할) 동반자라는 뜻을 지닌 아랍어입니다. 우리는 천둥과 비바람을 뚫으며 먼 길의 동행을 함께 했습니다. 여행의 행복은 가족, 친구, 동료와 같은 여행의 동반자와 배려와 존중을 통해 공감하는 순간을 통해 깊이가 쌓이고, 그리움이 남을 때 아름다운 추억으로 간직됩니다. 때로는 여행을 통해 어디로 갈지? 어디서 잘지? 무엇을 먹을지? 얼마를 쓸지? 이런 것을 가지고 서로 지배하려고 하다 보면 사소한 곳에서 질그릇 깨지듯 산산 조각으로 산통이 깨지는 경우가 있습니다.

천둥과 번개가 치는 어느 날, 마당에서 소년 베토벤은 비를 맞고 있었습니다. 소년은 빗방울의 촉감과 굵고, 가늘게 나뭇잎에 스치는 비와 바람의 교향곡에 흠뻑 빠져 있었을 때 그의 어머니는 그런 아들에게 집으로 빨리 들어오라고 소리치지 않았다고 합니다. 오히려 아들이 있는 곳으로 걸어가 함께 비를 맞으며 아들을 꼭 껴안아 주었다고 합니다. 그러면서 아들아! 아름다운 자연의 소리 함께 들어보자. 그래서 아들은 더욱 신이 났고, 엄마, 새소리가 들려요. 저 새는 어떤 새죠? 왜 울고 있어요? 폭우처럼 쏟아지는 아들의 질문에 다정하게 응대하는 어머니의 모습을 보는 것처럼 이번 여행을 통해서 작은 것에 감사하고, 긍정적으로 생각하며 소박하고, 앞서지 않고, 이기려 하지 않는 내조로 "건강"과 "교육"과 "주택"의 소원을 이룬 제수씨의 내조를 보면서 즐거운 여행의 답글 올립니다. 함께해 주셔서 감사합니다.^^

35 사람이 너무 좋네(처인체력단련장과 라싸GC)

1. 사람이 너무 좋네 1(처인체력단련장)

"사람이 너무 좋네.
사람에 따라 정말 시간이 다르게 지나가는 것 같애."

이종준 예비역 해병대령(해사 45기)의 말입니다. 지난해 전역한 이 대령 덕분에 처인체력단련장에서 코스닥 상장회사인 인성정보 박광수 상무, ○○신탁 박진권 본부장(상무)과 함께 운동을 했습니다. 우리 4명은 광주일고 제62회 3학년 5반 동창들입니다.
오늘은 제72주년 제헌절인데, 이대령 말처럼 사람들이 좋고, 날씨도 좋고, 골프장도 좋고, 하늘의 뭉게구름도 좋았습니다. 이대령과 두 박상무는 오늘 고등학교 졸업 후 처음으로 만났고, 저는 이대령이 포항에 있는 해병대 군수단장으로 재직할 때인 2016. 10. 26. 약 500명의 장병들을 대상으로 해병대교육단교회에서 '군대 인권과 행복한 동행' 강의를 했었는데, 그 때 29년 만에 처음으로 만났었습니다. 당시 저는 장병들에게 "전역해서도 나라를 사랑하고, 더불어 행복한 세상을 만들자"고 역설했었습니다.
제가 오늘 Par를 2개밖에 못했고, 특별히 잘 하지도 않았는데, 트리플보기와 양파를 하지 않아서 그런지 95타로 1등을 했습니다(이대령과 박본부장은 각 버디 1개). 저를 제외한 3명은 처인체력단련장을 처음으로 왔고, 저는 세 번째 와서 그렇게 된 것 같습니다만, 운동을 잘 하는 친구들 사이에서 한 1등이라서 가문의 영광입니다.

18홀 내내 웃음이 떠나지 않은 라운딩을 마치고, 점심식사는 클럽하우스에서 맛있는 염소전골을 먹었습니다. 박본부장은 생애 처음으로 염소전골을 먹어봤다고 하고, 군골프장도 처음으로 와 봤답니다. 특히 박본부장은 군골프장에서는 본인이 카트를 끌고 다녀야 하는 줄 알고 상당히 긴장하고 왔다는데, 처인체력단련장은 일반 골프장을 국방부에서 인수한 것이라서 상당히 좋은 골프장입니다.
　'한번 해병은 영원한 해병'이라는 구호가 있는데, 마찬가지로 한번 광주일고는 영원한 광주일고입니다. 멋진 우리 친구들의 앞날에 하나님의 축복을 기원합니다. 필승!!

2. 사람이 너무 좋네 2(라싸GC)

지난 2021년 제헌절 날 처인체력단련장에서 함께 운동한 광주일고 3학년 5반 동창들인 이종준 예비역 해병대령, 박광수 상무, 박진권 본부장과 함께 박본부장 초대로 라싸GC에서 다시 뭉쳤습니다 (2021. 9. 25.). 라싸(Lassa)는 '신들의 땅'이라는 티벳어라고 합니다. 라싸GC는 아기자기하고, 골프공을 적당히 잃어버리기 좋은 골프장입니다. 저는 어제 오후에 커피를 마셔서 그런지 새벽 1시경에서 잠에서 깨어 잠을 설치다가 박상무와 만나기로 한 약속시간인 05:30보다 50분 먼저 저의 아파트 정문에서 기다린다는 카톡을 보냈는데, 박상무도 일찍 깼는지 곧바로 출발한다는 답장이 왔습니다. 새벽에 가로등 아래 길가에 앉아 지나가는 차들 보는 것은 좋았는데, 새벽이라서 그런지 조금은 쌀쌀했습니다.

티업(tee up)시간이 08:19이기에 클럽 하우스에 07:30경 만나기로 했는데, 4명 모두 약속이나 한 듯 30분 일찍 도착했습니다. 아침식사는 4명 모두 '능이모시조개탕'을 먹었고, 음료도 모두 아이스아메리카노를 마셨습니다. 오늘 게임규칙은 지난번 게임 규칙과 동일하게 하고, 전·후반 멀리건 1개 주기로 한 것을 없앴습니다.

오늘은 골프 시작할 때부터 끝나고 집에 도착할 때까지 햇볕이 하나도 없이 시원했습니다. 골프하고 땀을 흘리지 않은 것은 오늘이 처음인 것 같습니다. 정말 끝내주는 날씨였습니다. 오늘은 박상무 표현대로, "모든 것이 처음부터 끝까지 최고의 날"이었습니다. 우리는 18홀 내내 웃느라 집중이 안 될 정도였습니다. 전반전 Par4 6번 홀 막걸리존{IP(Intermediate Point 중간 지점) 주변에 그려진 원 안에 볼이 들어갈 경우 막거리 1병 무료로 줌}에 집어넣기 위해 저는 드라이버 대신 3번 우드로 티샷을 했는데, 곧바로 헤저드에 빠져 그 홀에서 트리플 보기를 했습니다. 자고로 욕심을 버려야 합니다. 전반전 Par4 7번 홀에서 제가 운 좋게도 약 30m 떨어진 지점에서 칩 인(chip in) Par를 했습니다. 저는 오늘 Par 4개, 총 100타로 공동 2등을 했습니다. 박본부장은 오늘 1등으로 잘 쳤지만, '인생은 뽑기다'라고 주장하면서, 전·후반 뽑기도 정말 잘 했습니다. 박본부장을 제외한 3명 모두 OECD 가입한 이후 16번 홀에서 받은 돈을 모두 토해내는 바람에 마지막 홀에서 게임비가 19만원이나 남았습니다. 그런데, 오늘 4등을 한 박상무가 마지막 Par5 18번 홀 딩동댕 게임에서 '딩(logest)과 동(첫 온 그린)'을 했고, 제가 '동(첫 홀인)'을 하여 박상무가 게임비를 가장 많이 가져갔습니다. 뉴욕 양키스의 전설적인 포수 요기 베라(Yogi Berra)의 명언대로, 끝날 때까지 끝난 것이 아닙니다(It ain't over till it's over).

운동을 마친 후 점심식사는 포천시 일동면에 있는 쌈밥-우렁요리 전문 맛집 '올기골만찬'에서 정신없이 맛있게 먹었습니다. '옹기골만찬' 식당에서는 쌈밥 정식에 우렁 무침을 추가할 것을 강추합니다. 정신없이 웃다가 정신을 차리고 보니 벌써 집에 도착했습니다. 사람이 좋으면, 모든 것이 좋습니다. 행복을 주머니에 넣어주는 참 좋은 친구들 덕분에 오늘도 행복한 동행을 했습니다.

오늘 경기를 도와준 캐디 사진 아래에 벤 호건(Ben Hogen)의 다음과 같은 명언이 있었습니다. 골프에서도 인생에서도 '그 다음'이 중요합니다. 골프도, 일도 내일 잘 하면 됩니다. 우리는 언제나 희망을 남겨둬야 합니다.

골프에서 가장 중요한 것은 그 다음 샷이다.

36 모든 것이 좋았다(크리스탈밸리CC)

우리나라 애국가 3절은 "가을 하늘 공활한데 높고 구름 없이"로 시작하는데, 오늘 하늘은 공활한데(空豁 : 텅 비고 매우 넓음) 하늘 곳곳에 뭉게구름이 있었습니다. 지난 2021년 8월 27일 처제 내외와 골프를 하다가 저의 왼쪽 종아리 근육이 일부 손상이 되어 정형외과에서 치료를 받고 있고, 의사선생님께서 "운동은 한 달 후부터 하라"고 했는데, 보름이 조금 지난 오늘(2021. 9. 15.) 윤철수 상무 내외의 초대로 크리스탈밸리CC에 다녀왔습니다. 저는 부상을 이유로 못한다고 했지만, 저의 아내가 "가을골프는 빚내서라도 해야 한다"면서 가자고 해서 할 수 없이 운동을 했습니다. 그런데, 주로 카트를 타고 이동해서 그런지 종아리에 별 무리가 없었고, 모든 것이 처음부터 끝까지 좋았습니다. 함께 한 사람들이 너무 좋아서 그런 것 같습니다.

오늘도 어김없이 골프하는 것에 대한 설렘 때문인지 새벽 1시와 3시에 잠이 깼고, 아내도 4시경 잠에서 깨는 바람에 원래 출발하기로 한 시간보다 30분 일찍 집에서 나왔습니다. 저희 집에서 골프장까지는 약 1시간 30분 정도 떨어져 있는데, 차 안에서 김동호 목사님의 유튜브 '날마다 기막힌 새벽' 설교 말씀을 듣고, 유튜버 Gina의 찬양을 듣다보니 어느새 골프장에 도착했습니다. 14호 태풍 찬투의 영향 때문인지 바람이 다소 세차게 불었습니다. 윤상무는 '바람은 극복하는 것이 아니라 이용한다'는 말이 있다고 했지만, 저는 바람을 극복하기에도 힘들었습니다. 저는 전반전에는 트리플 4개, 에바(quadruple)와 양파(double par)를 1개씩 하는 바람에 60타를 쳤으나, 일곱 번째 파5 홀에서 윤상무님이 홀 주변에서 주운 일제 혼마공을 갖다 줘서 '애국심'으로 있는 힘껏 쳐서 그런지 오잘공(오늘 가장 잘 친 공)을 쳤습니다.

특이하게도 후반전 일곱 번째 파5 홀은 화이트 티가 레이디 티보다 약간 앞에 위치했지만, 저는 트리플을 해서 더블보기를 한 저의 아내보다도 더 못했습니다. 그래도 제가 후반전은 파를 3개나 하고, 저 스스로 부상투혼(?)으로는 이보다 더 잘 할 수는 없다고 생각할 정도 잘 쳐서 52타를 쳤고, 전·후반 합계 112개를 쳤습니다. 다른 사람은 어떻게 생각할지 모르지만, 저는 오늘 불만이 전혀 없는 점수입니다. 그리고 후반전 네 번째 파4 홀에서는 4명 모두 트리플을 해서, 제가 기쁜 마음으로 "we are the triple!!"이라고 외쳤습니다. 오늘은 추석을 1주일 앞둔 날이지만, 철지난 매미 우는 소리도 들리고(매미의 울부짖음 아니었을까요?), 수국도 참 예쁘게 피어 있었습니다. 2016~2017년 tvN 드라마 '도깨비'의 명대사가 언뜻 떠올랐습니다.

너와 함께한 시간 모두 눈부셨다.
날이 좋아서.
날이 좋지 않아서.
날이 적당해서.
모든 날이 좋았다.

맞습니다. 오늘은 윤철수, 조선영, 나주옥과 함께한 시간 모두 눈부셨습니다. 날이 좋아서, 날이 적당해서, 모든 시간이 좋았습니다. 그래서 가을 골프는 빚내서라도 하는 가 봅니다. 끝으로 오늘 새벽 김동호 목사님의 설교 본문 말씀인 잠언 17장 22절 말씀을 되새겨 봅니다.

마음의 즐거움은 양약이라도 심령의 근심은 뼈를 마르게 하느니라
(잠언 17장 22절)

37 인생은 70부터(진천에머슨GC)

신혼부부도 아닌데 잉꼬부부로 불리는 박춘식 교수님 내외분과 함께 2021년 한글날 진천에머슨GC에서 운동을 했습니다. 저희 부부는 제가 제3군단에서 군판사로 근무할 때 결혼을 했는데, 관사를 미리 받아야 한다는 명목으로 만난 지 3개월 만에 결혼식에 앞서서 혼인신고를 했었습니다. 그런데, 박교수님 부부는 만나신 지 2개월 만에 결혼식을 하셨답니다. 그래서 두 분은 그 때도 지금도 잉꼬부부이신 것 같습니다. 오늘도 사모님은 박교수님을 호칭하실 때 "우리 서방님"이라는 호칭을 자연스럽게 자주 하셔서 참 보기 좋았습니다.

박교수님은 순천향대학교 부천병원 호흡기내과 교수로 34년 동안 재직하시고, 2017년 만 65세로 정년퇴직하신 후에도 지금까지 같은 병원에서 계속 환자를 돌보고 계십니다. 박교수님 내외분과는 저희 아이들이 초등학교 때부터 알게 되어 용평스키장에서 저희 아이들에게 스키도 가르쳐 주셨습니다. 박교수님 부부는 그 때도 그리고 박교수님이 70세가 되신 지금도 겨울이면 주말마다 용평스키장에서 살다시피 하시면서 스키를 즐겁게 타십니다. 특히 두 분 모두 상급자 코스에서만 스키를 타시고, 심지어 박교수님은 주위 사람들에게 스키 강습까지 해주십니다. 그런데 50대인 저는 스키 타다가 부딪히거나 넘어지는 것이 두려워서 어느 때부터 가족과 함께 스키장에 가면 찍사(사진 찍는 사람)와 운전기사 역할만 하고 혼자 사우나 스크린골프장에서 시간을 보내곤 합니다.

  박교수님 부부와는 2년 전 용평GC(9홀)에서 함께 운동한 이후 오늘 두 번째로 운동을 했는데, 두 분은 골프도 참 잘 하십니다. 올해 102세이신 김형석 교수님이 "65세 이후가 자신의 전성기였고, 75~76세가 가장 행복했다"고 하셨는데, 박교수님 내외분도 김교수님과 비슷한 삶을 살고 계시는 것 같습니다. 저의 꿈은 '몸도 마음도 건강한 할아버지가 되는 것'인데, 박교수님 부부는 손주가 4명이나 되는 할아버지와 할머니이십니다. 이미 저의 꿈을 이루신 분들입니다. 참말로 부럽습니다.

  진천에머슨GC는 페어웨이도 넓고, 잔디도 좋고, 코스도 적절하게 난이도 있어서 운동하기에는 참 편안한 골프장입니다. 오늘 티업시간이 14:01이었고, 경기가 조금 지연되어서 후반전 다섯 번째 홀에서부터 라이트가 켜졌습니다. 저는 야간 경기는 몇 번 안 해봤지만, 분위기도 좋고, 주간 경기와는 또 다른 재미가 있습니다.

후반전 두 번째 Par3 홀 근처에 '멧돼지 출현 주의'라는 푯말이 있었는데, 산에서 멧돼지를 마주쳤을 때 어떻게 해야 할까요? 절대 멧돼지에게 등을 보여서는 안 되고, 침착하게 움직이지 않은 상태에서 멧돼지의 눈을 똑바로 쳐다보아야 하며 멧돼지를 흥분시키지 않도록 해야 한답니다. 그런데 저는 골프채만 있다면 멧돼지고기를 충분히 먹을 수 있을 것 같습니다.

저는 오늘 Par3 6개 홀 중 4개 홀에서 Par를 했고, Par4와 Par5에서 각각 Par를 1개씩 해서 Par를 6개나 했고, 총 91타를 쳤습니다(멀리건을 전·후반에 1개씩 받음). 사모님은 오늘 저에게 "못하는 게 없으시네, 스키만 못 타시고~"라는 칭찬을 여러 번 해주셨습니다. 계백장군(계속 백돌이)인 제가 골프하면서 그런 극찬을 받아본 것은 처음입니다.

운동을 마치고 골프장 근처 오리요리 전문점(식당명 '숲속')에서 저녁식사를 했는데, 너무 맛있어서 저는 밥을 두 그릇이나 먹었습니다. 18홀 내내 소녀처럼 웃으시는 사모님은 66세 할머니가 아니라 낭랑 18세 소녀였습니다. 인생은 70부터입니다. 저희 부부도 박교수님 부부처럼 소년소녀처럼 살아가도록 하겠습니다. 박교수님 부부와는 앞으로 봄가을에 한 번씩 같이 운동하기로 했습니다. 지금부터 기대만땅입니다. 오늘 행복한 동행을 해주신 박교수님 내외분의 건강과 행복을 기원합니다. 행복은 동행해야 진짜 행복입니다.

38 골프공과 대화하지 마라(우정힐스CC)

    2021년 10월 셋째 주말(2021. 10. 16.) 날씨가 갑자기 쌀쌀해졌습니다. 2002년 제가 국방부 고등군사법원에서 보통부장으로 근무할 때 저의 아내가 천안에 있는 병원에서 근무하게 되어, 약 11년 동안 천안에서 살았습니다. 그 때 저희 가족은 천안성결교회(당시 담임목사 권석원 전 성결교단 총회장님)를 섬겼는데, 교회 식구들과 함께 참말로 행복한 신앙생활을 했었습니다. 저희 부부는 당시 할렐루야 성가대원과 천안 사랑의부부합창단 단원으로 활동했었고, 저는 중등부 교사로도 섬겼습니다. 주중에는 매주 부부 셀 식구들이 각 가정을 돌아가면서 예배를 드렸고, 연말과 연초에는 서해안으로 굴과 새조개를 먹으러 갔습니다. 또한, 서로 일정을 맞춰 휴가도 함께 가고, 낚시도 많이 갔었습니다. 저는 11년 동안 천안-서울을 출퇴근할 때 힘든 때도 있었지만, 매일 출퇴근하는 시간조차도 행복했었습니다.
    당시 제가 중등부 교사할 때 가르쳤던 정구민 학생이 있었는데, 그 학생의 부모님이신 정선용 금강엔지니어링 주식회사 대표이사와 선미옥 집사님 부부 초청으로 천안에 있는 우정힐스CC에서 함께 운동했습니다. 정집사님은 금강엔지니어링을 25년 전에 창업했는데, 기술자 150명이 근무하고 있고, 중국에 3개의 지사가, 일본에 1개의 지사가 있다고 합니다. 150명의 직원들의 급여를 주고 있는 정집사님은 진정한 애국자(愛國者)입니다.
    2018년 어느 주말에도 정집사님 부부로부터 같은 골프장으로 초청을 받았었는데, 그 날 장대비가 쏟아지는 바람에 경부고속도로로 내려가다가 유턴했었습니다. 그 때 정집사님이 같이 운동할 때 주려고 했던 우리나라 여자 골프선수들이 리우올림픽에서 우승한 것을 기념해서 특별히 제작한 KOREA가 새겨진 볼빅(Vovik) 색깔볼 1박스(12개)를 저의 아내 편을 통해 주셨는데, 그동안 아까워서 사용하지 않은 새 볼 3개를 오늘 '홍'이라고 새겨서 쳤습니다. 그 볼 3개는 과연 살았을까요? 죽었을까요? 도저히 잃어버릴 수 없는 1번 홀 티샷에서 곧바로 1개를 잃어버렸습니다. 볼과 헤어질 마음의 준비도 못했는데 ... 나머지 이야기는 너무 마음이 아파 더 이상 못하겠습니다. 3년 동안 아꼈던 공인데 ...

 올해 9월 첫째 주말에도 정집사님 부부의 초청을 받았었는데, 제가 운동하기로 한 1주 전에 운동하다가 왼쪽 종아리 근육이 파열되는 바람에 함께 운동하지 못하고 저 대신 처제가 운동했습니다. 오늘 정말 어렵게 정집사님 부부와 처음으로 운동을 함께 하게 된 것입니다. 우정힐스CC는 제가 처음 가 본 골프장인데, 2003년부터 매년 한국오픈이 개최되는 명문 골프장입니다. IN코스 지점에 '한국오픈 기념관'이 세워져 있습니다. 18홀 모두 어디에서 사진을 찍어도 그림 같이 멋있습니다. 잔디 관리도 참 잘 되어 있고, 코스도 적절하게 난이도를 잘 조절해놔서 매 홀마다 긴장하게 만들었습니다. 곳곳에 예술작품들이 전시되어 있고, 소나무 한 그루도 그냥 심은 것이 없었습니다. 주위에 모과나무가 많아서 모과차를 만들어 먹기 위해 떨어진 모과 5개를 주워왔습니다. 수확의 기쁨까지 주는 골프장입니다.

 저는 골프할 때 가능한 한 멀리건(mulligan)을 안 받으려고 하는 편인데, 오늘은 전·후반 각각 2개씩 4개나 멀리건을 받았습니다. 오늘 캐디는 제가 그동안 만난 캐디 중 최고의 캐디였습니다. 캐디는

"골프의 꽃은 멀리건"이라고 하면서 멀리건 사용을 적극 권장했고, 정집사님도 "골프장에서 불필요한 단어인 NO는 사용하면 안 되고, OK와 Thank you만 사용하라"고 하셔서 자연스럽게 멀리건을 4개나 받은 것입니다. 캐디는 후반전에 "당 떨어지면 힘들다"면서 과자와 초콜릿까지 나눠줬습니다.

  정집사님은 선집사님이 1번 홀에서 Par를 하자 돈을 10,000원 주셨습니다. 선집사님은 골프를 배우신 지 몇 년 안 되었는데, 올해까지만 Par를 하면 10,000원을, 버디를 하면 50,000원을 격려금으로 주신답니다. 선집사님은 오늘 30,000원을 버셨고, 저의 아내도 Par를 3개나 했는데, 저만 오늘 Par를 1개도 못했습니다. 저는 오늘 특별히 못한 것 같지 않은데, 총 108타로 뒤에서 1등 했습니다.

  정집사님은 "공하고 대화하는 사람은 못 치는 사람이다"라는 말을 하셨는데, 제가 정말 골프공과 대화를 하는 경우가 많았습니다. "안 돼~, 거기로 가지마~" 그렇지만 볼은 죄가 없습니다. 볼은 골퍼가 친대로 날아갈 뿐입니다. 골프공과 대화하지 맙시다!

39 제일 좋은 골프장은 오늘 골프한 곳이다(샴발라CC)

저희 법무법인 서호에서 법률고문을 맡고 있는 정보보안 전문기업 (주)아이티노매즈 김성진 대표님과 저의 처가 형님인 승강기 유지보수 전문기업 (주)대산엘리베이터 나승은 대표님, 김정현 변호사님과 함께 샴발라CC에서 운동했습니다(2021. 10. 19.). 샴발라(Shambhala)는 '히말라야 산맥 북쪽에 현자들이 사는 성스러운 나라'라는 뜻이라고 하는데, 히말라야 동생뻘 되는 산에 만든 골프장이라서 그런지 코스마다 굴곡이 심하고, 페어웨이(fairway)가 좁고, 블라인드 홀이 많아 코스가 상당히 어려웠습니다. 샴발라CC는 2020년 4월에 만들어진 신생 골프장이지만, 잔디 상태도 그런대로 괜찮고, 사방이 트인 시원한 풍경을 볼 수 있는 곳이 많아 좋았습니다. 캐디 말에 의하면, 오늘 어떤 팀은 한 사람이 홀인원을 두 번이나 했다고 합니다.

싱글 골퍼(single golfer) 수준인 두 분 대표님과 계백장군(계속 백돌이)인 저희 두 변호사는 골프 실력 차이는 많이 났지만, 두 분의 세심한 배려로 시종일관 웃으면서 라운딩을 마칠 수 있었습니다. 저는 오늘 Par를 3개 했지만, 셀 수 없을 정도로 많은 멀리건(melligan)을 받았습니다.

골프는 인생처럼 동반자가 누구냐에 따라 즐거움이 좌우됩니다. 오늘 저는 세 분 덕분에 참 행복한 시간을 보냈습니다. 오늘 저희 두 변호사는 서로 시합하듯 볼을 많이 잃어버렸습니다. 그 때마다 김성진 대표님은 "볼은 잃어버리라고 있는 것이고, 더블보기·트리플·양파도 하라고 있는 것이다. 오늘만 잘 치면 된다. 많이 걷고, 좋은 풍경 보면서 즐겁게 운동하라."라고 격려해주셨습니다. 또한 김대표님은 "사람들은 참 어리석은 것 같다. 젊음을 팔아서 돈을 벌어 노후를 대비한다고 하는데, 돈을 팔아서는 젊음을 못산다는 늦게 알고 후회한다."고 하셨는데, 공감합니다. 그렇기에 우리는 하나님이 주신 선물인 오늘을 웃음으로 가득 채워야 하고, 행복으로 넘치게 채워야 합니다.

  운동을 마친 후 나승은 대표님이 의정부시 맛집 '구끼구끼 민락본점'에서 맛있는 고기를 대접해주셨습니다. 저녁식사하면서 이런 저런 대화를 하던 중 서로 어느 골프장이 좋은 지를 이야기할 때 김성진 대표님은 "집 중에서 제일 좋은 집이 우리집이듯 골프장도 제일 좋은 골프장은 오늘 골프한 곳이다."라고 하셨습니다. 맞습니다. 오늘 만난 사람이 가장 소중한 사람이고, 오늘 먹은 음식이 가장 맛있는 음식이고, 오늘 있는 곳이 가장 좋은 곳입니다. 참 좋은 분들과 참 행복한 동행을 하게 해주신 하나님께 감사합니다. 두 분 대표님과 김정현 변호사님의 앞길에 하나님의 축복이 가득하시길 기도합니다.

40 딸은 재산, 아들은 부채(빅토리아GC)

CAC도 재산입니다. 서로 배려하고, 서로 마음을 모아 참 좋은 회사를 만들어 주실 것으로 믿습니다. 그것이 진정 나라 사랑하는 것이요 이웃 사랑하는 것입니다. 오늘 추운 날씨에도 참 행복한 동행 해주셔서 감사합니다. 사랑하고 축복합니다. 늘 강건하소서♡

2021년 4월부터 저희 법무법인 서호에서 법률고문을 하고 있는 ㈜씨에이씨와 ㈜씨에이씨알앤디 이창용 대표이사님, 김봉기 부사장님, 장성우 과장님 세 분과 함께 빅토리아GC에서 오늘 아침(2021. 12. 6. 07:21) 운동을 했습니다. 위 글은 위 세 분에게 쓴 글입니다. 티샷(tee shot) 할 때 영하 3도라서 전반전은 얼음나라에서 운동하는 기분이었고, 후반전은 따스한 햇살 덕분에 봄날에 운동하는 느낌이 들었습니다. 그렇게 힘든 상황이었지만, 저는 전반전에 Par를 2개나 하고, 전반전 47타, 후반전 48타 총 95타로 1등을 했습니다. 저에게는 아주 보기 드문 일이 오늘 벌어졌습니다. 빅토리아GC는 여주시 가남읍에 있는 대중제 9홀 골프장인데, 노캐디임에도 플레이하는데 참 편한 골프장이고, 특히 클럽하우스 음식이 참 맛있고, 가격도 착합니다. 또한 하루 전 잔여티에 대해서는 2인 플레이도 가능한데, 오늘 아침 저희 팀과 비슷한 시간대에 젊은 아빠와 아들이 함께 운동하러 온 부자(父子)가 참 부러웠습니다.

오늘 함께 한 4명 모두 슬하(膝下)에 딸이 있는데, 대화중에 "사람들은 요새 딸은 재산(財産), 아들은 부채(負債)라는 말을 한다."는 김부사장님의 말에 공감했습니다. 그래서 위 글의 첫 문장을 'CAC도 재산입니다.'라고 표현한 것입니다. 물론, 저의 아들은 부채가 아니라 재산일 것으로 믿습니다.

사실 오늘은 제가 세 분을 접대하는 자리였는데, 오히려 세 분이 저를 세심하게 접대해주셔서 참 감사했습니다. 위 글에서 언급한 바와 같이 'CAC는 세상의 재산'이 되길 소망합니다. 기업을 잘 경영하는 것이 최고의 애국(愛國)입니다. CAC와 세 분의 앞날에 하나님의 축복이 가득하기를 간절히 기도합니다.

읽으면 행복해지는 책

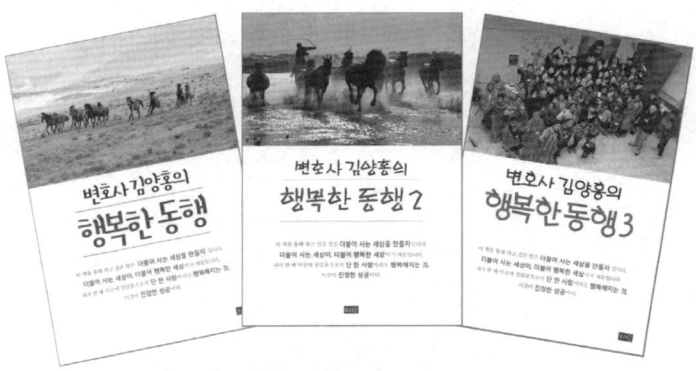

김홍신_ 작가 "우리시대의 깃대종"

시대의 아픔을 걱정하고 스스로의 혼을 조신하게 닦으며 이웃을 눈여겨 지극히 살피는 지성인이 그리운 시절에 김양홍 변호사는 뚜벅뚜벅 바른 걸음으로 우리시대의 깃대종이 되었습니다. 김양홍 변호사는 천명을 곱게 받드는 넉넉한 품격이 있습니다. 대한민국을 감동케하려는 어짐이 있습니다. 그는 우리 시대를 조명하려는 참 선비입니다.

조국_ 서울대 법학전문대학원 교수 "글은 사람을 닮는다"

글은 사람을 닮는다 했다. 언제나 주변 사람들을 따뜻한 마음으로 대하고 배려와 공감으로 소통하는 김양홍 변호사의 뜻과 삶을 이 작은 책자를 통하여 엿볼 수 있다. 다들 경험해 보았을 일상의 소소한 사건, 사람과 사회에 대한 김변호사의 성찰에 기초한 미셀러니를 읽으면서 내 자신을 돌아보게 된다.

나주옥_ 김양홍의 아내 "더 행복해지시고 주님께 가까이 다가서기를"

이번 3번째로 출간하게 되는 책을 읽다보니 마음이 따뜻해지고 감사하는 마음을 갖게 됩니다. 또한 매 글마다 마지막에 있는 성경 말씀을 통해 더 그 글의 지혜를 성경적으로 바라보게 됩니다. 이 책을 통해 많은 분들이 삶이 더 행복해지시고 주님께 가까이 다가서는 시간이 되실 거라고 믿습니다.

김은혜_ 김양홍의 딸 "어머니의 자장가와 따뜻한 베개 같은 책"

잠시 나라는 공간 속에서 편히 잠들고 싶을 때 이 책을 읽으면 글귀 하나하나가 어머니의 자장가처럼 독자 여러분들에게 따뜻한 베개가 되어 드릴 것입니다.

김은철_ 김양홍의 아들 "생생한 삶의 향기"

힘들어하신 적은 있어도 절망하지 않으시는 아버지가 쓰신 책입니다. 항상 긍정을 말하시고, 언제나 주변 사람들을 축복하시는 당신의 인생과 삶에 대한 성찰을 담은 책! 이 책에 담긴 생생한 삶의 향기를 느끼시기 바랍니다.

책 구입처 : 교보문고, 영풍문고, 반디앤루니스, 알라딘, YES24, 생명의말씀사 직영서점

더불어 사는 세상과 더불어 행복한 세상을 만들어가는
변호사 김양홍의 네 번째 행복 시리즈

물질 만능주의에 빠져 살아가는 현대인들에게 가장 큰 고민은 '행복'이다.
그 '행복'을 삶의 큰 화두로 삼고 행복 시리즈를 끊임없이 집필해 오고 있는 변호사 김양홍.
그의 네 번째 고민은 '행복을 어떻게 하면 잘 나눌 수 있을까'이다.
그 고민을 바탕으로 집필된 '변호사 김양홍의 행복 나누기'
이 책은 읽는 이에게 '나눔의 기쁨'을 선사할 것이다.
활력 없이 매너리즘에 빠져 답답한 삶을 살아 가고 있는 독자들에게 적극적으로 권한다.
- 출판사 소개글 중에서

변호사 김양홍의 행복 나누기 | 저자 김양홍 | 판형(152 * 224) | 300쪽 | 값 15000원
팩스 | 050-4361-5259, E-mail | dprcps@naver.com

*구입처: 알라딘, 예스24, 교보문고

행복 전도사 김양홍의
다섯 번째 행복 시리즈 "변호사 김양홍의 행복 더하기"

코로나19 사태에 우리에게 가장 필요한 것이 행복이다. 어려울수록 행복을 더해야 우리의 삶이 건강해진다. 불편과 불안과 좌절로 가득 찬 2021년 변호사 김양홍이 다섯 번째 행복 시리즈를 출간했다. 이번 책의 고민은 어떻게 하면 피폐해진 삶에 행복을 더할 수 있을까이다. 그 고민을 바탕으로 집필된 "변호사 김양홍의 행복 더하기"는 짧지만 여운이 오래 남는 치유 에세이이다. 소소한 일상에서 우러나오는 행복의 순간들과 행복의 조건, 행복의 방법 등이 따뜻한 시선과 함께 부드러운 문체로 펼쳐져 있다. 활력 없이 매너리즘에 빠져 답답한 삶을 살아 가고 있는 독자들에게 적극적으로 권한다.

- 출판사 소개글 중에서

**변호사 김양홍의 행복 더하기 ‖ 저자 김양홍 ‖ 판형(152*224) ‖ 412쪽 ‖ 값 16,000원
팩스 _ 0504-361-5259 ‖ E-mail _ dprcps@naver.com
*구입처: 알라딘, 예스24, 교보문고**

주·께·하·듯·하·겠·습·니·다

법무법인 서호
세무법인 위드

공증 소송(민사·형사·가사·행정) 법률자문(상담)
국가유공자 군사재판 의료소송 세금신고

토투밸리 6층
3785-2345

변호사 김양홍 Profile

광주제일고등학교 졸업
전남대학교 법과대학 졸업
제10회 군법무관임용시험 합격
사법연수원 수료
수도방위사령부 검찰부장
제3사단 법무참모
제3군단 보통군사법원 군판사
국방부 법무관리관실 군사법담당
고등군사법원 보통부장
변호사/변리사/세무사/행정사 등록

현재

국방부 중앙군인(군무원)인사소청심사위원회 위원
국방부 규제규혁심사위원회 위원
전우뉴스/한국성결신문/코람데오닷컴 칼럼니스트
경기도화물자동차운송사업협회 고문변호사
사단법인 대한민국공무원공상유공자회 고문변호사
사단법인 전국보일러설비협회 고문변호사
기독교대한성결교회 고문변호사
사단법인 다비다자매회 이사
재단법인 금호학원 이사
이수성결교회 장로
공증인가 법무법인 서호 대표변호사

저서

민법판례(개정2판, 유스티니아누스)
법무법인 서호의 국가유공자클리닉(공저, 법률정보센터)
사회복지법령집(퍼시픽북스)
협동조합 사례별 절차실무(공저, 법률정보센터)
주택임대차보호법 해설(공저, 법률정보센터)
변호사 김양홍의 행복한 동행(모리슨)
변호사 김양홍의 행복한 동행2(모리슨)
변호사 김양홍의 행복한 동행3(모리슨)
변호사 김양홍의 행복 나누기(더푸른)
변호사 김양홍의 행복 더하기(더푸른)

변호사 김양홍의 행복 곱하기

초판 1쇄 인쇄일 2022년 2월 15일
초판 1쇄 발행일 2022년 2월 15일

지은이 | 김양홍
펴낸이 | 김미아
펴낸곳 | 더푸른출판사
편   집 | 하종기

출판 등록 2019년 2월 19일 제 2009-000006호
17785 경기도 평택시 송탄로40번길46, 101동1602호
전화 | 031-616-7139
팩스 | 0504-361-5259
E-mail | dprcps@naver.com
홈페이지 | https://blog.naver.com/dprcps

ISBN 979-11-968107-5-7(03810)

* 지은이와 협의에 의해 인지는 생략합니다.
* 잘못된 책은 구입하신 곳에서 교환해 드립니다.

*가격: 15,000원